『메시지』의 저자로 잘 알려진 유진 피터슨의 서문으로 시작해, 『성경을 어떻게 읽을 것인가』의 저자 고든 피의 글을 지나, 곧 100세가 되는 나이이지만 아직도 영성 편지를 쓰고 있는 제임스 휴스턴의 성경적 영성에 대한 글로 마무리되는 이 책은 깊은 영성과 엄밀한 학문성을 함께 갖추고 성경을 읽는다는 것이 어떤 것인지 가감 없이 보여준다.

누구나 성경을 읽고 하나님의 구원 진리에 대해 알 수 있지만 젖을 먹던 아이가 자라나 단단한 음식을 먹게 되듯이 성경 읽기에 대한 우리의 배움과 고민은 신앙이 자랄수록 복잡해지고 어려워지기도 한다. 성경에서 지금 나를 위한 하나님의 말씀을 기쁘게 만났는데, 언제부턴가 성경은 수천 년 전 사람들에게 주어진 오래된 글이라는 말을 듣는다. 그러고 보니 구약과 신약의 관계도 쉽지 않다. 성경만 잘 읽으면 될 것 같은데 신학이 필요하단다. 성경이 권력자의 글이라는 이야기도 들리고, 또 반대로 성경은 해방의 책이라는 말도 들린다. 해석은 결국 자기의 생각을 집어넣는 것이라는 포스트모더니즘의 주장이 옳은 듯도 하다. 하지만 결국 성경을 읽는 것은 더 깊은 영성을 향한 일이 아닌가! 이런 질문들을 외면하고 다시 순진한 성경 읽기로 돌아가고 싶기도 하다. 그러나 그럴 수 없다! 성경을 책임 있게 읽으려면 성경 읽기와 관련된 이런 학문적 탐구들을 외면해서는 안 된다. 오히려 직면하여 공부하고 성찰할 때 성경 읽기에 있어 단단한 고기를 먹는 장성한 사람이 된다.

복음주의 최고의 영성과 학문성을 자랑하는 리젠트 칼리지의 교수들이 함께 모여 성경 읽기를 다양한 학문의 관점에서 논의한 이 책은 누구나 쉽게 읽을 책은 아니지만, 성경 읽기의 학문성과 영성을 더 깊게 하고 싶은 사람이라면 놓쳐서는 안 될 책이다.

전성민
(밴쿠버기독교세계관대학원 원장, 세계관 및 구약학 교수. 유튜브 민춘살롱 운영자)

The Act of Bible Reading

깊이 있는 성경 이해를 위한 가이드

신학자들과 성경 읽기

차례

독자는 주의하라(*caveat lector*)

그리스도인에게 신앙과 삶의 모든 문제에서 권위를 갖는 성경을 읽고 공부하는 일은 부차적인 일이 아닌 가장 중요한 활동이다. 하지만 요즘 들어 "영성"이라는 말이 빠른 속도로 유행하게 되면서, 구원 문제 앞에서 사람들은 다른 권위자와 안내자들을 찾고자 한다. 그들이 주장하는 영성이 아무리 첨단을 걷고, 매력적으로 보이더라도 우리 그리스도인은 단호히 거부해야 한다.

하나님을 만나기 위해 황홀경에 빠져 환상을 본다든가, 우리 안의 신적 잠재력을 발견하기 위해 도덕적 영웅주의라는 엄청난 임무를 수행한다든가, 깊은 산속 동굴에 들어가 '영적 실재'에 접근하지 못하도록 우리를 방해하는 내면의 모든 생각, 감정, 욕망을 내려놓는 행위 등 그 모든 것들에 '아니오'라고 말해야 한다. 그리스도인은 때로 그런 현란한 영적 불꽃놀이에 감동하거나 심지어 경탄하기까지 한다. 그러나 현명한 지도자라면 우리가 그러한 것들을 추구하도록 내버려두지 않는다. 우리가 가는 길은 현란한 영적 체험이 아닌 문자 그대로 예수님을 좇아 한 걸음씩 내딛어야 하는 길이다. 예수님이 어떤 분이신지, 어디로 가시며, 어떻게 그분을 따라가야 하는지를 알려고 할 때 우리는 바로 성경을 찾아 읽어야 한다.

역사적으로, 그리스도인은 성경을 읽는다는 사실만큼 성경을 읽는 방법에 관해서도 관심을 가져왔다. 기독교 공동체의 역사를 돌이켜 볼 때, 어떤 사람의 손에 성경을 쥐여주고 읽으라고 강권하는 것으로 충분하다고 생각한 적은 절대 없었다. 그것은 청소년에게 자동차 열쇠와 함께 혼다 자동차를 내주고는 "한번 운전해 봐"라고 말하는 것만큼 어리석은 일일 것이다. 그리고 그만큼 위험한 일이기도 하다. 하나의 기술을 손에 쥐고 무지하거나 파괴적인 의지를 그것에 부과하는 것은 위험한 일이다.

인쇄도 기술이다. 우리는 하나님의 말씀을 우리 손, 바로 우리 손에 쥐고 있다. 이제 우리는 그것을 다룰 수 있다. 우리가 그것을 통제하고, 이용하며, 적용할 수 있다고 생각하는 것은 꽤 쉬운 일이다.

자동차에는 기계학 기술보다 더 많은 변수가 존재한다. 성경에도 인쇄 기술보다 더 많은 변수가 존재한다. 중력과 관성, 가치와 속도, 표면과 장애물, 쉐보레와 포드, 교통법규와 경찰, 다른 운전자들, 눈과 얼음과 비 같은 변수들이 자동차의 기계 기술을 둘러싸고 있다. 그 기술에는 자동차의 기어 변경과 핸들보다 훨씬 더 많은 변수가 존재한다. 자동차 운전에도 자동차 열쇠로 시동을 걸고 액셀러레이터를 밟는 것보다 더 많은 변수가 존재한다. 그런 사실을 모른 채 운전을 한다면 곧 위험에 빠지게 될 것이다.

성경의 세계를 모르는 사람들도 자신과 타인들에게 똑같이 위험하다. 따라서 우리는 성경을 사람들에게 주면서 읽으라고 권유하는 동시에, "카빗 렉토—독자는 주의하라"고 경고해야 한다.

시장에서 채소와 고기, 양탄자와 치마, 말과 자동차를 사는 사람들은 경험 있는 부모나 사람들에게 조언을 듣는다. "카빗 엠토(*Caveat Emptor*) 구매자는 주의하라." 시장은 겉으로 보는 것과 다르다. 단순한 상품교환보다 더 많은 일이 일어난다. 판매자들과 구매자들은 같은 사고방식으로 운용되지 않는다. 그들의 의도가 일치하는 경우는 거의 없는 것이다. 구매자는 주의하라!

마찬가지로 독자들도 조심해야 한다. 종이 위에 인쇄된 글자를 보고 동사와 명사를 구분할 줄 알고 읽는 것만으로 충분하지 않다. 성경 읽기가 당신을 곤란한 지경에 빠뜨릴 수 있다. 기독교 공동체에서 성경을 제대로 읽는 것만큼 중요한 일은 거의 없다. 성경에는 엄청난 권위가 있다. 잘못 읽으면 전쟁을 일으킬 수도, 학대를 정당화하거나, 혐오를 부추기고 교만하게 할 수 있다. 그렇게 했을 뿐만 아니라 이미 그래왔고 지금도 진행형이다. 그러한 위험은 지금도 존재한다.

그러므로 독자들이여 주의하라. 성경을 읽되 제대로 읽어라. 여기서 부사어 "제대로"라는 것은 단지 "정확하게" 만을 의미하는 것이 아니다. 바른 사고방식만 아니라 바른 마음가짐 또한 의미한다. 성경기자들이 "똑바로"라고 말한 그것 말이다.

성경을 읽되, 성경을 읽지 않는 다른 사람들보다 유리하게 해주는 무언가를 배우기 위해서 또는 감정의 고양을 위해서가 아니라 하나님의 영광을 위해 살기 위한 목적으로 성경을 읽어라. 성경을 읽는 기술을 습득하는 데 도움을 줄 수 있는 모든 것을 활용해야 한다. 그 기술들은 성경 말씀뿐 아니라 성경의 정신과 마음을 지향하게 해주는 기술, 예리한 이성과 경건한 마음을 통합하는 기술, 삶의 실천과 일치되지 않는 성경 이해는 있을 수 없다고 주장하는 기술, 동시에 거룩한 순종으로 이어지지 않는 석의에 관심을 갖지 않는 기술을 포함한다.

이 책에 실린 글들은 성경을 읽는 기술을 습득하기를 바라는 사람들에게 최고의 도움이 될 수 있는 조언들을 제시한다. 이 글들의 저자들은 리젠트 칼리지라는 기도와 배움의 공동체 내에서 함께 일하는 이 분야의 대가들이다. 그들은 성경을 사랑하고 삶에 적용할 뿐 아니라 성경에서 읽은 내용을 이해하고 실천하기 위해 평생 탐구해온 결과로 이제 우리를 도울 준비가 된 지혜롭고 정확한 안내자들인 것이다.

1장
해석을 위한 맥락으로서의 역사

벌써 여러 해 전의 일이다. 몸이 좋지 않아 주일 아침에 침대에 누워 있었다. 교회에 가기가 어려웠던 나는 차선책으로 시카고의 WBMI 라디오로 어느 교회의 예배 방송을 듣기로 했다. 아주 잘 알려진 설교자가 고린도전서 3:16-17을 설명하고 있었다. 그는 힘차고 유창하게 말씀을 전하기는 했지만, 본문을 잘못 이해하고 있었다. 그는 생방송과 라디오 방송을 통해 설교를 듣고 있는 청중에게 성전이 각 신자, 특히 그 몸을 언급한다고 말하고 있었다. 그러면서 거룩해지는 것이 낫지, 그렇지 않으면 하나님이 우리를 파멸에 이르게 하실 것이라고 권고하는 내용이었다. 나는 바로 라디오를 꺼버렸고 몸 상태마저 더 안 좋아지는 것 같았다.

다음 해에, 똑같은 방송국에서 역시 잘 알려진 다른 설교자가 고린도전서 3:10-15을 강해하고 있었다. 그 설교자 역시 본문을 각 그리스도인에게 적용했다. 그 본문을 어떻게 그리스도의 기초 위에 우리의 삶을 세워야 하는지에 적용한 것이다. 대부분 훌륭하고 맞는 말이기는 했지만, 정작 그는 바울이 이 본문에서 말하고자 하는 내용을 다루지 않았다.

나는 속으로 생각했다. "유명한 설교자들이 성경 본문을 이런 식으로 다룬다면, 성경을 공부할 시간이 거의 없는 일반 신자들은 무슨 소망이 있겠는가? 바울 자신이 고린도 교인들에게 전하고자 하는 내용과는 전혀 다른 설교를 듣고 있으니 말이다." 고린도전서 11:29 같은 말씀을 잘못 이해한 나머지, 너무나 많은 하나님의 선한 백성이 성찬에 참여하는 시간을 마땅히 기쁜 마음으로 누리지 못하고 지나치게 엄숙한 분위기에서 죄책감과 씨름하며 보낸다는 사실을 상상해 보라!

앞선 두 설교자는 해석의 타당한 일차적 배경으로서 역사를 진지하게 취급하는 데 실패했다. 성경학자의 관점에서 볼 때 합당한 성경해석을 위한 첫 번째 단계는 석의로 알려진 역사적 탐구다. 주석은 원래 본문이 의도한 의미를 결정한다. 따라서 해석을 위한 배경으로서의 역사는 우리 자신의 역사가 아닌 원래 성경 본문의 배경을 지칭한다. 해석의 과제는 본문의 배경이 된 시대와 현재 우리가 처한 상황 그 둘 사이의 문화적 간격을 메우는 것이다.

우리의 개인적·문화적 역사가 성경 기자들의 역사와 다르므로, 우리는 해석학이라고 부르는 해석 과정에 개입해야 한다. 해석학은 석의, 신학적 사고, 그리스도인의 삶에 대한 주석의 상관관계와 적용을 포함하는 해석 작업 전체다.

성경학자에게 해석학은 성경을 신적 계시로 보는 해석이다. 따라서 그것은 기독교적 신학과 삶과 행동의 기초가 된다. 이렇게 생각할 때, 해석학은 성경의 "분명한 의미"를 추구한다. 성경은 성령의 감동으로 기록되고, 성령의 도우심으로 이해되며, 모든 상황과 모든 시간에 처한 모든 사람에게 하나님의 말씀으로 동일하게 적용될 수 있다.

이것이 대부분의 사람들이 행하는 경건한 성경 읽기를 반대하는 것은 아니다. 그들은 열린 마음과 생각을 가지고 성경을 읽을 때, 성령이 성경 본문으로부터 자기들의 마음에 직접 말씀하신다고 믿는다. 개인적인 어려움을 겪고 있는 사람은 이사야 54장을 읽으면서, 이스라엘에 대한 하나님의 약속(그들을 포로 상태로부터 돌아오게 하시리라는)을 개인적인 의미로 들을 수 있다. "내가 너보다 앞서가서 험한 곳을 평탄하게 하며". 그러한 경험은 성경의 내재적인 능력을 힘입어 성경을 읽는 사람들에게 보편적으로 해당된다.

하나님의 살아 있는 말씀에 근거한 그런 경험은 매우 개인적인 것이다. 따라서 그 경험을 타인들과 나눌 수 있을지는 몰라도, 그 본문의 의미가 다른 모든 신자에게 보편적으로 적용될 수 있다고 합리적으로 주장할 수 있는 사람은 아무도 없을 것이다. 하지만, 하나님의 백성들이 성경을 잘 이해해서 그리스도를 더 닮아갈 수 있게 해주는 성경 연구는 석의라고 부르는 역사적 작업에 개입할 것을 요구한다.

필요성

좋은 석의가 필요하다는 사실은 앞서 주목한 여러 사례가 보여 준다. 그 사례들은 우리 자신의 경험·문화·신학적 편견 또는 단순히 잘못된 정보에 비추어 성경 본문을 읽는 데 기인한다.ㅌ

하지만 석의의 필요성은 단순히 부적절하거나 나쁜 석의보다 훨씬 더 중요한 요인에 의해 유발된다. 독자가 자신이 읽는 내용에 대한 해석자이기도 하다는 사실과 성경의 본질 자체가 석의가 필요하다는 본질적인 요인이다.

첫째로, 해석 없이 성경을 읽는다는 것은 그야말로 불가능한 일이다. 영어 역본에 의존해서 성경을 읽는 모든 사람은 이미 번역자의 해석에 의존하고 있다. 해석자들 사이에 존재하는 많은 차이점도 문제가 될 수 있다. 예를 들어, 고린도전서 7:21의 두 가지 다른 번역을 주목해 보자. NIV는 "네 종으로 있을 때에 부르심을 받았느냐, 염려하지 말라. 그러나 네가 자유를 얻을 수 있다면, 그렇게 하라"라고 번역한다. 다수의 신약학자가 따르는 아메리칸 역본(An Americam Translation)을 번역한 에드가 굿스피드는 그 본문을 정확히 반대되는 내용을 말하는 것으로 이해한다. "그러나 네가 자유를 얻을 수 있는 경우에도, 그 대신에 네 현재 상황에서 최선을 다하라." 두 가지 해석 모두 동일한 헬라어 본문에 근거하고 있다!

독자들도 자신이 읽는 내용을 해석한다. 하지만 그 사실에 대한 책임이 번역자들에게 있는 것은 아니다. 독자들은 때로 무의식적으로, 자신의 문화적, 어휘적 추정에 근거해 해석에 임한다. 예를 들어, 고린도전서 1:20에 나오는 바울의 두 번째 질문에 대한 세 가지 해석에 어떻게 반응할지를 자문해 보라. "그 서기관이 어디 있는가?"(KJV), "그 학자가 어디 있는가?", 그 율법의 전문가가 어디 있는가?(바우어의 렉시콘)." 바울은 유대교 랍비, 즉 유대교 율법의 전문가에게 수사학적인 도전을 가하고 있다. 성경에 대한 배경 지식이 있는 사람은 KJV나 바우어 역본에서 이런 사실을 파악할 수 있다. 하지만 훈련이 안 된 독자는 자신이 이해한 내용이 각 번역의 내용과 매우 다른 의미를 가질 수 있기 때문에, 바울의 요점을 완전히 놓칠 수 있다.

따라서 석의하는 방법을 배워야 할 첫 번째 이유는 깨닫든 못 깨닫든 간에, 독자인 우리가 이미 성경의 해석자라는 사실이다. 따라서, 진정한 질문은 석의를 잘할 수 있는지의 여부가 되는 것이다.

석의하는 방법을 배워야 할 두 번째 이유는 성경의 본질에 대한 우리의 확신과 연관된다. 정의상, 그리스도인, 최소한 역사적으로 정통적인 신자는 성경이 역사 안에 인간의 말로 주어진 하나님의 말씀이라고 믿는다. 즉 우리는 구세주에 대해 믿을 때, 인간적인 동시에 신적인 성경에 대해서도 믿게 된다. 우리는 성경이 하나님의 신적인 말씀임을 믿는다. 따라서, 우리는 성경이 의미하는 바를 알고, 그것에 순종할 의무를 지닌다. 그러나 하나님의 영원한 말씀은 인간의 말로 역사 안에 주어졌기 때문에, 문화, 배경, 저자의 말투에 제한될 수밖에 없었다. 하나님의 영원한 말씀은 역사적으로 특정한 순간에 선포되었다.

그것이 우리가 성경을 보유하게 된 유일한 경로다. 몰몬경은 존재하지 않는 언어로 황금 명판 위에 기록되었다고 주장한다.(알파벳순으로 배열된 스미스의 상형문자는 이해가 거의 불가능하다) 몰몬경을 무수한 문법적인 실수와 함께 영어로 번역하기 위해서는 마법의 안경이 필요할 것이다. 그리고 그 명판들은 지나칠 정도로 편리하게, 인간의 눈으로 보거나 조사할 수 없도록 천사에 의해 운반되었다. 그런 마술책이 성경과 자기 아들을 통해서 인간 역사에 자신을 계시하신 영원하신 하나님으로부터 임했을 가능성은 매우 희박하다. 그와 반대로, 우리의 책인 성경은 실제 인간 역사 안에서 살고 호흡하며, 모든 사람이 연구할 수 있도록 공개되어 있다.

그러나 성경에 영감을 불어 넣으신 성령 자신이 인간에게 호흡을 불어 넣으신다는 사실 때문에, 우리는 반드시 성경을 해석해야 한다. 성경의 인간 저자들은 자신의 문화와 역사 안에서 자신의 언어로 성경을 기록했다. 따라서, 우리는 그들과 우리를 향해 말씀하시는 살아 계신 하나님의 말씀을 듣기 위해, 그들에게로 거슬러 올라가 그들이 자신의 역사적인 배경에서 의미했던 내용에 귀를 기울여야 한다. 하나님이 그들의 특정한 역사 가운데 영원한 말씀을 선포하셨다는 바로 그 사실 때문에, 우리는 그분이 그 배경을 넘어서 온 세상 사람들의 삶에 거듭 반복해서 말씀하시리라는 사실을 확신할 수 있다.

석의에 대한 그러한 관점이 매우 현대적이기 때문에, 이전 시대 모든 사람이 그러한 성경 본문 해석에 참여할 수는 없었을 것이라는 주장이 종종 제기되었다. 그러나 그것은 해석사를 적절하게 이해한 것이라 할 수 없다.

지난 이백 년 넘게, 저자의 원래 의도에 더 가까이 접근할 수 있게 해주는 역사적 도구들을 더 쉽게 손에 놓을 수 있었던 것은 사실이다. 또한 "본문의 명백한 의미"가 교회 역사 전반에 걸친 성경해석의 일부였던 것도 사실이다. 이것은 소위 안디옥 학파(요한 크리소스토무스와 몹수에스티아의 테오도르 같은 거인들)와 종교개혁, 특히 장 칼뱅의 성경 주해에 특별히 해당된다.

반면에, 그것은 더 중요하지는 않더라도, 소위 알렉산드리아 학파에 의해 분명히 표현된 (영적·신비적·알레고리적 의미를 따르는) 본문 해석 방식과 더불어 성경을 해석하는 한 방법이었다. 오리게네스는 그 학파의 전형적인 해석자였다. 오리게네스가 역사적인 배경을 다루는 과정에서, 본문의 의미를 무시하거나 함부로 다룬 것은 아니다. 그는 자신의 목적에 부합할 경우, 그런 면에서 상당한 전문가임을 스스로 입증했다. 오리게네스과 그의 뒤를 따른 후대의 교회는 성경의 모든 단어와 세부 사항이, 신자를 위한 "의미"를 가져야 한다고 주장했다. 따라서 오리게네스과 그 후계자들은 비유 같은 본문을 그런 식으로 해석하기를 매우 즐겼다. 그들은 역사적인 내러티브를 마치 비유인 것처럼 취급하도록 배웠다. 그렇지 않을 경우, 그 내러티브는 아무 연관이 없거나(특히 구약에서) 당혹스러운 세부 사항으로 가득 찬 과거 시제로 기록된 산문에 그치고 만다. 따라서, 오리게네스은 예수님이 가나의 혼인 잔치에서 물로 포도주를 만드신 신 후에 자신과 제자들의 영혼을 위로할 필요가 있었기 때문에, "위안의 땅"을 의미하는 가버나움에 내려가셨다고 이야기한다(요 2:12).

그러므로, 이전의 교회와 우리 사이의 가장 큰 차이는 그들은 역사를 발견하지 못했지만 우리는 역사를 발견했다는 것이 아니다. 오히려 (1)그들은 특정한 본문의 "명백한 의미"가 자신에게 맞지 않을 때, 우리보다 훨씬 더 기꺼이 (더 깊거나 숨겨진) 다른 의미를 발견했다. (2) 우리는 보편적으로 적용될 수 있는 본문의 의미가 주로 원래 의도된 의미와 연관된다고 주장한다. (3) 우리는 이러한 과제와 연관된 도구와 자료 면에서 그들보다 더 큰 이점을 보유한다.

방법

좋은 석의의 구성요소는 맥락과 내용이다.

맥락 문제, 즉 이 본문을 기록한 이유의 문제들은 세 부분으로 나눠진다. 첫째로, 장르의 문제가 있다. 즉 나는 어떤 종류의 문학을 해석하고 있는가? 읽고 있는 것이 내러티브, 시가, 예언, 묵시록, 또는 서신인지를 아는 것은 원래 기록된 의도 면에서 상당한 차이를 초래한다. 각각의 장르는 문서들이 합쳐진 이유와 경로에 대해서, 자체의 특정 "규칙들"을 보유한다.

둘째로, 역사적 맥락, 즉 부여된 문서의 역사적 정황을 결정해야 한다. 여기에는 바울이 말하고 있는 특정한 역사적 상황뿐 아니라, 일반적인 역사-문화적 맥락(일례로 고린도 시와 그 시민들의 성격)이 포함된다. 우리는 반드시, 그 서신을 어떻게 전체적으로 볼 것인가를 질문해야 한다. 그리고 더 구체적으로 고린도 교회에 무슨 일이 일어나고 있었으며, 바울에 대한 그들의 관계가 현재 어떤 상태인지를 묻는 것이 핵심이 된다.

셋째로, 모든 단어와 문장의 문학적 맥락을 고려해야 한다. 그것은 어떤 구절이 바로 옆에 있는 문장 및 단락과 맺는 관계와 연관된다. 이 구절은 이 문맥에서 어떤 의미가 있는가? 바울이 논쟁의 이 시점에서 이 말을 하는 이유는 무엇인가? 시편 기자가 기도와 찬양을 드리는 이 시점에서, 이처럼 애통해하고, 정의를 향해 부르짖는 이유는 무엇인가?

내용에 관한 질문은 기본적으로 무엇에 관한 질문이다. 그것은 본문의 세부 사항과 연관된다. 그것은 또한 원문(바울은 자신의 서신에서 실제로 무엇을 기록했는가), 사전편집(그 단어들은 현 맥락에서 무엇을 의미하는가), 문법(이 단어들이 서로 어떤 관계를 갖는가), 역사적 맥락(이 말의 배후에 있는 역사적 전제는 무엇인가) 같은 문제들을 포함한다.

따라서 석의, 즉 저자의 원래 의도에 관한 역사적 탐구는 다음과 같이 요약될 수 있다.

I. 맥락에 관한 질문
  A. 장르
  B. 역사적 맥락
    1. 일반적 맥락
    2. 특정한 맥락
  C. 문학적 맥락
II. 내용에 관한 질문
  A. 원문
  B. 단어들의 의미
  C. 문법
  D. 역사적 배경

연습 과정을 통해 맥락에 관한 질문에 상당히 잘 답변할 수 있게 된다. 하지만 내용에 대한 다수의 질문에 답변하기 위해서는 원어 지식이 필요하다. 또한 언어를 다루는 더 높은 수준의 자료를 참고하는 법을 배워야 한다.

석의 연습

이 모든 것이 어떻게 작용하는지를 살펴보고, 석의의 필요성과 방법을 예증하기 위해, 고린도전서의 석의 과정을 연습할 것이다. 그리고 마지막으로, 특히 3:10-17 및 11:17-34(특히 29절), 두 구절을 어느 정도 상세하게 검토해 볼 것이다.

장르. 유감스럽게도, 우리가 보유한 성경은 각 절이 자체의 문장이 되는 절들로 구성되었다. 이러한 관례에 따라 사람들은 모든 절이 자체로 독립할 수 있다는 생각을 갖게 되었다. 마치 개개의 잠언처럼 말이다. 모든 절이 그 문맥과 영감받은 저자의 의도를 떠나 자체적으로 진리의 계시가 되는 것이다. 이것은 예를 들어, 내러티브나 시의 느낌이 절로 나뉘었기 때문에 파괴되어버린 장르 문제에 있어서 특히 중요하다.

시와 산문, 이야기와 명령문, 묵시록과 경구, 하나님을 대상으로 하는 찬송가와 그분의 백성들을 대상으로 하는 예언적 신탁 사이에는 하늘과 땅만큼의 차이가 있다. 우리는 개인적인 애통함을 담은 본문을 마치 영원한 신학적 진리를 계시하는 하나님의 말씀이기나 한 것처럼 취급할 수는 없다. 이러한 문제에 대해서는 고든 피와 더글라스 스튜어트가 저술한 『성경을 어떻게 읽을 것인가』(성서유니온)를 참조하라. 그것은 다양한 성경 장르의 성격에 대한 설명과 특정한 장르에 적용되는 일부 해석 지침을 제공한다.

그런 이유로, 신약 서신을 읽기 위해 첫 번째로 주목할 것은 그것이 편지라는 사실이다. 대부분의 편지처럼, 신약 서신들은 상당히 직설적인 산문체 (비록 비유로 가득하고, 때로 다른 자료를 인용하거나 다루지만) 진술을 포함한다. 둘째로, 그 서신들은 (저자 또는 수신자 중 어느 한 편의 특정한 상황으로 유발된)당면한 문제들에 대한 문서들이다. 특정 문제와 관련되어 있는 특성이 이러한 서신들을 이해하는 데 어려움을 초래한다. 그 이유는 저자가 때때로 자신과 독자 사이에 너무 많은 것을 전제하기 때문이다. 저자가 더 많은 것을 전제할수록, 특정한 역사적 상황을 확실히 알기 어려워진다.

고린도전서는 어떤 구두 보고(1:11, 5:1, 11:18을 보라)와 고린도 신자들이 바울에게 보낸 편지(7:1)가 원인이 되었다. 우리는 그러한 서신 교환을 살펴보는 과정을 통해 그 상황에 관해 어느 정도 배우게 된다. 바울은 자신이 들은 내용을 그들에게 언급할 필요가 있었다. 그래서 우리 역시 그 사실에 근거하여 작업에 참여할 수 있다. 바울이 그들의 편지(7:1, 8:1, 4)를 인용하고 있다는 사실에서도, 우리는 어느 정도 통찰을 얻을 수 있다. 하지만 이 모든 것은 우리를 해석 과정의 다음 단계로 인도한다.

일반적인 역사적 맥락. 여기서 우리는 그리스-로마 세계, 그리고 고린도 시와 그 사람들에 관해 어느 정도 알 필요가 있다. 로마의 도시, 고린도는 바울이 거기 도착했을 때 100년이 채 안 된 도시였다. 고린도는 그동안 제국의 세 번째 도시가 되었다. 그리고 동서로 오가는 교역을 통제한 결과 "부유한 고린도"로 고대인들에게 알려지게 되었다. 또한 제국 전역에서 이주한 거주자들이 모여 사는 국제적인 도시였고, 매우 종교적인 동시에 죄로 가득한 도시였다. 그와 동시에 극도의 부와 가난이 공존했던 도시이기도 했다.

그 신앙공동체는 이러한 문화를 적지 않게 포함하고 있었다. 고린도전서 6:9-11에서 바울은 "너희 중에 이와 같은 자들이 있더니"라고 기록하고 있으며, 이어서 열 가지 악덕을 생생하게 열거한다. 그는 12:13에서 (고린도임이 함축되어 있는) "그리스도의 한 몸"이 "유대인과 이방인, 종과 자유자"로 이뤄져 있다는 사실에 주목한다. 고린도전서 11:17-34은 빈부 간의 긴장을 드러낸다. 이러한 현실, 특히 신자들이 대부분 이방인(12:2을 참고하라)이었다는 사실은 다수의 구절을 이해하는 데 영향을 끼칠 것이다. 예를 들어, 어떤 사람들은 때때로 8-10장의 "우상에게 드려진 음식"의 문제는 시장에서 그러한 음식을 먹는 것에 예민했던 유대인들의 약점을 이방인들이 남용한 사실을 암시한다고 제안한다. 그러나 그 해석은 거의 신빙성이 없다. 바울이 8:7에서 지식 있는 사람이 해를 입힌 약한 양심을 가진 사람이 이전의 우상 숭배자였음을 분명히 언급하기 때문이다(사실상 그는 "약한" 사람을 "강한" 사람과 비교하고 있지 않다). 그리고 8:10의 문제는 분명히 이교 성전에서 음식을 먹는 데 대한 것이다. 그것은 유대교 신자에게는 유혹이 되지 않았을 것이다.

특정한 역사적 배경. 이것은 역사적 배경의 더 중대한 측면이다. 이것은 바울과 이 회중 사이의 관계뿐 아니라 바울의 편지의 원인이 된 고린도의 역사적 상황 두 가지를 모두 포함한다. 이 질문에 대한 적절한 답을 찾는 것은 너무나도 중요하다. 한 편으로, 그렇게 하는 데 실패할 경우, 우리는 그 편지를 우리 자신의 역사적 배경에서 읽게 될 것이다. 또한 여러 본문을 타당하게 이해하는 데 매우 중요한 통찰 중 일부를 놓치게 될 것이다. 역사적 배경을 제대로 이해하지 못할 경우, 많은 구절을 해석하는 과정에서 상당히 방향을 상실할 수 있게 된다. 예를 들어, 창기가 머리를 밀었을 것이라는 설명이 빈번하지만 그런 설명에 대한 역사적 증거는 전혀 없다. 이것은 고린도전서 11:2-16을 더 주의 깊게 읽어야 함을 강조한다.

우리가 다루는 서신은 당면한 문제의 좋은 사례가 된다. 고린도전서가 바울에게 전해진 보고와 고린도 교인들이 바울에게 보낸 편지라는 두 가지 이유 때문에 기록되었기 때문이다. 전통적인 접근법에 따르면, 고린도전서는 바울이 그들이 잘못 이해한 부분을 교정해 주고, 자신에게 지도를 요청한 영역에 대한 정보를 제공하는 서신으로 간주된다. 하지만 그러한 견해는 그 서신에 나오는 몇 가지 자료를 적절하게 고려하지 않는 것처럼 보인다. 거기에는 바울이 4장과 9장에서 자신의 사도직과 생활방식을 강렬하게 변호하고 있다는 사실과 그 서신의 많은 부분이 일반적으로 전투적인 성격을 띠고 있다는 사실이 포함된다.

우리는 그 서신으로부터 얻은 몇 가지 자료를 사용하여 그 역사적인 배경을 더 이치에 맞게 재구성할 수 있다. 첫째로, 그 공동체 내에서 일종의 "분열"이나 "분쟁"이 일어나고 있었으며, 그것이 그들의 이전 지도자들을 구심점으로 삼아 "지혜"의 이름으로 진행되고 있었다는 데 대해서는 의심의 여지가 없다(1:10-3:23이 분명히 보여준다). 그러나 이 문제가 서신의 나머지 부분에 어떻게 연결되는지를 아는 것은 쉽지 않은 일이다. 이러한 내적 분쟁이 신학이나 행동에 관한 문제였는지 또는 그들이 그런 문제로 깊이 분열되어 있었는지를 명쾌하게 암시해 주는 것은 아무것도 없다. 그런 사실은 "분열"의 문제가 다뤄지고 있는 1-4장에 특별히 해당된다. 하지만 그 사실은 서신의 나머지 부분에도 해당된다. 더욱이, 그 서신에서 나중의 일부 요소들을 1:12에 언급된 교사들의 이름과 동일시하려는 시도는 거의 성공하지 못하고 있다. 예를 들어, 우리는 8-10장에서 소위 게바 (또는 베드로)파에 대한 이러한 시도가 거의 효과가 없음을 주목했다. 그 논쟁이 유대교와 아무 연관이 없었기 때문이다. 마지막으로, 그 서신이 전적으로 교회 전체를 대상으로 한다는 사실을 주목해야 한다. 바울이 지금은 한 무리에게 이야기하고 그런 후에 또 다른 무리에게 이야기한다는 암시는 전혀 없다. 바울이 그들을 구별하고 있었던 것이 사실이라면, 최소한 그것을 암시하는 어떤 언급이 있을 것이라고 기대할 수 있을 것이다. 하지만 사실 그런 언급은 전혀 존재하지 않는다. 이것은 두 가지 다른 문제를 주목하도록 이끈다.

1. 고린도 교회와 바울 사이에 어떤 악감정이 존재했다는 것은 거의

의심할 수 없는 사실이다. 그것은 이 서신과 이어지는 서신 사이에 더 완전히 분출되었다(고후 1:23-2:4, 7:2-16, 10:1-13:10을 참고하라). 그 악감정이 우리가 다루는 편지가 기록된 시점에 이미 존재한다는 좋은 증거가 있다. 따라서, 나는 아볼로파요, 나는 베드로파라는 구호 자체가 그들이 바울을 반대하고 있음을 함축한다. 4장과 9장에서, 바울은 그를 "시험하"거나 "힐문하는" 사람들로부터 자신을 명쾌하게 변호한다(고전 4:3-5, 9:3). 다음으로 그 서신의 너무나 많은 부분을 차지하는 전투적인 특성이 있다. 바울은 드문 경우를 제외하고는, 단순히 정보만을 제공하는 법이 없다. 대신 그는 이러한 문제들에 대해서 자신이 옳고 그들이 그르다는 사실을 확신시키기 위해 자신의 문학적 무기고에 있는 무기를 총동원해 공격하고 도전한다.

2. 고린도전서는 바울이 이 교회와 주고받았던 세 번째 서신이었다. 5:9-11에 따르면, 바울은 현존하지 않는 이전 서신에서 성적 부도덕, 탐욕 및 우상숭배를 계속하는 (형제자매라고 하는) 사람들을 피하라고 말한 적이 있다. 사람들은 대부분 바울과 그들이 주고받은 각자의 첫 번째 서신이 서로 관련이 없었다고 추정하는 경향이 있다. 말하자면, 우편을 통해서 오갔을 뿐이라는 것이다. 하지만 그 당시 로마제국에는 우편 서비스가 전혀 없었다(편지들은 인편으로 전달되었다). 따라서 역사적으로 볼 때, 양편이 이 세 서신을 주고받았을 가능성이 훨씬 더 크다. 바울이 그들에게 서신을 보내고, 그들이 바울에게 답장을 보낸 후에 바울이 그 반응에 대응해서 보낸 서신이 우리가 다루는 고린도전서인 것이다.

예를 들어, 이것은 바울이 우리가 다루는 서신에서 같은 문제 중 일부를 언급하는 이유를 설명해 준다. 그들은 바울이 이전에 내린 지시를 오해한 것이 아니라 무시했기 때문이다. 그들은 자기들의 서신을 통해 정중하게 바울의 지시를 요청하기는커녕, 실제로는 바울의 금지사항들을 무시하는 이유를 제시했던 것이다. 그들이 그렇게 한 것은, 그들 중 일부가 바울의 권위를 의심했기 때문이라는 설명으로 부분적으로 설명된다. 그들의 행동에 대한 바울의 반응이 극도로 수사학적이고 전투적인 이유를 정확히 설명해 준다.

그들 사이의 쟁점이 정확히 어떤 것이었는지는 확실히 알기가 어렵다. 하지만, 우리가 다루는 편지에 나타난 증거는 그들이 그의 사도직과 복음을 의심하고 있었음을 보여 준다. 그들은 기회가 있을 때마다 복음을 헬레니즘, 즉 과거의 이교적, 헬라적 사고방식으로 수정했다.

기본적으로, 고린도 교회의 문제는 일종의 잘못된 영성이었던 것으로 추정된다. 그들은 그 영성에 근거해 성령에 속한 사람들이 의미하는 바에 관해서 바울과 다른 입장을 취했다. 영성에 대한 그들의 견해는 고도로 개인주의적이고, 비물질주의적이며(현존재의 물질적 측면에 대한 부정; 따라서 미래의 육신적 부활을 거부하는) 광신적이었다. 그들은 그 견해에 따라 방언의 은사를 미래의 영적 생명을 이미 획득한 증거로 간주했다. "천사의 방언"(천국의 언어)을 언급한 사실은 그들이 충만한 영성을 이미 획득한 것으로 간주했음을 보여 준다. 그들은 자기들의 영성이 완벽해질 수 있도록 죽음으로 육신을 벗어 버리기만을 기다렸다. 그러한 견해는 그들을 승리주의자가 되게 했다(그러한 견해에서는 십자가나 약함을 위한 여지가 존재하지 않는다). 따라서 어떤 사람들은 혼인 중의 성교를 부정하고, 머리를 가리는 관례를 버림으로써, 현세대의 성적 구별을 폐지하고 있었다. 바울에게 이 모든 것은 궁극적으로 십자가에 달리신 그리스도와 현재에 약함과 능력 안에서 동시에 살 수 있게 해주시는 성령에 초점을 둔 복음을 부인하는 것이었다.

이제 우리는 역사를 이렇게 이해하는 것이 본문 자체를 이해하는 데 어떤 영향을 미치는지를 살펴보고자 한다.

문학적 맥락. 이것은 대부분의 사람들이 "맞아요, 하지만 본문을 그 맥락 안에 두세요"라고 말할 때 의미하는 바다. 그리고 그것은 옳은 말이다. 저자는 의도적으로 글을 쓴다. 저자는 자신의 말을 통해 여러 가지 또는 독자가 바라는 어떤 의미가 아니라 한 가지 의미를 전달하려는 의도가 있다. 물론 이는 저자들의 의도가 항상 분명하거나 확실하게 드러난다는 의미는 아니다. 고린도전서 5:9-11에서 바울은 고린도 교인들이 자기가 보낸 이전의 서신의 내용 중에서 오해한 부분을 바로잡아야 했다. 하지만 바울이 그들의 오해를 바로잡으려고 시도한다는 사실 자체가 그들이 다른 어떤 방식이 아니라 하나의 방식으로 그 서신을 읽으려는 의도가 있었다는 명백한 증거다.

성경 저자를 이해하는 데 기본적으로 적용되는 규칙은 장르를 염두에 두는 한, 다른 모든 저술에 적용하게 될 규칙이다. 물론 그것은 저자가 어떤 장르를 선택한 사실 자체가 저자의 의도에 관해서 뭔가를 이야기해 주기 때문이다. 그 규칙은 다음과 같다. 단어는 문장(또는 다른 어떤 사고 단위) 내에서만 의미를 가지고, 문장은 오직 한 단락 내의 다른 문장과 관계를 맺으며, 단락은 다른 단락과의 관계 내에서 의미를 갖는다.

문학적 맥락에 관한 질문은 결정적인 한 질문으로 요약된다. 요점이 무엇인가? 우리는 어떤 본문이 언급하는 내용뿐만 아니라 언급된 이유에 대해서도 알고 싶어 한다. 바울이 이 논쟁의 이 시점에서 이런 말을 하는 이유는 무엇인가? 이제 막 언급된 내용에 비춰볼 때, 이 말을 하는 요점은 무엇인가? 그리고 이것이 다음에 언급할 내용을 어떻게 유도하고 있는가? 이것들은 문학적 맥락을 이해할 때 핵심적인 질문이다. 그 질문들이 만족스럽게 답변이 이루어질 때까지, 석의는 완성되지 않는다.

이러한 질문들을 다음 두 구절(3:10-15과 3:16-17)에 적용해 보자. 그것을 통해 우리는 역사적·문자적 배경이 어떻게 바울의 의도로 수렴되는지를 예증할 수 있다. 그 결과 바울의 의도는 성령의 의도, 나아가서 오늘날의 우리를 위한 하나님의 말씀이 된다. 이 구절들은 교회가 제대로 이해하지 못한 결과 잘못 적용된 오랜 역사를 갖고 있다. 우리는 그런 오해가 생긴 원인을 확실히 설명할 수 있다. 이제까지 전개된 바울의 주장은 항상 즉각적으로 눈에 띄지는 않는다. 오늘날 그리스도인은 본문들을 개별화해서, 그 원래 배경과 상관없이 개인적으로 적용하는 경향이 있다. 그러나 그들은 이 본문들을 개인화한 것을 결국 후회하게 될 것이다. 그뿐 아니라 그들은 하나님의 매우 중요한 말씀을 놓치게 된다. 그 구절들은 여기서 발견하게 되는 능력과 경고와 더불어 다른 아무 곳에서도 표현되지 않은 말씀이다.

앞서 주목한 역사적 맥락에서 시작해 보자. 그 서신은 고린도 교회에 전달된 서신과 그 교회로부터 전달된 보고들에 대응할 목적으로 기록되었다. 그리고 그것은 고린도 교회가 다수의 문제와 관련해 바울과 정반대 입장이었음을 암시한다. 이러한 긴장은 특히 1:10-17에 설명된 문제와 4장에서 바울이 그 문제에 대해서 강하고, 수사학적으로 변호한 반응에 드러난다. 특정한 문제는 이전의 다양한 교사들이 초점이 된 어떤 내적 갈등과 연관된다. 그러나 그들의 내적 분열은 분명히 더 깊은 문제의 조짐임을 알 수 있다. 1:18-26에 기록된 인간적·신적 지혜에 대한 긴 주장은 이 갈등이 지혜의 이름으로 진행되고 있음을 분명히 보여준다. 이 경우에, 지혜는 헬라 철학과 수사학에 사용되는 기술적 용어에 가까운 어떤 것임이 틀림없다. 4장을 세심하게 읽어보면, 그들이 지혜로 무장했다는 말은 그 의미와 상관없이 바울과 그의 사도직을 거부했음을 부수적으로 암시한다. 하지만 바울에게 그 문제는 더 심각했다. 지혜의 이름으로 갈등이 계속된다는 것은 복음 자체가 위태로운 상태에 처했음을 의미했다. 그들은 마치 복음이 지혜의 또 다른 표현에 불과한 것처럼 행동했으며, 바울과 그의 복음을 단순히 인간적 관점에서 평가하고 있었다. 1-4장은 이 모든 것에 대한 바울의 반응을 담고 있다.

바울의 관점에서 볼 때, 세 가지 문제가 정리될 필요가 있다. (1) 그들이 지혜의 이름으로 다툼을 벌인 것은 하나님이 십자가에 달린 그리스도의 메시지로 타락한 인류를 구속하신다는 복음의 기본적인 특성을 그들이 철저히 오해했다는 사실을 바울에게 지적해 주었다. (2) 이전 지도자들의 이름으로 갈등이 진행된 것은 그들이 교회와 그 리더십에 대해서 철저히 오해했다는 사실을 지적해 주었다. (3) 앞서 주목했듯이, 이 갈등에는 그들이 바울과 그의 사도직을 거부하고 있었다는 사실이 깊이 개입되었다.

1-4장을 세심하게 읽어볼 때, 바울이 이런 순서로 세 가지 문제를 취하고 있음이 드러날 것이다. 따라서 1:18-26은 그들이 복음의 성격을 철저히 오해한 데 대한 반응이다. 바울은 과도적인 단락인 3:1-4 다음에, 3:5-15에서 그들이 교회의 리더십에 대해 철저히 오해하고 있음을 다루고, 3:16-17에서 교회 자체에 대해서 다룬다. 바울은 3:18-19에서 이 두 가지 문제에 대해서 완전한 결론을 내린다. 그러나 4장에서 언급된 바울과 그의 사도직의 문제가 여전히 남아있다.

우리의 당면한 관심사는 그들이 교회와 그 리더십에 대해 오해하고 있었다는 사실이다. 이 문제를 이해하기 위해 우리는 이 문제에 대한 바울의 주장을 잘 이해할 필요가 있다. 고린도 교인들이 지도자들을 놓고 갈등을 벌인 것은 그들이 복음의 본질을 충분히 파악하지 못한 데서 비롯된다. 따라서 바울은 핵심 문제인 지혜 자체를 공격함으로 시작한다. 그들은 이 지혜에 새롭게 매료되어 있었다. 일련의 세 단락(1:18-25, 1:26-31, 2:1-5)에서, 바울은 특히 그들이 그리스도인으로 존재하게 된 근거를 깨닫게 하려고 노력한다. 특히 그들이 그리스도인이 된 근거가 지혜의 이름으로 사람들 안에서 "자랑하는" 것과 전적으로 모순됨을 깨닫기를 바랐다. 각 단락은 같은 실체에 근거한다. 십자가는 인간의 지혜를 더해 우월하게 만들 수 있는 어떤 것이 아니다. 오히려 십자가는 인간의 지혜와 절대적으로, 단호하게 모순된다. 십자가는 사실상 인간적으로 상상한 지혜에게 어리석은 것이다. 하지만 그것은 하나님의 어리석음이다. 그리고 그것은 그와 동시에 그분의 지혜이자 능력이다.

따라서 2:5에 이르기까지 바울은 특히 인간적으로 상상한 지혜를 엄하게 다룬다. 그는 십자가의 설교가 사실상 다른 지혜, 즉 그들과 하나님과의 바른 관계, 그들의 성화와 구속(1:30)을 초래하는 하나님의 지혜임을 강력히 주장했다. 바울은 단순한 인간의 눈에 너무도 어리석게 보이는 것이, 어떻게 2:6-16이 다루는 비밀스러운 하나님의 지혜인지를 설명해야만 한다고 느낀다. 그 답변은 그들이 공통으로 성령을 받은 사실에 있다. 여기서 그 역설에 주목해야 한다. 그들은 자신을 성령에 속한 사람으로 간주했다. 성령을 그들이 현재 소유한 "지혜"의 근원으로 간주했다. 그러나 바울은 성령이 실제로 하시는 일이 십자가에 달린 그리스도가 하나님의 진정한 지혜이심을 드러내는 것이라고 주장한다. 따라서 바울은 영적인 그리스도인과 영적이지 않은 그리스도인이 아니라 이 세상에서 성령을 소유한 자와 그렇지 못한 자를 비교한다. 과도적인 단락인 3:1-4이 분명히 보여 주듯, 바울의 요점은 성령 체험 때문에 자신의 영성에 자부심을 느끼는 이 고린도 교인들이 성령을 소유하지 못한 자들처럼 행동하고 있다는 것이다. 그것은 그들의 행동(그들의 다툼)과 그들이 참된 지혜가 십자가의 메시지에 있음을 보지 못한다는 사실에서 정확히 드러난다. "너희들의 영성이 참 훌륭하구나!"라고 비꼬는 것이 바울의 요점이다. 너희는 성령을 소유하지 못한 단순한 인간처럼 행동하고 있다. 바로 너희들이 그렇게 행동하고 있다!

이제 그 요점에 근거해 바울은 3:5-9에서 교회 리더십에 대한 그들의 끔찍한 견해를 바로잡으려고 시도한다. 바울은 농사의 비유를 들어 그들의 구호가 핵심에서 벗어나 있다고 주장한다. 그들의 지도자들은 그들이 속할 수 있는 주인들이 아니다. 반대로 그들은 각자가 서로 다른 과제를 부여받은 농장의 종에 불과하다. 농장과 곡식의 성장 그리고 농장을 유지하는 자들은 모두 하나님의 소유다. 9절에서 그는 이렇게 결론을 내린다. 우리(아볼로와 나 자신)는 하나님의 동역자들이요 너희(고린도 교회)는 (우리의 것이 아니라) 하나님의 밭이다. 따라서 너희는 단순히 "나는 아볼로에게 속한다"라고 말할 수 없다.

이것은 우리를 두 단락으로 인도해 준다. 9절 마지막 부분에서 바울은 비유를 전환한다. "너희(고린도 교회)는 하나님의 집"이다. 바울은 서로 연관되기는 하지만 상당히 구분되는 두 가지 요점을 지적하기 위해 이 비유를 사용하게 될 것이다. 10-15절에서, 그는 교회를 세울 책임이 있는 자들에게 신약의 가장 강력한 경고를 발한다. 이 배경에서 바울의 경고 대상은 지혜로 사람들을 새롭게 미혹하고, 십자가에 달린 그리스도의 메시지를 거부하도록 교회를 인도하는 자들일 수밖에 없다.

바울은 두 가지 요점을 지적한다. 첫째로, 그는 자신이 직접 세운 교회의 기초가 그리스도와 십자가에 달리신 그분에 대한 메시지임을 그들에게 상기시킨다. 상부구조는 기초와 양립될 수 있는 물질로 세워지는 것이 합리적이다. 둘째로, 그 단락의 요점은 10절의 경고에 나타난다. "각각 어떻게 그 위에 세울까를 조심할지니라." 솔로몬 성전(역대 상하)을 세우는 데 사용된 물질들을 언급하면서, 바울은 오래가는 물질이나 상하기 쉬운 물질로 세울 수 있다는 사실과 불의 시험이 그 물질의 실체를 입증하리라는 사실을 지적한다. 바울의 명백한 관심사는 고린도 교회의 지속적인 성장을 책임지는 사람들이 쇠하지 않는 복음의 재료로 교회를 세우는 것이었다. 인간적으로 상상한 지혜로 교회를 세우는 것은 나무, 건초, 지푸라기로 세우는 것과 같다. 그러다가 시험의 날이 이르면, 그 건물은 지탱하지 못할 것이다. 그 일하는 자들은 구원을 받겠지만, 그것은 마치 불에서 건져낸 불쏘시개와 같을 것이다.

마지막으로, 16-17절에서 바울은 주장의 방향을 약간 돌린다. 그는 그 건물의 특성이 사실 고린도 교인들과 관련된다는 사실을 계속 추적한다. 12절에 열거된 건축 재료에 암시되었듯이, 16절에서 바울은 분명한 단어를 사용해 그들이 고린도에 있는 하나님의 성전임을 밝힌다. 사실, 단수이자 복수로 사용되는 너라는 대명사는 많은 사람이 참으로 중요한 공동체를 다루는 이러한 본문을 개인화하게 만들었다. 확대된 번역이 바울의 요점을 분명하게 밝혀준다. "너희는 너희가 어떤 종류의 건물인 줄 알지 못하느냐? 너희, 즉 고린도에 있는 교회는 고린도에 있는 하나님의 성전(또는 성소)이 아닌가. 그렇다면, 너희는 너희 안에 계신 성령의 임재로 말미암아 존재하는 것이 아닌가." 그는 계속해서 말한다 "누구든지 고린도에 있는 하나님의 성전을 더럽히면(즉 해체하면), 하나님이 그 사람을 멸하시리라. 하나님의 성전인 교회는 거룩하니 그 성전인 너희도 그러하니라." 물론 자기들의 지혜와 지도자들에 대한 갈등으로 하나님의 성전을 더럽히고 있는 것은 바로 그들이다.

이러한 연습은 문학적 맥락이 중요한 이유를 예증해 준다. 이 본문에서 바울의 유일한 관심사는 개별적인 그리스도인이 아니라(그의 삶도 몸도 아닌) 그 지역 교회다. 그는 6:19-20에서 성적 부도덕을 맥락으로, 이 이미지를 그들의 몸으로 옮기고 있다. 그러나 단어의 다양한 의미는 말할 것도 없이, 문학적 맥락이 여기서 결정적으로 중요하다. 이것은 사실, 신약에서 지역 교회의 본질을 다루는 가장 중요한 본문 중 하나다. 그리고 그것은 아마 하나님이 보시는 바로는, 가장 중요한 본문일 것이다. 다른 곳(10:16-17, 11:29, 12:12-26)에서 도출된 몸의 이미지와 더불어, 이 본문은 이 서신에서 교회의 두 가지 중대한 이미지 중 하나의 역할을 한다. 그러한 이미지로부터 배울 수 있는 것은 영원한 의미에 대한 것이다.

분명히, 우리는 자신의 상황에서 이 말씀이 교회에 주는 교훈에 귀를 기울일 필요가 있다. 오늘날은 상황화 또는 문화적 적응이라는 이름으로 복음의 핵심 자체가 단순한 인간의 지혜를 위해 포기되고 있는 시대다. 또한 탐욕과 물질주의 같은 이교적 가치들이 기독교적이라고 일컬어지는 시대다. 그리고 발언권을 얻기 위해 인습적 예절을 강조하고 일등석을 탄다는 사실을 강조하는 시대다. 그러나 우리의 구세주는 십자가형이라는 최악의 수치를 당하셨다. 그분의 사도는 경기장에서 순교하도록 작정된 사람들이 승리에 찬 행렬의 끄트머리에 서는 것을 진정한 제자도로 간주했다(4:8-10). 하나님의 지혜는 여전히 하나님이 인간의 적대감으로 말미암은 수치를 자비로운 마음으로 견디신 십자가의 스캔들에서만 발견된다. 그분은 역시 자비로운 마음으로 자신에게 가해진 잔악한 행위 자체를 영원한 사면과 용서를 제공하는 수단으로 사용하셨다. 사도들이 주장하는 그 메시지만이 생명으로 인도할 수 있다. 이를 수정하는 모든 것은 인간의 지혜요 하나님 보시기에 어리석은 것이다.

우리는 교회를 세우는 책임이 있는 자들에게 교회의 기초와 양립되는 건축 "재료"를 사용해야 한다는 요점을 계속해서 지적할 필요가 있다. 개성, 카리스마, 경쟁, 오락 같은 보풀로 세워진 지역 교회는 믿음의 순전한 시험에 대비할 준비를 갖추지 못하게 될 것이다. 바울은 4:7-13에서 음부의 문이 교회를 이기지 못할 것이라고 주장했다. 교회가 하나님 보시기에 소중하므로, 우리는 어떻게 교회를 세울 것인가에 주의를 기울여야 한다.

마지막으로 16-17절의 이미지가 있다. 지역 교회는 하나님의 성전, 그분이 거하시는 처소다. 교회는 그것이 위치한 이교적 환경에 대한 그분의 대안이다. 그 환경에는 사회계층이라는 이름 아래 자행되는 인간 학대와 더불어 탐욕, 온갖 질병, 성적 부도덕이 만연한다. 또한 그곳에는 수많은 종교가 존재한다(고린도에만 26개의 이교 성전과 제단이 있었다). 바울은 6:9-11에서 이렇게 말한다. "너희 중에 이와 같은 자들이 있더니 주 예수 그리스도의 이름과 우리 하나님의 성령 안에서 씻음과 거룩함과 의롭다 하심을 받았느니라. 이제 너희는 하나님의 성전, 고린도에서 그분이 존재하시는 장소니라." 여기에 성령이 임재하셔야 한다. 성령은 자신의 은사들을 통해 상처 입은 자에게 치유를, 죄인에게 용서를, 소외된 자에게 사랑을, 염려하는 자에게 평화를 가져다주신다. 참으로 인간의 지혜나 분열로 교회를 멸하는 자가 있다면, 하나님이 그런 사람을 멸하실 것이다.

내용에 관한 질문. 이것은 무엇에 관한 질문들이다. 우리는 고린도교회가 주님의 식탁을 남용한 사실을 언급하는 고린도전서 11:17-34을 통해 내용에 관한 질문들을 예증할 것이다. 그리고 29절에서는 내용에 관한 일부 질문에 초점을 맞추게 될 것이다. 하지만 우리는 그 질문들을 살피는 동시에 당면한 배경을 잘 파악해야 한다.

이러한 질문들에 답변하기 위해서는 대개 원어 지식이 필요하다. 하지만 잘 선택된 몇 가지 역본을 사용하여 본문을 읽음으로써 원어 지식 없이도 문제를 다룰 수 있다. 중요한 것은 그 역본들이 어느 부분에서 중요한 차이가 있는지, 즉 어떤 면에서 실제로 본문의 의미에 영향을 미치는지를 세심하게 주목하면서 읽는 것이다. 하지만 이해를 어렵게 하는 심각한 문제가 개입될 때는, 외부의 도움이 필요할 수도 있다.

문맥에 대한 첫 번째 질문은, 바울이 사실상 원래 기록한 내용과 연관된 본문에 관한 것이다. 29절을 살펴보자. "주의 몸을 분별하지 못하고 먹고 마시는 자는 자기의 죄를 먹고 마시는 것이니라". 여기에 가련한 신자가 하나님을 두려워하게 만든 본문이 있다. 이 신자는 끝없는 자기 성찰과 엄청난 죄책감은 말할 것도 없이, 주님의 식탁에 앉을 자격이 없다고 느낀다. 이제 대부분의 복음주의자가 사용하는 두 역본이 이 본문의 첫 부분을 어떻게 번역하고 있는지 주목해 보자. NIV는 "주의 몸을 분별하지 않은 채로 먹고 마시는 자는"이라고 번역한다. 반면에 NASB는 "먹고 마시는 자는…그 몸을 바르게 판단하지 않으면"이라고 번역한다. 이 두 역본과 대부분의 현대 역본에서 두드러지게 나타나는 사실은 "자격이 없는"이라는 단어가 빠져 있다는 것이다. 그 이유는 단순하다. 그 단어는 바울의 문장에 속하지 않는다. 그 단어는 우선 라틴 전통에 추가되었다. 그리고 27절의 영향 아래, 대부분의 중세 헬라어 사본에 추가되었다. 주목할 사실은 그런 상황에도, 그 단어는 도덕적 의미에서 "자격 없음"을 의미하지 않는다. 마치 죄를 지은 사람이 그런 죄를 가지고 식탁에서 먹을 경우, 그리스도의 죽음에 연관된 죄를 지은 것처럼 말이다. 헬라어에서 이 부사는 여기서 기념되고 있는 그리스도의 죽음에 어울리지 않는 방식으로 기독교적 식사에 참여함을 의미한다. 따라서 우리가 다루는 본문은 "자격 없이" 먹고 마시는 것이 아니라, 그 몸을 인식(분별)하지 않는 방식으로 먹고 마시는 것과 관련된다.

NIV와 NASB 사이에는 또 다른 중요한 차이가 있다. NIV(KJV도 마찬가지)는 "주의 몸을 분별하지 않고"라고 번역하고 있는 반면에, NASB는 "주님의"이라는 추가적인 단어들 없이, 단순하게 "그는 몸을 바르게 분별하지 않는다"라고 번역하고 있다. 이것은 오늘날 학자들의 의견이 약간 분분한 본문에 관한 문제다. 주목할 사실은 더 후대의 덜 신뢰할 수 있는 사본 증거가 이 단어들을 지지한다는 것이다. 그리고 이 동일한 사본은 "자격 없이"를 지지한다. 또한 그것은 명백히 그 원문에 이차적으로 추가되었으며, 현대의 어떤 헬라어 본문에서도 발견되지 않는다. 그 단어들은 또한 27절에서 차용되었다. 이런 경우에는 아래와 같은 벵겔 규칙이 우선되어야 한다. "다른 모든 사본의 존재를 가장 잘 설명해 주는 사본이 원본으로 선호되어야 한다." 이런 경우에, 본문에 있었던 "주의"라는 단어들을 제거한 사실은 역사적으로 설명하기가 거의 불가능하다. 그 단어들은 분명히 초기 교회가 이 문장에 나오는 몸이라는 단어를 식탁의 떡으로 제시된 주님의 십자가에 달리신 몸을 언급하는 것으로 이해했음을 반영한다. 원래 있었던 그 단어들이 초기 교회에서 제거된 이유를 상상하는 것은 어려운 일이다. 그러므로, 그 본문의 문제는 "누구든지 그 몸을 분별하지 못하고 먹고 마시는 자는 그 자신에 대한 심판을 먹고 마시는 것이라"로 번역되는 헬라어 본문에 지지하여 해결되는 것이다.

그것은 우리를 단어들의 의미에 관한 질문으로 인도한다. 여기서 우리는 "그 본문이 그 배경 내에서 갖는 의미가 무엇인가"라는 핵심적인 문제를 직면하게 된다. 두 단어가 우리의 주의를 요구한다. 바울은 "몸"이라는 단어로 무엇을 언급하는가? 교회, 그리스도의 몸을 언급하는가 아니면 주님이 어떤 식으로든 식탁의 떡으로 우리에게 자신을 나타내신다는 의미에서 그리스도 자신을 언급하는가? 그 문제는 일반적으로 "바르게 분별하다, 인식하다 또는 판단하다를 의미하는 디아크리노(*diakrino*)라는 동사의 타당한 의미와 연관된다.

"몸"이라는 단어로 시작해 보자. 우리는 교회가 오랫동안 이것이 십자가에 달린 주님의 몸을 언급한다고 믿어온 이유를 쉽게 이해할 수 있다. 주님의 몸이 어떤 면에서 떡(교회가 많은 논쟁을 벌여온 부분이다)이라는 상징을 통하여 제시되기 때문이다. 결국, 그 사실은 이전의 절들에서 명백히 강조되었다.(24절의 성찬 제정사에서, 떡은 "이것은 나의 몸이니"라는 표현에 특별히 언급되고 있으며, 그것은 "이것이 내 몸을 나타낸다"라는 의미다. 죽음에 넘겨진 그분의 몸은 그 본문의 유일하게 타당한 의미인 것처럼 보인다. 27절에서, 바울은 누구든지 "분별없는" 방식으로 먹고 마시는 자는 주님의 몸과 피에 대한 책임이 있다고 말한다. 그것은 그들이 원래 그리스도를 십자가에 매달았던 사람들과 같은 책임이 있음을 언급한다).

그러나 이 시점에서 잠시 멈춰야 할 두 가지 이유가 있다. 첫째, 당면한 맥락에 비춰 볼 때, 29절에서 몸이라는 단어는 두 가지 면에서 충격적인 방식으로 사용되고 있다. 먼저 29절이 이 구절 전체에서 아무런 수식어구 없이 몸이라는 단어를 사용하는 유일한 사례라는 사실이다. 다른 모든 경우에는, "내" 몸 혹은 "주의" 몸과 피로 표현되고 있다. 또한 그것이 그 구절 전체에서 잔이나 피에 상응하는 것이 전혀 언급되지 않은 유일한 사례라는 사실이다. 바울은 오직 여기에서, 아무런 수식어구나 잔/피의 병렬 없이 단순하게 "몸을 분별하지 않는"이라고 말하고 있다.

둘째, 이러한 용법은 이제 10:17에 나오는 주제에서 벗어난 짧은 내용을 이해할 수 있게 해준다. 기독교적 식사의 언약적 측면 때문에 이교 친구들과 신전 식사에 동참하는 것이 금지된 배경에서 바울은 해석을 목적으로 잠깐 주제에서 벗어나 떡만을 선정해서 언급한다. 이것은 한 덩어리에 함께 참여하는 것이 그들이 "한 몸"이라는 증거임을 단호하게 선언한다. 이것이 신약에서 잔과 떡이 그런 순서로 나타나는 유일한 사례임을 주목하라. 바울은 떡의 의미에 관한 어떤 사실을 말하려고 하고 있다. "우리가 떼는 떡은 그리스도의 몸에 참여함이 아니냐." 그는 설명을 위해 이렇게 덧붙인다. "떡이 하나요 많은 우리가 한 몸이니 이는 우리가 다 한 떡에 참여함이라". 이 해석의 순간이 10:14-22의 주장에서는 거의 아무 역할도 하지 않기 때문에 바울이 이 주장과 12장의 주장을 이 시점에 모두 예상하고 있었는지는 확실히 논쟁의 여지가 있는 문제다. 그러므로 우리 문장(11:29)에서 몸이라는 단어가 바울 자신이 우리의 식사를 해석할 때 말하는 것과 다른 어떤 것을 의미한다면, 그것이 무엇인지를 설명할 필요가 있는 것이다.

이러한 질문은 분명히 단순한 단어 분석으로 해결될 수 없다. 이러한 내용에 관한 질문은 이제 살펴볼 역사적·문학적 맥락의 문제와 깊이 연결되어 있다. 제기되는 질문은 이것이 몸이라는 단어의 의미이며, 따라서 본문이 전체 문장을 지지해 주느냐는 것이다. 그 답변은 전적으로 그렇다는 것이다. 본문 23절을 읽음으로 예식이 시작되는 개신교 교회 대부분의 성찬과 대조적으로, 바울의 진짜 문제는 17절에서 시작된다. 거기서 그는 17절과 22절 모두에서 언급되는 문제를 강력하게 지적한다. 그가 계속 언급하는 내용은 그들을 칭찬할 수 없는 어떤 것이다. 바울은 그들을 심하게 정죄한다. 그들은 주님의 식탁에 앉아 있지만, 사실은 전혀 그 정신에 어긋난 일이 벌어지고 있음이 판명된다. 바울은 그들이 함께 식사하기 위해서 모일 때, 분쟁이 일어난다고 말한다(18절). 그러나 그 배경은 이 분쟁이 1:12에서처럼 지혜의 이름으로 그들의 지도자들을 놓고 벌어진 것이 아님을 분명히 밝혀준다. 그 분열은 사회학적 측면에서 일어나고 있다. 그는 21절에서 그들의 모임이 키리아콘 데이프논(*kyriakon deiphnon*, 주님을 기리는 식사)이라기보다는 이디온 데이프논(*idion deiphnon*, 매우 사적인 식사)을 나타낸다고 주장한다.

이 시점에서 우리는 내용에 관한 질문에 속한 일부 문제를 주목할 필요가 있다. 그것은 21절에 표현된 개념들의 역사-문화적 배경에 관한 질문이다. 그것을 고려하기에 앞서 바울 자신이 그들의 사적인 식사를 어떻게 보고 있는지를 검토할 필요가 있다. 21-22절에 나타나는 폭포처럼 전개되는 수사학을 살펴보자. 그것은 이와 같은 기소와 함께 시작된다. “어떤 사람은 시장하고 어떤 사람은 취함이라.” 대다수 현대인에게 주님의 만찬을 떠올릴 때, 술에 취한다는 것은 상상도 할 수 없고, 용인될 수도 없는 일이다. 그러나 바울은 술 취하는 것 자체에 대해서는 별로 관심이 없다. 그는 식사의 두 부분인 먹고 마시는 것으로부터 각각 단어들을 취하여, 문제를 극단적으로 표현한다. 한 극단은 어떤 사람은 음식을 전혀 받지 못한 결과로 “시장”했다는 것이고, 반대편 극단은 음식과 음료를 잔뜩 먹고 마신 나머지 “취”했다는 것이다. 이어지는 문장이 분명히 보여 주듯이, 바울의 관심사는 한쪽의 취함이 아니라 다른 쪽의 굶주림이었다. 특히 그런 일이 동료 신자들이 과분하게 먹고 마시는 배경에서 일어난 것이 문제였다.

따라서 바울은 (22절에서) 일련의 수사학적 질문들을 쏟아 놓는다. 그는 궁핍한 자들을 부끄럽게 만들었던 “욕구가 채워진” 사람들을 같은 차원에서 부끄럽게 만들 작정이었다. 첫 번째 질문은 21절에 직접 반응하고 있으며, 역설로 가득하다. “너희가 먹고 마실 집이 없느냐?” 즉, 너희가 사적으로 식사할 수 있는 집이 없는 것이 사실이라면, 하나님 백성의 회중에서 음식을 먹는 데 대해서 용서받을 수 있다. 하지만 주님의 식탁에서 다른 이들의 임재 중에(또는 부재중에) 일부러 그런 음식을 먹는다면, 두 번째 질문이 제기되어야 한다(이것이 모든 것의 열쇠다). "너희가 하나님의 교회를 업신여기고 빈궁한 자들을 부끄럽게 하느냐?" 바울은 이 질문으로 그들의 행동의 실제적인 본질을 다룬다. 따라서 그는 세 번째(그리고 네 번째까지) 질문으로 자신의 주장을 충분히 다루게 된다. "내가 너희에게 무슨 말을 하랴 너희를 칭찬하랴 이것으로 칭찬하지 않노라."

이 모든 문제의 원인이 무엇인가? 우리는 고린도 교인들이 주님의 식탁을 남용한 사실을 어떻게 이해해야 하는가? 여기서 우리는 신약 외부의 문헌과 증거를 다룰 필요가 있다. 바울의 설명으로부터 두 가지 분명한 사실이 나타난다. (1) 고린도 교인들은 주님의 만찬을 일종의 정기적인 식사의 일부로 기념했다. (2) 그들은 특히 가진 자가 못 가진 자를 부끄럽게 하는 방식으로 즉 주님의 만찬의 의미가 완전히 상실되는 방식으로 기념하고 있었다.

우리는 초대 교회가 집에서 모였으며, 그 집들이 자주 로마 양식으로 지어졌음을 알고 있다. 그 집들은 때때로 방들이 안마당으로 알려진 개방된 뜰 주위로 일종의 사각형을 이루고 있었다. 그중에서 트리클리니움(3면에 눕는 안락의자가 붙은 식탁)으로 알려진 방은 식당의 구실을 했다. 우리는 또한 고린도에서 이뤄진 고고학적 연구에 근거해 열두 사람 이상이 편안하게 비스듬히 기댈 수 있는 트리클리니움이 갖춰진 (최소한 발견된 것 중에는) 집이 없었음을 알고 있다. 바울이 언급하는 이러한 식사를 위해서 트리클리니움이 사용되고 있었다면, 선택된 그룹만 입장이 허락되고, 나머지는 안마당에 머물렀을 것이다.

우리는 또한 "각각 자기의 만찬"으로 번역된 헬라어가 부유한 자들의 사적인 식사를 의미하는 기술적인 언어임을 알고 있다. 주인은 자신에게 특권이 부여된 몫을 함께 나눌 수 있도록 자신의 사회계층에 속하는 손님들이 자기 곁에서 먹을 수 있게 함으로써, 손님들을 분류하는 경향이 있었다. 마찬가지로, 다른 사람들은 두 그룹, 즉 급이 낮은 친구들과 그의 종이나 자유인들로 분류되는 경향이 있었다. 이 각 그룹은 다른 몫을 받고 다른 시간에 식사를 시작했다. 이러한 특정 관습이 그리스-로마 세계에 너무도 잘 알려졌던 나머지, 고대의 저술가들에 의해 최소한 일곱 차례 언급되었다. 풍자 시인 데키무스 유니우스 유베날리스 주버날은 하나의 풍자 전체를 자신이 경멸하는 이 관습에 할애하고 있다. 그의 풍자는 분명히 "아래로부터"의 관점이다. 자신을 홀대한 주인을 맹비난하는, 마샬의 다음과 같은 짧은 풍자시에도 그런 내용이 잘 나타난다.

> 저녁 식사에 초대를 받았을진대…내게는 당신과 다른 음식이 제공되는 이유가 무엇인지? 당신은 루크린 호수에서 잡은 살진 굴을 먹는데, 나는 껍질에 있는 구멍으로 홍합을 빨아 먹네. 당신은 버섯을, 나는 돼지 곰팡이를 얻고, 당신은 가자미와, 나는 넙치와 씨름하네. 당신은 기름으로 황금빛이 된, 엉덩이가 부푼 멧비둘기를 실컷 먹는데, 내 앞에는 새장에서 죽은 까치가 차려져 있네. 하지만 나는 왜 당신 없이 먹고 있는 것이요? 폰티쿠스여, 나는 어찌하여 당신과 함께 먹고 있는 건지? 비탄은 가고, 이제 우리로 그런 혜택을 누리게 해 주시오, 똑같은 음식을 먹게 해달란 말이오.(풍자시 3.60)

여기에 특권을 지닌 손님 중 하나인 장로 플리니가 그 모습을 보고 넌더리를 내는 "위로부터"의 관점이 있다.

> 내가 한 남자와 우연히 식사를 함께하게 된 사연…자세히 다루기에는 너무 많은 시간이 필요할 것이다. 그 사람이 나의 특별한 친구는 아니었다. 주인의 고상한 취향이 내게는 일종의 인색한 사치인 것처럼 보였다. 최고의 음식이 자신과 선택된 소수 앞에 차려지고, 나머지 사람

> 들 앞에는 값싼 음식 부스러기들이 차려졌다. 그는 포도주를 세 부류의 아주 작은 플라스크에 나누어 부었는데, 손님들에게 선택의 기회를 주려는 것이 아니라, 받는 것을 거부하지 못하게 하려는 것 같았다. 자기와 우리를 위해서 몫이 정해지고, 그의 덜 중요한 친구들(그의 모든 친구가 등급이 매겨져 있었다), 그리고 그와 우리의 자유인들을 위해서는 다른 몫이 정해져 있었다. (서신 2.6)

바울은 그들이 "각각 자기의 만찬을 먼저 갖다 먹으므로", "가진 자들"이 "못 가진 자들"을 부끄럽게 함으로써 하나님의 교회를 멸시한다고 비난한다. 확신할 수는 없지만, 바울이 이런 용어를 사용한 사실은 이와 같은 일이 고린도의 주님의 식탁에서 일어난 남용의 배후에 있음을 암시한다. 예를 들어, 우리는 가이우스의 집에서 일어난 만남을 마음에 그려볼 수 있다. 거기서 가이우스와 그의 사회계층에 속한 사람들은 트리클리니움에서 자기의 만찬을 먼저 가져다 먹지만, 종이나 빈궁한 자유인들(1:26을 비교해 보라)은 기본적으로 다른 사람들의 음식에서 배제되고, 그 결과로 주님의 식탁에서도 배제된 모습을 그려볼 수 있다.

이것은 바울에게 이중적인 남용을 의미한다. 그것은 하나님의 백성이 그리스도가 오실 때까지 그분의 죽으심을 함께 선언하는 식사의 의미를 파괴한다. 그 선언의 일부는 우리가 모두 한 덩이의 떡으로부터 먹기 때문에, 그리스도의 몸에 함께 속함을 선언하는 떡에서 발견된다(10:17). 그들은 음식을 통해서, 그리스도가 죽으신 목적을 부인하고 있었다. 그 목적은 인간의 타락에 근거한 옛 구별이 더 이상 존재하지 않는 새 백성을 그분의 이름을 위해 창조하는 것이다.

역사적·문학적 맥락에 대한 논의를 결론 지으면서 29절로 돌아가, 앞서 시행한 어휘적 조사를 본문이 어떻게 지지해 주는지를 관찰하고자 한다. 고린도 교인들은 식탁에서 빈궁한 자들을 부끄럽게 함으로써, 죽음에 내준 바 된 그리스도의 몸이 의미하는 바를 완전히 놓치고 있다. 그 몸—교회 자체—을 타당하게 인식하지 못함으로써, 그 몸을 먹는 중에 자신에 대한 심판을 먹고 마시고 있는 것이다.

만일 바울이 몸을 남용했다는 이유로 그들에게 심판을 선언하고 있다면, "인식하다 또는 분별하다" 같은 동사를 사용하지 않는 이유는 무엇인가? 그리고 그것은 무엇을 의미하는가? 이 질문에 대한 답변은 전체 단락(27-32절)을 지배하는 "심판"이라는 주제를 놓고 벌이는 언어유희에 있는 것처럼 보인다. 이 동사의 다른 어떤 형태도 이 식사에 한 몸으로 자리한 전체 교회의 의미를 타당하게 인식할 필요성을 표현하기에 적절하지 못할 것이다. 아마도 여기에서의 의미는 구별되는, 또는 다른 것으로 구분하는 의미를 지닌 단어 "분별하다"에 가까울 것이다. 주님의 만찬은 단순한 식사가 아니다. 그것은 공동의 식탁에서 한 덩어리의 떡과 공동의 잔에 참여함으로써 그들이 한 몸, 즉 그리스도의 몸임을 선포하는 식사다. 그 요소들은 그리스도의 죽음을 통해 그들이 한 몸이 되었음을 표현했다. 그러므로, 그들은 이 식탁에서도 여전히 사회적으로 구별되는 다양한 그룹에 속한 사람들이 모인 그룹이 아니다. 여기서 그들은 자기가 그 일부이고, 그 안에서 서로에게 선물인 한 그리스도의 몸을 "분별/인식"해야 한다. 이런 식으로 그 몸을 분별하지 못하는 것은 더 낮은 사회적 지위에 속한 사람들을 무시함으로써 하나님의 판단을 초래한다.

그것이 11:29이 그 역사적인 배경에서 거의 확실하게 의미한 바다. 더 큰 질문은 그것이 무엇을 의미하는가다. 우리는 어떻게 그것을 적용해야 하는가? 아마도 그리스도인들은 이 본문의 요점을 극대화함으로써 그 의미를 더 잘 적용할 수 있을 것이다. 우리의 문제는 고린도의 문제와 정확히 반대인 것처럼 보인다. 그들은 그 음식의 의미를 상실하는 방식으로 그 식사를 기념하였다. 반면에, 우리는 음식의 의미는 지켰지만, 이 음식이 식사를 배경으로 이해되어야 한다는 사실을 포기해 왔다. 물론 좋은 식사를 만드는 것은 좋은 음식이다. 그리고 우리에게 주님의 식사(그리고 좋은 친교)에서 제시된 것보다 더 좋은 음식은 존재하지 않는다. 바울에게 떡은 몸의 교제를 표현했다. 그런 면에서, 교회는 하나님의 백성이 그리스도 안에서 서로에 대한 언약적 결속을 확인하는 곳이다. 여기에는 빈부도 없고, 헬라인이나 유대인, 남자나 여자도 없다. 여기서는 서로 불화하는 사람들이 용인될 수 없다. "우리가 떼는 떡은 그리스도의 몸에 참여함이 아니냐 떡이 하나요 많은 우리가 한 몸이니 이는 우리가 다 한 떡에 참여함이라." 따라서 이 식탁에서, 우리는 우리가 그리스도 안에서 서로에게 진정으로 결합되었음을 단언하는 길을 찾아야 한다. 우리는 모든 허물과 다양성에도 불구하고, 진정으로 서로를 필요로 한다.

물론, 그와 동시에 우리는 잔을 생각할 때 그리스도의 피를 통해 나누는 교제를 상기하게 된다. 그것은 죄인을 위해 흘리신 새 언약의 피다. 여기서, 우리는 아무 자격이 없는 우리가 사랑하시는 자 안에서 용납되었다는 사실을 믿음으로 확인하고 받아들여야 한다. 우리의 죄가 씻겨졌다. 우리는 죄를 용서받았다. 하나님 그리고 이웃과의 소외가 극복되었다. 여기서 우리는 그리스도 안에서 누리는 공동생활을 기념한다. 그것은 그리스도의 죽음과 부활을 통해 가능해졌다. 그리고 성령의 역사를 통해 이 식탁에서 표현되었다. 이것이 주님의 식탁이 최소한 의미하는 바다. 그리고 이 본문으로부터 우리 모두가 배워야 할 교훈은 우리가 함께 먹을 때 그 몸을 인식하고 단언하는 것이 절대적으로 중요하다는 사실이다.

우리는 이처럼 역사가 해석을 위한 첫 번째 맥락임을 주장하는 이유를 살펴보았다. 석의는 좋아하든 않든 간에 우리가 반드시 그것을 할 것이라는 이유와 성경과 역사를 통해 인간의 말로 주어진 하나님의 영원한 말씀의 본질이 그것을 요구한다는 이유로 필수품이다. 나는 고린도전서로부터 취한 일련의 예증과 더불어, 석의 과정의 다양한 단계를 보여

주려고 노력했다. 그와 동시에 고린도전서에 기록된 하나님의 말씀을 듣는 데 깊은 관심을 기울였다. 그리고 그 결과 언제나 좋은 석의가 반드시 적용에 선행되어야 한다는 사실을 예증하고 싶었다.

나는 또한 석의를 잘하기 위해서 전문가가 될 필요가 없음을 예증하고 싶었다. 진정으로 (내용에 관한) 본질적인 질문은 개방되어 있다. 여러분은 내용에 관한 일부 질문을 다룰 목적으로 외부 자료를 찾을 필요가 있을 때도, 반드시 본문으로 돌아가 맥락 측면에서 판단해야 한다. 나는 성경을 보통 사람의 손에서 낚아채기보다는, 정반대를 원한다. 성경은 모두를 위한 것이므로 모든 사람이 삶과 성장을 위해 성경을 읽게 하자. 그러나 성경을 닥치는 대로 읽거나 너무 게으른 나머지 본문에 대해 상상할 수 있는 온갖 잘못된 해석을 성령의 탓으로 돌리지 말고, 지적으로 성경을 읽도록 하자. 우리가 고단한 연구 작업을 하지 않는 이유는 단지 너무 게을러서 일 뿐이다.

어쨌든 대부분의 본문을 다룰 때 직면하는 더 큰 어려움은 의미에 관한 것이 아니다. 우리는 보통 의미를 분명하게 분별할 수 있다. 우리의 어려움은 순종에 있다. 우리는 특히 이 부분에서 성령의 도우심이 간절히 필요하다.

2장
해석을 위한 맥락으로서의 정경

기독교 해석자는 구약과 신약이라는 두 개의 약속을 담은 정경을 보유하고 있다. 구약이 시간상으로 신약보다 앞선다. 두 약속은 여러 면에서 큰 차이가 있음에도 불구하고, 하나님이 자신이 창조하신 세상, 더 구체적으로 자신의 백성을 다루시는 방식을 서술한다. 우리는 구약과 신약 모두가 하나님의 말씀, 즉 세상에 대한 그분의 특별계시라고 믿는다. 그것은 기독교회가 거의 이천 년 동안 추정해온 사실이다. 그리고 그것은 여러 신조들에 상세히 표현된 신학적으로 확정된 사실이다.

성경이 하나가 아니라 두 부분으로 존재한다는 사실은 우리에게 유익하다. 전통적으로 신구약은 동등한 하나님의 말씀으로 간주되어 왔다. 신구약의 연속성은 신약이 존재하기 전인 처음부터, 최소 조건으로 추정되었다. 신약성경의 기자들은 수없이 구약을 인용하고 언급했다. 그 사실은 그들이 구약성경이 자기들을 규정하고 옹호해 준다고 생각했음을 확실히 입증한다.[1] 구약의 가치는 변치 않았다. 신약성경의 기자들은 예수님 자신에게서 그 사실을 배웠다. 예수님은 성경(구약)이 자신의 강림, 인격 및 사역뿐만 아니라 나아가서 "하늘과 땅이 사라질 때까지"(마

5:17-20) 신자의 삶을 규정한다고 주장하셨다.

예수님은 구약의 지속적인 타당성을 옹호하셨다. 반면에, 그분의 가르침이 바로 그 문제에 관한 의심을 유발했다는 사실을 주목하는 것은 중요한 일이다. 그분은 "내가 율법이나 선지자를 폐하러 온 것으로 생각하지 말라"고 말씀하셨다. 그분이 이렇게 말씀하신 것은 그분에게서 바로 그렇게 하시려는 의도를 인지한 사람들에게 직접 대응하시기 위한 것이었다. 예수님이 지적하신 요점은 자신이 구약과 어떤 식으로든지 구별되신다는 사실보다는 구약이 오해되고 있다는 사실이다(결국 그분은 구약의 성취이셨다). 예수님은 율법과 선지자의 지속적인 가치를 옹호하신 직후에, 구약 자체가 아니라 그 의미에 관한 전승이 중단된다는 사실을 언급하기 시작하셨다. 그분은 살인, 간음, 이혼, 맹세, 보복 및 원수 등의 문제를 다루셨다(마 5:21-48). 그 문제들이 성경적인 언어로 표현되고 있음에도 불구하고, 그분은 이러한 전승으로부터 거리를 두셨다.

구약은 가장 초기의 기독교 공동체가 보유한 주된 성경이었다. 그들은 하나님의 말씀의 정체성을 의심하지 않았다. 그럼에도 불구하고, 그들은 예수님이 구약을 대체하신다는 사실과 구약에 관한 예수님의 가르침이 어떤 식이든 그 위에 서 있다는 사실도 이해하고 있었다. 그분 자신이 구약의 성취였다. 히브리서에 분명히 나타나 있듯이, 구약은 그리스도 안에서 계시된 더 나은 것들의 전조, 유형, 비유, 그림자의 성격을 취한다. "옛적에 선지자들을 통하여 여러 부분과 여러 모양으로 우리 조상들에게 말씀하신 하나님이 이 모든 날 마지막에는 아들을 통하여 우리에게 말씀하셨으니." 그 차이는 일시적일 뿐 아니라 질적이다.

그러나 그것은 신학적인 차이이기도 하다. 예를 들어, 히브리서의 새 언약은 공관복음서에 나타나는 경우처럼, 어떤 기대가 단순히 성취된 것이 아니다. 그것은 옛것이 소멸한다는 신호다. 이러한 노후화의 개념은 히브리서 8:13에 가장 명백하게 표현되어 있다. "새 언약이라 말씀하셨으매 첫 것은 낡아지게 하신 것이니 낡아지고 쇠하는 것은 없어져 가는 것이니라." 히브리서 기자는 보통 말하는 그런 성경이 아니라, 하나님과 그 백성 간의 언약 관계를 언급한다. 그럼에도 불구하고, 이제는 폐지된 언약 관계를 정의하는 성경은 하나님의 새로운 백성에게 이전에 가졌던 것과 동일한 기능을 보유할 수 없다. 그 가치는 이제 주로 유추적인 데 있다.

이 중의 어떤 것도 막 시작된 마르시온주의로 간주되어서는 안 된다. 히브리서 기자는 구약이 포기된다는 개념에 절대로 가까이 접근하지 않기 때문이다. 구약은 여전히 하나님의 말씀이다. 그리고 히브리서 기자는 특히 변증과 설교에 관한 관심에 도움을 주는 면에서, 보통 말하는 그런 용도로 계속 성경을 사용한다. 그럼에도 불구하고, 그것은 차별화된 성경이다.

그렇다면 두 약속에 부여된 신(New)과 구(Old) 라는 명칭이 둘 사이를 구분한다.[2] 일시적으로(하나가 시간상으로 앞선다), 질적으로(하나가 나머지 하나의 그림자라는 면에서), 신학적으로(하나가 이제는 쓸모없는 하나님과의 관계를 규정하고, 나머지 하나는 그리스도의 구속 사역에 근거한 새 언약 관계를 규정하는 면에서) 구분하는 것이다. 그러나 하나가 나머지 하나의 자격을 박탈하지 않는다. 그러므로 신약과 구약의 연속성과 비연속성은 신약 자체 내에서와 그것들이 인식되는 명칭들에 의해 확인된다.

신구약의 차이에도 불구하고 성경의 통일성이 유지된다는 신념은 즉각적인 해석학적 의미를 지니게 된다. 최초의 기독교적 이성은 신약에 근거하여 구약을 약속이나 유형으로 생각하게 되었으며, 그 결과 예수님이나 신약을 그 성취나 예표로 참조하지 않으면 구약이 불완전하다고 생각하게 되었다. 그러면 이런 사실을 고려하지 않은 채 그 자체를 읽도록 의도되었는가?

그것은 아주 오래된 동시에 현대적인 질문이다. 우리는 그 질문에 친숙하다. 우리는 강단, 성경 연구 모임, 해석을 다루는 대중 서적에서 주장하는 이런 입장, 즉 구약을 구약으로 읽는 입장에 귀를 기울여 왔다. 그러나 역사에 대한 새로운 민감성과 그것에 근거한 방법론들이 발전됨에 따라, 신구약 간의 관계를 그런 식으로 정의하는 것에 약간의 불편함을 느끼게 되었다.

문제는 구약 본문을 읽는 방법에서 가장 명백하게 나타난다. 가장 보수적인 입장에서부터 가장 자유주의적인 입장에 이르기까지, 우리는 당면한 역사적 배경에 비춰볼 때, 본문을 정확하게 해석할 수 있다고 믿기에 이르렀다. 그것은 우리가 모두 공유하는 계몽주의의 유산이다. 우리는 대학뿐 아니라 성경 대학과 신학교에서도 이런 관점에서 본문을 다루도록 교육받았다. 우리는 모두 이러한 신념을 공유해 왔지만, 본문의 배경을 재구성하는 과정의 세부 사항에 대해서는 큰 의견 차이를 보여 왔다. 재구성 과정의 차이는 상당하다. 하지만, 우리는 모두 그 과제를 옹호하게 될 것이다. 그리고 그 재구성 과정에서 때로 동일하지는 않더라도 유사한 절차를 적용하게 될 것이다.

우리는 성경에 역사적 방법론을 적용할 때 곧 해석학적 질문으로 되돌아올 수밖에 없다. 우리는 구약이든 신약이든 모든 본문이 역사적으로 특정하고, 본문의 기자가 특정한 청중을 염두에 두었으며, 그들의 유익을 위해 어떤 메시지를 전달하려 했다고 주장하도록 배웠다. 그러나, 우리가 스스로 내린 결론에 대해 느끼는 편안함은 신구약 중 어떤 것을 해석하는지에 근거해서 달라지는 것 같다.

역사적 배경에 근거한 신약 석의가 엄격하게 유지될 수 있었던 것은 그것이 일반적으로 우리의 신학적 유산을 재보증하고 확인해 주는 결과를 산출할 수 있었기 때문이다.

그러나 역사적 석의는 구약 본문에 적용될 때, 그처럼 한결같은 지지를 받지는 못했다(현재도 마찬가지다). 저작권과 책의 연대를 결정하는 데 관련된 전통은 모든 측면에서 "비평가들"의 도전의 대상이 되었다. 그 사실과 별도로, 우리는 전통적, 신학적 민감성을 더 진지하게 연결하여 역사적 배경을 재구성할 수 있는 경우에도, 우리 자신이 내린 일부 해석적 결론에 대해 불편함을 느끼기 시작했다. 그것은 특히 구약 본문이 신약에서 갖는 의미에 대한 해석과 더불어 인용되는 상황에 해당한다. 우리는 역사적으로 특정한 해석이 신약 기자들이 제시한 해석과 자주 상충한다는 사실을 발견하게 되었다. 우리가 한가지 결론에 이른 반면, 신약 기자는 또 다른 결론을 주장했다. 성경의 통일성에 민감한 우리의 신학적 입장이 이 점에서 특별한 공격의 대상이 되었다. 직접적으로 표현하자면, 역사가 정경과 충돌하고 있었다.

유사한 실례가 몇 가지 더 있다. 예를 들어, 이스라엘의 출애굽에 대한 호세아의 언급(호세아의 시대보다 오백 년이 넘은 이전 시대에 일어난 사건)이 어떤 면에서 예수님이 어린아이(마 2:15)로 애굽에서 돌아오심으로 성취되었다는 것은 전혀 명백한 사실이 아니다. 또한 시리아(주전 732)와 이스라엘(주전 722)이 함락되기 전에 태어나리라고 본문이 분명히 언급하는 이사야 7:14(임마누엘)의 아이가 사실상 다름 아닌(마 1:23) 예수님이라는 내용도 하나의 실례가 된다. 또는 아브라함에게 약속된 그의 씨(네가 믿기만 하면, "네 씨가 크게 번성하여 하늘의 별과 같고 바닷가의 모래와 같게 하리니")가 실제로 "한 인간, 그리스도"(갈 3:16)를 언급했다는 것도 또 하나의 실례가 될 수 있을 것이다. 계속 논의를 이어갈 수 있겠지만, 이 연구의 후반부에 이르기까지 일단 접어두기로 하자.

역사적으로 제한된 우리의 해석이 신약성경의 그것과 다를 때, 우리는 무엇을 생각하고 무엇을 해야 하는가? 구약 본문이나 구약을 사용하는 신약에 대한 우리의 해석이 반드시 잘못된 것인가? 그럴 수도 있다. 명백히 잘못된 것을 바로잡기 위해서는 심각성을 재인식할 필요가 있다. 아니면 신약 기자의 오류가 그의 인간성을 반영하는 것에 불과하다는 질문을 제기함으로써, 그의 해석을 잘못된 것으로 생각할 수 있는가? 마땅히 제기할 필요가 있는 바로 그 질문은 복음주의 이성에 불쾌감을 준다. 이 시점에서 우리를 구조해 주는 답변은 보통 또 다른 질문의 형식으로 임하게 된다. 구약 본문에는 한 가지 이상의 의미가 존재하는가? 그중에서 첫 번째인 일시적인 의미는 역사적 방법으로 회복될 수 있다. 더 초월적이고, 따라서 신비로운 채로 남아 있는 두 번째 의미는 특별한 신적 통찰, 즉 계시라는 수단에 의해서만 회복될 수 있는가? 하지만 이 질문은 또 다른 질문을 제기하게 만든다. 우리는 구약을 해석하는 고유한 접근법을 개발해야 하는가?

최소한 내가 정의하고자 하는 정경적 접근법은, 본문이 반드시 자체가 당면한 역사적 세계, 그리고 정경의 최종형태와 연관 지어 해석해야 함을 추정한다. 그것은 우선 역사적 접근법이 신약처럼 구약에 대해서도 타당해야 함을 추정한다. 구약 공동체에 대한 하나님의 말씀은 신약 공동체에게 그렇듯, 특정 상황에 대해 구체적이다. 구약은 전달 면에서 신약 이상으로 신비스럽거나 모호하지 않다. 우리는 구약에서 전달된 메시지가 성격상 헷갈리거나, 모호하거나, 신약이 그것에 부여하는 의미를 기다린다는 암시를 전혀 발견할 수 없다. 만일 구약 본문이 독자와 청자에게 의미를 갖는다면, 우리가 조사를 통해 포착하고자 하는 것이 바로 그 의미다. 역사적인 접근법만이 그 작업을 행할 수 있도록 우리를 구비시켜 준다. 이런 면에서 정경적 접근법은 그 방향에 있어서 철저하게 역사적이다.

그러나 전체 정경의 배경에서 이뤄지는 해석은 몇 가지 이유로, 원래 의미가 파악되는 시점에서 멈출 수 없다. 첫째로, 다수의 구약 본문은 두 차례 이상 나타난다. 한 번은 우리가 원래 배경이라고 부르는 것으로, 다음으로는 주로 신약의 배경에서 해석적인 것으로 나타난다. 본문은 각 상황에서 의미를 보유한다. 그 의미가 동일하거나 서로 다르거나 상관없이, 해석적 과제에 관한 한 그 차이는 거의 없다. 본문의 각 출현은 자체적으로 검토되어야 한다.

두 번째로, 그리스도인 해석자는 말씀이 또 다른 청중에게 의미하는 것뿐 아니라 오늘날의 신자를 포함한 믿음의 공동체에 계속 의미하는 것에 관심을 둔다. 특정 시공간에서 특정한 사람들에게 선포된 하나님의 말씀은 다양한 시공간에 처한 사람들과 우리에게 하나님의 말씀으로 남아있다. 우리는 어제의 말씀이 오늘에도 의미를 갖기를 원한다. 물론 그와 동시에, 제어장치가 존재하지 않는 한 그러한 추구가 위험한 것이 될 수 있음을 인정해야 한다. 본문은 우리가 원하는 것을 의미할 수 없다. 내가 암시하는 그 장치는 성경 자체의 해석 전통이다. 그것은 어떻게 오래된 본문이 계속해서 차후의 공동체들을 위하여 기능할 수 있는지를 보여 준다. 어떤 모델을 찾는 데 정경 내부보다 더 나은 곳이 어디 있겠는가?

세 번째로, 구약은 기독교 성경 전체가 아니다. 그만큼 그것은 불완전하다. 그것은 더 큰 증거, 완전한 경전의 증거를 검토할 것을 호소한다. 결국 우리는 우리를 인도하고 지시해 주는 하나님의 완전한 정경적 증거를 보유하는 데 관심이 있다.

역사

정경적 증거 전체에 비추어 구약을 해석할 필요성은 오랫동안 인식되어 왔다.[3] 그러한 관심의 뿌리는 예수님이 자신의 인격과 사역에 근거해 구약을 해석하신 방식으로 신약 자체에서 발견된다. 신약 기자들은 예외 없이 이런 식으로 구약을 해석한다.[4] 따라서 차후 기독교 공동체들이 랍비 예수님과 그분의 직속 제자들에 의해 시작된 해석 전통을 영구화하려 했던 것은 지극히 당연한 일이었다.

초기 속사도 시기의 정경 해석은 당연히 조화를 추구하는 성격을 띠고 있었다. 그 해석자들은 타당하게 확립된 과거(구약)의 권위에 호소함으로써, (예수 그리스도의 복음, 또는 그 후에 신약 기자들이 분명히 표현한) 현재의 실재를 설명하려고 애를 썼다. 하나님의 활동에 대한 증거를 보유하고, 그 증거 자체가 하나님께 직접 기인한다는 면에서 신구약은 통합되었다. 따라서 신구약의 증거들은 필수적으로 서로 조화를 이루는 한 조각이었다.

이것이 실제로 의미하는 바는 구약 대부분이 최소한 신약에 근거해 해석되었다는 것이다. 구약은 약속, 신약은 성취였다. 그리고 구약은 그림자, 신약은 실체였다. 구약의 가치는 우선으로 신약을 증거하는 데 있었다. 구약은 자체에 대해서는 별로 언급할 것이 없기 때문에, 들을 수 있는 것도 별로 없었다. 사실상 구약 자체가 문제가 되느냐고 궁금해할 수도 있다. 구약의 진정한 준거점은 그것이 기대했던 신약이었다.

이러한 추정에 근거해 다수의 해석 제도가 번창하게 되었다. 방법과 상관없이 구약은 표면적으로 나타난 것보다 더 많은 것(때때로 더 적은 것)을 언급하는 것으로 인식되었다. 그 특정한 방법들은 구약 본문의 더 풍성한 의미(소위 *sensus plenior*)를 분석하는 다양한 방법을 단순히 설명한 것들이었다. 가장 보편적이고 오래 지속된 초기의 접근방법은 유형론적 접근법일 것이다.[5] 역사적인 내용은 전적으로 다른 어떤 실재를 묘사한 이미지가 아니라 역사적인 내용으로 이해되었다. 그러나, 그 내용의 가치는 단순한 역사적인 내용을 초월하는 어떤 것에 있었다. 즉 구약의 사건이 예수님이 세상의 구원을 이루시기 위해 행하실 후대의 더 큰 사건을 암시했다. '바나바 서신'과 순교자 유스티아누스의 '트리포와의 대화'는 그러한 해석을 보여 주는 탁월한 (2세기의) 실례들이다. 이 접근법은 오늘날까지 큰 인기를 누리고 있다. 그것은 관련성이 없다는 도전으로부터 구약을 구원해주고, 성경 전체에 대한 통일된 그림을 제시한다.

유형론은 그리스도인들과 경쟁하는 두 그룹—유대인들과 영지주의자들—이 제기한 공격에 대응할 수 있게 해 주었다. 조셉 트리그는 이렇게 언급했다.

> 유대인들은 그리스도인들이 구약을 성경으로 계속 보유하지만, 율법의 규례를 지키지는 않는다고 정죄했다. 구약의 하나님은 예수 그리스도의 하나님이자 아버지인 신성과 동일하지 않다고 주장한 영지주의자들은, 그리스도인들이 구약을 계속 보유한다는 이유로 정죄했다. 유대인들을 반대하는 과정에서는 구약이 신약을 지시하고 신약과 대체된다는 사실을 입증하는 것이 필수적인 일이었다. 반면에, 영지주의자들을 반대하는 과정에서는 신구약이 여전히 조화를 이룬다는 사실을 입증하는 것이 필수적이었다. 유형론은 이 두 기능에 잘 적응했다.[6]

머지않아 기독교 해석의 두 학파가 발전했다. 소위 알렉산드리아 학파는 플라톤적 사고에 깊은 영향을 받았다. 알레고리가 이 전통의 주된 해석 방식이었음은 그리 놀랄 만한 일이 아니다. 그 설명에 따르면 구약 본문은 과거와 연결된 일시적인 지상의 의미를 보유할 수 있지만, 그 진정한 의미는 더 영적인 다른 차원에 있으며, 예수님의 복음의 어떤 측면을 반영했다. 훗날 이단으로 정죄되었지만, 오리게네스은 서방 교회를 여러 세기 동안 지배하게 될 알레고리 해석의 기초를 확립했다.

알레고리와 그 사촌 격인 유형론은 구약 기자의 본문을 다룰 때, 그 상황이 다음과 같은 두 가지 경우 중 하나일 것으로 추정했다. 첫째로, 구약 기자는 자기가 기록한 내용의 진정한 의미를 깨닫지 못했다. 따라서 그 본문은 예수님과 신약 기자들이 당도하기까지는 완전히 이해될 수 없는 신비로 남았을 것이다. 둘째로, 구약 기자는 그 진정한 의미를 이해했으며, 마음이 그렇게 둔하지 않았더라면 그의 청중도 그 의미를 이해할 수 있었을 것이다. R. T. 프랜스같은 학자들이 훨씬 더 조심스러운 접근법이 필요하다고 주장하지만, 이러한 추정은 대중적인 생각에 여전히 살아 있다.[7]

그러나 초기 해석자들 모두 그러한 접근법의 정확성에 설득된 것은 아니었다. 저자들의 의도를 더 잘 표현한 것으로 여겨지는 안디옥 해석학파는 더 문자적, 문법적, 역사적인 해석을 포용하는 과정에서 알레고리를 피하게 되었다. 하지만 그 학파는 한때 혹자들이 주장했던 것만큼 알렉산드리아 학파에 적대적이지는 않았을 것이다. 그들의 역사적, 문법적 범주에 관한 관심에도 불구하고, 그 학파의 가장 중요한 지도자였던 타르서스의 감독 디오도레는 본문의 관상적 또는 영적 의미에 여전히 깊은 관심이 있었다. 하지만 이러한 더 높은 차원의 의미가 알렉산드리아 학파의 사고에 통상적이었던 철학적 범주들을 통해서 분별되지는 않았다. 그것은 오히려 마음의 성향과 관련된 것이었다.

기독교 해석의 처음 3세기는 성경 해석을 위한 의제를 설정했으며, 그것은 이후 여러 세기 동안 이어지게 되었다. 방법론적으로, 4세기부터 15세기까지는 거의 변화가 없었다. 물론 많은 중요한 발전이 일어났다. 새로 싸워야 할 대적, 이겨야 할 논쟁이 있었다. 교회가 신학적으로 자신을 확립하면서, 새로운 조화의 문제들이 제기되었다. 교회는 잘못되거나 이단적인 가르침을 저지하기 위해 "신앙 규칙"으로 알려진 것을 발전시켰다. 성경의 다른 부분들은 서로 조화를 이룰 뿐 아니라 교회의 확립된 교리와도 조화롭게 이해되어야 했다. 성경은 교회의 소유물이었으며, "법적 권한이 있는 것"만 수용되었다. 하지만 이것은 방법론적 문제가 아니었다. 이런 점에서 알레고리적 접근법이 우위를 차지했다. 그것이 다른 것보다 금욕적, 신비적, 또는 관상적 초점에 더 도움이 되는 것처럼 보였기 때문이다. 어거스틴의 경구, "신약이 구약 속에 감춰져 있고, 구약은 신약에 계시되어 있다"는 구약 해석의 특성과 신약에 대한 그 관계를 표현했다.

종교개혁은 교회의 표면에 많은 변화를 초래했다. 그중에 성경을 해석하는 방식에 한 가지 중요한 변화가 일어났다.[8] 그 이전의 기독교 공동체의 해석은 소위 믿음의 규칙, 즉 발전된 교리적 구조, 또는 전통을 따르는 것이었다. 모든 종교개혁자가 이 전통에 도전한 것은 아니지만, 가장 극렬하게 도전한 것은 루터였다. 루터는 성경을 물려받은 전통이 아니라 그 자체로 취해야 한다고 주장했다. 오직 성경(*Sola Scriptura*)이 그의 특징이었다.

루터는 성경 해석의 한도를 오직 성경으로만 제한하는 것 이상의 것을 했다. 또한, 그는 역사적 석의를 옹호하는 과정에서 알레고리적 해석의 역사적 신빙성을 제거했다. 하지만 루터는 유형론과 알레고리 모두에서 보편적인 기독론적 해석과는 결별하지 않았다. 그에 따르면 구약을 포함한 모든 성경은 그리스도를 가리킨다. 이런 근거에서 그는 "성경이 성경을 해석한다." 즉 한 부분(보통 신약)이 다른 부분(주로 구약)을 섬긴다고 주장했다. 이처럼 우리는 루터에게서 역사와 정경 또는 조화로운 해석, 두 가지 모두에 관한 관심을 보게 된다. 역사와 정경이 해석의 배경이었다.

우리는 당연히 종교개혁자들이 역사와 정경을 모두 잘 다루는 데 성공했는지의 여부에 대해 논쟁을 벌일 수 있다. 그들은 이전의 선배들보다는 확실히 더 잘했다고 할 수 있다. 그리고 후계자들보다도 더 잘했다고 할 수 있다. 왜냐하면, 가속도가 붙은 계몽주의가 역사보다는 개인적 해석을 분명히 선호했으며, 다른 성경 본문들에 대해서는 그다지 반대하지 않았기 때문이다. 사실상, 종교개혁 이후의 합리주의적 사고방식은 믿음과 이성의 관계를 완전히 역전시켰다. 이전에 이성은 믿음에 일관성 있는 표현을 부여하는 것으로 간주되었다. 이성은 믿음의 영역 안에서 작용했다. 그리고 믿음은 이성의 역할을 한정했다. 하지만 스피노자 같은 18세기의 사상가에게 믿음은 더 이상 이성을 제한할 수 없었다. 이성이 믿음을 규정하게 된 것이다.

소위 성경신학 운동의 역사는 특히 구약을 정경적으로 해석함에 있어서 이성이 우월하다는 해석학적 함의를 예증해 준다.[9] 성경의 통일성은 더 이상 미리 추정할 수 없었다. 계시의 언어가 여전히 간직된 부분에서조차, 성경은 본질적으로 인간의 산물로 간주되었다. 그런 의미에서, 한 본문의 의도는 저자의 의도에 불과하며, 하나의 의도는 저자가 그 본문을 기록한 특정한 역사적 환경에 의해 형성된다는 사실을 강조해야 한다는 것이다. 특정 본문의 메시지는 다른 본문과 양립될 수 없거나 모순될 수 있는 매우 다른 형태일 수 있다. 이성의 범주를 사용하여, 많은 사람이 주장한 모순들이 확인되었다. 어떠한 정경적 해석도 더 이상 받아들여질 수 없게 된 것이다.

이성주의 유산은 루터의 유산만큼이나 두드러진 것처럼 보인다. 더 전통적인 비평 방법에 나타나는 현상은 역사적인 면에서만 본문을 읽는 경향이다. 신학적 진리는 역사적 진리에 의존하지 않는다. 하지만 더 보수적인 전통이 이런 종류의 합리주의적 역사주의로부터 면제되는 경우는 거의 없다. 두 전통 모두 역사성에 관한 질문이 동기가 된다. 둘 다 저자의 의도에 우선권을 부여하고, 역사적 방법이 전체 작업에 적절한 것으로 여기며, 자기들의 주장을 (과학적으로까지) 합리적 기초에 근거하여 (보수주의자들이 인정하기를 꺼리기는 하지만) 변호하고 이런 이유로 신구약을 서로 연관시키는 데 어려움을 겪는다. 물론 때로는 실제 입장이 극도로 다르다. 하지만 그들이 제기한 질문과 사용하는 방법론은 각 진영이 인정하고 싶은 것보다 훨씬 더 유사하다.

구식의 정경적 해석은 그 결과로 큰 피해를 보았다. 역사가 정경에 대해 승리를 거둔 것처럼 보였다. 어떤 사람들은 (대중적인 차원에서는) 구약이 더 풍성한 의미 또는 몇 가지 차원의 의미를 가진다는 추정에 근거하여, 신약이 구약이 말한다고 하는 바를 구약이 의미한다고 믿는 접근법을 수호한다. 또 다른 사람들은 그러한 접근법의 타당성을 부인한다. 그럼에도 불구하고 그들은 그 접근법을 전혀 부인하지 않음을 보여주는 최종적인 해석에 이르게 된다.[10] 양 진영 모두 역사와 정경을 합당하게 대우하는 데 실패했다. 오늘에 이르기까지 기독교 공동체는 구약을 어떻게 다뤄야 하는지에 대해서 여전히 혼란에 빠져 있다.

역사적인 동시에 정경적으로 성경을 해석하는 훈련된 접근법이 발전되기 시작한 것은 특히 브레바드 차일즈와 제임스 샌더스의 공이다. 두 사람은 개인적으로 기여한 부분이 각기 다르다. 하지만 그들은 과거 해석의 양자택일을 초월하여 양자를 동시에 수용하는 방식으로 우리가 이동하게 만드는 데 성공했다. 내가 이 장에서 다루고자 하는 이 접근법은 그들 저작의 가장 뛰어난 특징들로 간주하는 것들을 취합한 것이다.[11]

그 특징들은 다음과 같다. (1) 본문은 그 최종 형태로 연구되어야 한다. (2) 본문이 원래 나타나는 역사적 배경 자체가 석의를 위한 적절한 배경은 아니다. (3) 정경 자체는 해석을 위한 배경이다. (4) 본문과 책이 그 형태를 부여받은 과정에 관한 기술은 잠정적이기는 해도 가치를 지닌다.

1. **본문을 그 최종 형태로 연구하라.** 일반적으로, 대부분 또는 다수의 정경 비평가들은 구약의 책들이 때때로 길고도 복합적인 발달 과정의 산물이라는 데 동의한다. 그런 면에서, 정경 비평은 현재-전통적 역사비평과 유사하다. 부여된 석의 과제, 즉 본문에 대한 조사는 그 본문이 출현한 배경에 대비해서 정해진다. 그 결과 천 년 동안 순수성을 인정받았던 책들이 갑자기 그 발전을 표시하는 층들에 따라 재조직되어 파편이 되는 결과가 초래되었다. 창세기는 더 이상 한 권의 책으로 간주되는 것이 아니라 세 가지 주요한 자료, 10세기 유다에서 출현한 J, 9세기 이스

라엘의 E, 그리고 5세기 공동체 내에서 회복된 P로 이뤄진 수집물로 간주된 것이다. 우리의 기술적 구약 서론의 대부분은 창세기라는 제목을 언급조차 하지 않는 대신 J, E, P를 언급하고 있다.

차일즈가 이러한 작업에 참여하지 않는 이유는 그 서술이 전적으로 틀렸기(그 자신이 E의 독립적인 존재를 의심하지만, 그 외에는 그 비평적인 판단을 받아들인다) 때문이 아니라 그 자료들이 권위의 중심이 아니기 때문이다. 교회는 항상 형성 과정의 어떤 이전 단계가 아니라 최종 형태로 어떤 본문을 고백해 왔다. 그러나 차일즈가 그런 입장을 취하는 이유가 그저 고백적 차원에 국한된 것은 아니다. 그의 주장은 또한 전통화 과정(차일즈는 한 시점에서 미국의 가장 중요한 전통 비평가로 묘사되었다)이라는 특성에 기초한다. 전통의 특성 자체가 현재 다루는 자료의 판(version, 형태)에 권위를 부여하기 위한 것이다. 논쟁을 위해 문서설이 맞다고 가정해 보자. 우리는 분명히 J와 E가 결합되었을 때, 둘 다 새로운 JE에게 그 독립적인 순정성을 상실하게 될 것으로 추정할 수 있다. 유사하게, JE는 P에 합쳐질 때, 그 독립적인 순정성을 상실하게 될 것이다. 그러므로 그 작업은 창세기를 손에 넣을 때까지 계속된다. 그러므로, 석의는 본문을 그 배후에서 가설적으로 재구성된 자료가 아니라 우리가 소유하고 있는 형태대로 설명해주는 것이다.

2. **역사적 맥락만으로는 적절하지 않다.** 일부 구약 본문들은 역사적 상황을 분명하게 언급한다. 그럼에도 불구하고 어떤 본문이 실제로 나타난 배경에 관해서는 극도로 모호하게 보일 수 있다. 창세기는 족장들을 언급한다. 창세기 기사들의 역사성에 관해 어떤 입장을 취하든 간에 우리는 본문이 그 기사들을 기록한 서술자의 배경에 관심을 기울인 흔적을 나타내지 않음을 인정해야 한다. 그러나 일반적으로 정의되는 석의 과제는 먼저 서술자의 배경, 즉 본문이 침묵을 지키고 있는 바로 그 배경에 관심을 가지라고 말한다.

정경 비평가는 우리가 우리 자신을 위해 마련한 과제가 모든 면에서 자료의 성격에 타당한지 여부를 질문하게 된다. 사건과 그 배경의 분석가인 역사가는 확실하게 그 질문을 제기해야 한다. 그리고 증거가 허용하는 최선의 제안을 한계 내에서 제시해야 한다. 석의가는 본문의 분석자로서 그러한 결론을 염두에 두어야 하지만, 고도로 사변적인 특성이 있는 그 과제를 잠정적으로 수행해야 한다.

그러나 증거가 부족하다는 단순한 사실이 주의를 필요로 하는 유일한 이유는 아니다. 증거의 부족은 또 다른 사실을 시사한다. 우리는 고대 이스라엘의 글을 쓰는 관례에 대해서는 거의 아는 바가 없지만(그것은 역사적 문제의 일부다), 저술가들이 문헌 자체로부터 자신의 발자취를 모래에 감추는 경향이 있었음을 말할 수 있다. 그들이 그 이유를 언급하지는 않지만 이야기의 배경을 자신의 배경보다 더 중요하게 여겼음을 암시하는 것으로 보는 것이 아마도 안전할 것이다. 그들은 독자를 저자의 세계가 아니라 이야기의 세계로 들어가도록 초대했다. 그들은 그 이야기가 특정한 시간을 배경으로 서술되었지만, 사실상 다음에 이어지는 다른 모든 배경에 어울린다고 말했다. 세월이 흘러도 그 메시지는 변치 않는다. 우리는 그것이 저자의 의도였다고 말할 수도 있을 것이다. 만일 그렇다면, 저자의 배경으로부터 그가 언급하는 배경으로 초점을 옮기는 것이 저자의 의도에 더 충실한 것 아닌가?

3. **정경 자체를 해석을 위한 맥락으로 보라.** 정경을 해석을 위한 맥락으로 보는 것은 부분들이 전체에 필수 불가결하고, 정경이 통합체임을 추정한다. 성경은 단순히 여러 책을 하나로 모은 선집이 아니다. 성경은 모든 부분이 긴밀하게 연결된 한 권의 책이다. 그러한 진술에 대해서는 수많은 현대의 도전들이 존재한다. 그 도전의 대부분은 특정한 부분들 사이에 명백한 (혹자는 모순이라고 부르는) 비연속성이 존재한다는 증거에 근거한다.[12] 그럼에도 불구하고, 우리가 정경 내에 소유하고 있는 자

료를 수집하는 책임을 졌던 사람들은 그 모든 부분에서 일관성 있는 메시지를 발견했다.

실제적인 측면에서, 이러한 요점은 정경의 독자가 개별적인 본문을 다른 본문들에 비추어 해석하게 될 것을 의미한다. 무엇보다도 본문을 당면한 문학적 맥락에 비춰보고, 그 책이 위치한 더 큰 맥락에 비춰 해석하는 작업이 필요하다. 하지만 그런 후에는 본문이 위치한 선집, 구약의 나머지 전체, 그리고 마지막으로 신약에 비춰 해석하는 작업이 필요하다. 이것이 내가 이어지는 검토 과정에서 추구할 접근법이다.

이 모든 것은 성경이 성경을 해석한다고 주장하는 종교개혁과 매우 유사하다. 우리의 관심사는 그 작업을 수행하는 방법을 결정하는 것이다. 석의 작업에 대한 통상적인 정의를 진지하게 따른다면, 오직 앞선 본문만이 또 다른 본문 해석에 의미를 가질 것을 요구할 것이다. 신약 해석은 반드시 구약을 고려해야 하지만, 구약 해석은 신약이 구약 기자의 지평의 일부가 아닌 한 신약을 고려해서는 안 된다.

정경 비평가들은 우리가 추후의 본문들 역시 고려해야 한다고 말한다. 그것은 그것들이 저자의 (그렇지 않을 수도 있는) 원래 의도를 반드시 밝혀주기 때문이 아니라 구약 본문과 그것에 의존하는 후대의 다른 본문이 공통의 실재를 지시하기 때문이다. 이 정의에 따르면 석의는 어떤 단일 본문을 설명하는 것뿐 아니라 그것이 지적하는 더 큰 실재를 서술하는 것을 목표로 삼는다. 그러한 과제는 본질상 명백히 신학적인 동시에 종합적이다. 따라서 아브라함의 소명(창 12장)에 대한 검토는 나중에 구약에 기록된 내용과 신약에서 그것을 암시하는 내용을 추가로 검토하지 않고서는 신학적으로 미완성인 채로 남게 된다.

4. **본문과 책들이 그 형태를 부여받은 과정에 관한** (잠정적인 경우에도) **서술이 갖는 가치를 인식하라.** 나는 본문의 서술 과정이 그 결과물만큼 정경적이라는 샌더스의 주장을 전적으로 따를 수는 없다.[13] 하지만 나

는 어떤 과정이 존재했으며 실제로 그것을 서술할 수 있음을 추정할 때, 그 과정이 전형적인 가치를 보유함을 인정한다. 그 과정은 어떻게 고대의 본문이 후대의 공동체를 위해 계속 기능하는지를 지적해 주는 면에서 해석학적이다. 본문들은 사후세계를 지닌다. 따라서 본문들이 과정을 형성하는 특성에 근거해 그 본문들에 쉽사리 접근할 수 있게 된다.

이것들은 일반적 진술과 예증들에 불과하다. 이 장의 나머지 부분은 친숙한 이사야의 임마누엘 구절을 훨씬 더 자세하게 검토한다. 우리는 그 구절을 자체 본문과 더 큰 신약의 배경, 특히 마태복음의 배경에서 살펴볼 것이다.

정경 맥락 내에서의 이사야 7:14

가까운 맥락: 징조로서의 아이(7:1-8:10) 이 절은 7:1에서 시작되는 더 큰 문학적 단위의 일부다. 그 배경은 명백하지 않지만 아마도 8:10에서 끝날 것이다. 그 목적은 사면초가에 몰린 유다 왕 아하스에게 표적의 역할을 하는 어린아이의 출생을 선언하는 것이다.

이스라엘과 시리아에서 아하스의 상대는 브가와 레진이었다. 이 두 사람은 점점 더 강성해지고 호전적이 되어가는 동쪽의 나라 앗수르에 대항할 목적으로 동맹을 맺는다. 그들은 그 동맹에 가입하도록 아하스를 초대하고 있었던 것처럼 보였다. 그는 아마도 앗수르의 공격이 불가피하고, 어떤 작은 나라들의 동맹으로도 그 공격에 대항할 수 없으리라 생각한 나머지 그 제안을 거부했다. 자칭 원수보다는 중립적인 상대로 앗수르인들을 더 잘 대처할 수 있지 않을까 하는 생각에서였다. 그 결과, 북부의 두 왕은 유다를 공격하기에 이르렀다(아마도 한 번 이상. 열왕기하 16장과 역대하 28장을 보라). 설상가상으로, 유다 역시 서쪽으로부터는 블레

셋 족속에게, 남동쪽에서는 에돔인들로부터 공격을 받는 처지였다. 적들에 둘러싸인 아하스는 동맹에 가입하거나 외부의 도움을 구하는 것 외에는 확실하게 의지할 곳이 없었다. 그는 후자를 선택하고 이스라엘과 시리아가 군사적 동맹을 고려할 수밖에 없었던 계기가 된 바로 그 앗수르에 도움을 청했다. 명백히, 아하스는 두 인접 국가보다는 앗수르를 덜 두려운 대상으로 생각하고 있었다. 그는 이렇게 도움을 처하는 과정에서 자신을 앗수르의 봉신이라 칭했다.

이사야는 이처럼 대단히 충격적인 배경에서 아하스에게 전할 메시지를 받게 된다. 아하스는 북쪽 이웃들을 두려워하지 말았어야 했다. 그들은 불의 끝자락에서 거의 타버린 두 개의 나무막대기에 불과했다. 자기들이 동조자로 선택했던 다빌의 아들로 아하스를 대체하려는 그들의 시도는 성공하지 못할 것이다.[14]

그 위협에 대한 반응으로 아하스가 어떤 일을 요구받고 있었는지는 본문에 명백히 나타나지 않는다. 분명히 그는 압박에 굴복하여 동맹에 가입하지 않도록 격려받고 있었다. 그는 그 정도로 이사야의 지원을 받고 있었다. 하지만 그는 (이사야가 임박한 것으로 암시했던) 문제가 사라질 때까지 그저 버티게 되어 있었던 것인가? 만일 그렇다면, 그는 앗수르와의 동맹 같은 모든 동맹을 단념하도록 요구받고 있었던 것인가? 존 오스왈트는 야훼가 유다의 보호자라는 이유로 이사야서가 어떤 동맹도 맺지 말라고 일관되게 주장하고 있음을 신빙성 있게 주장해 왔다. 그분이 유다를 존재케 하시고, 유지하셨다.[15] 이러한 이유로 이사야가 아하스에게 믿음에 굳게 서도록 명하고 있다는 것은 의심의 여지가 없는 사실이다(7:9).

그 메시지는 아하스에게 전혀 격려가 되지 않았다. 이것은 열왕기와 역대기의 서술과 일치한다. 그는 야훼의 말씀에 마음이 움직이지 않았던 것으로 기록된다. 하지만 그에게는 두 번째 메시지가 전달되었다(7:10-25). 이 이사야와의 두 번째 만남은 첫 번째 만남에서 부여된 메시지, 즉 아하스에게 전해진 바 있는 염려하지 말라는 메시지를 확인하려는 의도에서 이뤄졌다. 이사야는 북쪽의 두 원수를 두려워하지 않아도 된다는 예언적 주장을 확인하기 위해 징조를 요구하라고 아하스를 격려했다.

아하스는 그 제안을 거부했다. 그의 거부는 경건의 모양을 띠고 있다. "나는 여호와를 시험하지 아니하겠나이다". 하지만 그가 그렇게 대답한 데에는 다른 이유가 있었다. 그는 또 다른 행동을 취하기로 이미 작정했기 때문에 표적을 요구하지 않았다. 그는 앗수르에게 도움을 요청할 생각이었다. 이것은 얄팍한 지혜를 따른 것이었다. 아하스는 자신을 앗수르의 왕, 디글렛 블레셀의 종이자 봉신으로 칭함으로써 보호를 약속받았다. 그리고 그는 이렇게 보상을 받았다. "앗수르 왕이 그 청을 듣고 곧 올라와서 다메섹을 쳐서 점령하여 그 백성을 사로잡아 기르로 옮기고 또 르신을 죽였더라"(왕하 16:9). 아하스가 당면한 위협은 이렇게 효과적으로 끝났다.

그러나 이사야는 유다의 생존에 시리아와 이스라엘이 제기한 위협보다 더 큰 위협이 닥치게 미치게 되리라는 사실을 내다봤다. 아하스는 앗수르의 정치적, 종교적 철학을 전적으로 포용함으로써 앗수르에게 진 빚을 인정하리라고 기대했다.[16] 그리고 그는 그렇게 했다. 예루살렘의 성전 예배는 아하스가 디글렛 빌레셀과의 만남에서 배운 앗수르의 설명서에 맞도록 최소한 어느 정도 수용되었다(왕하 16:10-18). 하지만 그것이 전부가 아니었다. 이사야는 야훼가 아하스의 의도와 아주 다른 목적으로 앗수르를 사용하심으로써 그러한 배교에 대한 책임을 물으리라는 사실을 인식했다. 디글렛 빌레셀은 당면한 북쪽으로부터의 위협을 끝낼 수 있었다. 하지만 그와 그의 후계자들은 유다의 생존을 위협하게 되었다. "그 날에는 주께서 하수 저편에서 세내어 온 삭도 곧 앗수르 왕으로 네 백성의 머리털과 발털을 미실 것이요 수염도 깎으시리라"(사 7:20). 유다는 아하스 때문에 아하스의 구원자의 손에 수치를 당하게 될 것이다.

이사야는 그 수치가 어떤 것인지를 보여주는 표적을 구하기를 거절하는 아하스를 비난했다. 아하스는 인간과 하나님의 인내를 모두 시험하고 있었다. 화가 난 이사야는 어쨌든 그 표적이 임하리라고 선언했다. "그러므로 주께서 친히 징조로 너희에게 주실 것이라 보라 처녀가 잉태하여 아들을 낳을 것이요 그 이름을 임마누엘이라 하리라"(사 7:14).

이 시점에서 이 구절의 해석에 논란이 많다. 이 "처녀"가 누구인가? 이 여자는 실제로 처녀인가? 이 아들은 무엇에 대한 징조인가? 본문이 여전히 더 많은 질문을 초래하는 반면에, 독자가 가장 직접적으로 관심을 두는 것은 이런 질문들이다. 이 질문들에 대한 답은 거의 모든 독자가 쉽게 얻을 수 있다. 우리가 알아야 할 충분한 답이 본문 안에 있기 때문이다. 우리가 이 질문들을 놓고 씨름하는 것은 증거다. 그 본문에 내재하는 어려움에 대한 증거가 아니라 후대의 해석적 본문, 특히 이 본문을 예수님의 동정녀 출생의 증거로 사용하는 마태의 인용(마 1:23)이 갖는 영향력에 대한 증거가 문제다.

정경적 접근법은 본문들이 믿음의 공동체의 삶에 기여하는 기능에 큰 관심을 둔다. 해석의 역사는 그 접근법에 필수적인 요소다. 나는 이 본문에 대한 완벽한 해석의 역사(나는 어떤 면에서도 그것을 그 접근법에 필수적인 것으로 보지 않는다)보다는 정경적 역사, 즉 이 본문이 성경 기자들의 이해에서 계속 기능하는 방식에 관심이 있다. 그럼에도 불구하고, 본문이 의미하는 바를 분별하기 위해, 구약 본문으로부터 그것이 신약에서 사용되는 부분으로 즉시 이동할 경우 심각한 방법론적 오류를 범할 수 있다. 우리는 적절한 때에 마태의 인용을 다룰 것이다. 하지만 먼저 이사야의 말을 직접 듣고나서 그렇게 할 것이다.

우리가 다루고 있는 본문에 대해 먼저 그 문자적 번역에서 검토를 시작하고자 한다. "젊은 여자가 임신하여 아들을 막 출산할 것이며, 그녀는 그를 임마누엘이라고 부를 것이다." 이 본문이 충분할 정도로 친숙하기 때문에 이 번역과 대부분의 현대 번역(예루살렘성경, 새개역성경) 사이의 차이점이 분명히 드러난다.

여기서 "젊은 여자"로 번역된 히브리어 "알마"(*almah*)는 잠재적인 모든 여자(KJBV과 NASB를 보라)일 수 있지만, 한 젊은 여자가 아니라 "그" 여자를 언급한다. 영어와 마찬가지로 히브리어에서도, 대명사는 명사에 특수성을 부여한다.[17] 즉 이사야가 아하스도 알고 있는 특정한 여자를 염두에 두고 있다고 믿을 수 있는 이유다.

알마라는 단어는 "처녀"보다는 "젊은 여자"로 더 많이 번역된다. 그런 젊은 여자는 그 단어가 나타나는 본문에서 항상 그런 의미인지는 분명하지 않지만, 처녀로 추정되었을 것이다. 이 단어는 구약에서 일곱 번 나타날 뿐이다. 반면에 역본들은 그 단어를 자주 "처녀"로 번역하지만, 일관성이 있는 것은 아니다. 또한 그런 경우에도 설득력 있는 이유가 있는 것도 아니다. 그 단어가 나타나는 일곱 개의 본문을 간략하게 검토해보는 과정에서 나의 논지를 입증하고자 한다.

창세기 24:43에서 우물에 물을 길으러 나온 여자(리브가)는 단순히 "아가씨"(처녀, NIV)로 언급된다. 우리는 이 아가씨가 처녀였음을 알게 된다. 이 절에서 알마가 사용되고 있어서가 아니라, 이전에 언급된 내용(24:16)이 그녀를 명확하게 처녀로 언급하기 때문이다. "남자가 가까이하지 아니한 처녀더라." 24:43에 포함된 그 문장은 그녀가 단순히 아내감으로 좋다는 면에서 젊다는 사실을 의미할 뿐이다. NIV는 여기서 그 단어를 "아가씨"로 번역하고 있다. 출애굽기 2:8에 언급되고 있는 "소녀"(미리암)는 젊고, 여전히 부모와 살고 있다는 사실이 요점이지만, 어쩌면 처녀를 의미할지도 모른다. 시편 68:25에 나오는 음악가들 옆에는 작은 북을 치는 연주하는 "소녀들"이 함께 나온다. 그 본문에는 그 단어를 정의하는 데 도움을 주는 다른 묘사는 전혀 존재하지 않는다. 아가서는 그 단어를 두 차례 (NIV에서 1:3에서는 "처녀들", 6:8에서는 "시녀들"로) 사용한다. 후자는 NIV 역본이 이 단어를 "처녀"로 사용하고 있는 유일한 다른 경우(사 7:4에 더해서)다. 여기서 "시녀들"은 왕비와 처첩들과 함께 서 있다. 이 본문에서 명백히 드러나는 사실은 그 시녀들이 왕비나 처첩이 아니므로 어떤 남자에게도 속하지 않았을 가능성이 크다. 그다음 절은 다시금 여자들의 세 부류를 밝히고 있다. 왕비들과 처첩들은 이전과 동일하지만 이번에는 세번째 부류를 '알마' 대신에 바노스(딸들)로 표현하고 있다. 즉 그 여자는 최소한 왕비들과 처첩들과 비교할 때 젊다는 의미다. 이것은 우리가 검토한 다른 용법들과 어울린다. 그 단어를 통해 암시되는 전반적인 개념은 그 여자가, 젊고, 미혼이며, 은연중에 아직 어머니가 아니라는 사실을 시사한다. 그녀는 당연히 처녀이지만 그것이 표현하려는 요점은 아닌 것 같다.

그 단어가 반드시 "처녀"를 의미할 가능성은 남아 있는 하나의 용례, 즉 잠언 30:18-19에 언급된 여자의 경우에 의해 거의 배제된다.

> 내가 심히 기이히 여기고도 깨닫지 못하는 것 서넛이 있나니
> 곧 공중에 날아다니는 독수리의 자취와
> 반석 위로 기어 다니는 뱀의 자취와
> 바다로 지나다니는 배의 자취와
> 남자가 여자와 함께 한 자취며.

여기서 알마를 "처녀"로 번역하지 않은 이유는 명백하다. "남자가 여자와 함께 한 자취"는 성교에 대한 완곡어법일 수밖에 없다. 만일 이 여자가 결혼을 했다면 확실히 그녀는 더 이상 처녀가 아니다. 알마는 전혀 처녀가 아닐 수 있다. 최소한 잠언에서 그녀는 결혼한 것으로 추정할 수 있다. 이런 이유로, 어떤 사람들은 알마가 아직 아이를 출산한 적이 없는 여자를 언급하는 것으로 추정한다.[18]

선지자 이사야가 그 여자가 처녀였음을 명확히 진술하고자 했다면 추가적인 서술적 언어를 사용하거나 어쩌면 다른 서술적 언어의 사용 여부와 상관없이 대체 가능한 단어, 브툴라를 사용하여 알마라는 단어에 자격을 부여했을 것이다. 예를 들어, 창세기 24:16에서 리브가에 대해 사용한 언어는 명백하다. "그 소녀는 보기에 심히 아리땁고 지금까지 남자가 가까이 하지 아니한 처녀더라."[19] 이사야가 수식어구를 사용하지 않았다는 사실은 처녀성보다는 젊음이 이사야가 말하려고 한 내용과 더 밀접한 관련이 있었음을 암시한다. 더욱이, 그녀가 처녀였음을 언급하고 싶었다면 임신했다고 말하지 않았을 것이다.

이제 하라(*harah*)라는 단어의 번역을 살펴보자. 대부분의 역본은 그 단어가 사실 동사가 아님에도 불구하고 미래 동사를 사용해 "임신할 것이라"로 번역한다. 그것은 그 문장의 주체를 수정하는 수식하는 서술적 형용사, 알마 때문이다. 이 절에 동사가 없으므로, "존재하다"라는 동사의 현재형 시제가 적절하게 공급되어야 한다. 따라서, "젊은 여자가 잉태하여"가 된다. 따라서, 문법적인 이유로든 아니면 배경적인 이유로든, 그 단어를 다른 식으로 번역할 이유가 없다.

칼 분사는 "이제 막 출생하려 하다"로 번역하고 있다. 히브리어 분사들은 자체적으로 어떤 시제를 의미하지 못하고 문맥 안에서 시간이 결정된다. 때때로 영어의 현재분사는 시간의 임박함을 표현한다. 이것은 우리가 다루는 문맥에도 잘 맞는다. 그 여자는 잉태했다. 그녀의 출산은 머지않다. 그 절의 나머지 부분에는 실제적인 번역상의 어려움이 포함되지 않는다.

처녀라는 단어 앞의 관사가 (이미 지적되었듯이) 이사야와 아하스가 그녀를 알고 있었음을 암시하지만 그 젊은 여자의 이름은 확인되지 않는다. 그녀의 신분을 몇 가지로 추정해 볼 수는 있지만 그중 하나만이 배경적인 지지를 받는다. 그녀가 선지자 자신의 아내라는 추정이 그것이다.

이사야 7장은 그 모친이나 아이가 누구인지를 밝히지 않는다. 그것은 그 아이의 성장 과정에 속하는 어떤 특정 시기에 일어나는 상황을 기술한다. "그(아이 임마누엘)가 악을 버리며 선을 택할 줄 알 때가 되면 엉긴 젖과 꿀을 먹을 것이라." 이 문장 자체로는 분명하지 않지만, 7:22에서 다시 한번 엉긴 젖과 꿀이 음식으로 언급되고 있음을 주목해야 한다. 그 단락은 유다 백성이 앗수르인이 들끓을 때 경험하게 될 상황을 묘사한다. 이것은 명백히 전쟁 중에 먹는 음식이다.

16절이 우리의 목적상 더 유익하다. "대저 이 아이가 악을 버리며 선을 택할 줄 알기 전에 네가 미워하는 두 왕의 땅이 황폐하게 되리라." 이 배경에서, 이 "땅"은 다름 아닌, 이스라엘과 시리아의 동맹을 언급했을 가능성이 있다. 분명히 이 아이는 이 두 동맹국이 무너질 때 여전히 아이였다. 우리는 시리아가 거의 즉각적으로 함락되었음을 알고 있다. 병행 설명인 열왕기하 16:9은 디글렛 빌레셀 자신이 다메섹(시리아)을 초토화한 것으로 보고한다. 그것은 주전 732년에 일어난 일이었다. 이스라엘은 정확히 10년 후인 주전 722년에 붕괴되었다(왕하 17장). 그 아이는 "임마누엘"이라는 서술어를 초월해서 밝혀지지는 않지만, 기원전 8세기라는 한도에 의해 규정된다.

내 생각에 이사야 8:1-10이 그 아이의 정체성 질문에 대한 답변을 제공해 준다. 이사야는 중요한 증인 앞에서 서판에 마헬살랄하스바스라고 쓰라는 명을 받았다. 이사야 자신이 그 목적을 이해했는지의 여부는 알 수 없지만, 그 명문이 중요하다는 것은 분명한 사실이다. 그는 "여 선지자에게 갔다." 이것은 거의 확실하게 그의 아내를 언급한다. 그녀는 임신하여 아들을 낳았는데, 그 아이에게 마헬살랄하스바스라는 이름을 붙이라는 명을 받았다. 이제 우리가 이해하는 것은 이 글이 기록된 서판이 바로 출생증명서라는 사실이다. 공식적인 신분을 지닌 사람들이 그 출생을 증명했다는 사실은 그 출생이 매우 중요함을 암시한다. 이 사실이 표적 내러티브에서 주목되고 있는 사실은 그 아이의 정체성이 다른 아이의 정체성에 대한 답변임을 암시한다. 7:14의 여인은 이사야의 아내이며 그 아이의 어머니다.

이러한 결론을 더 지지해 주는 것이 7장과 8장에 나오는 두 사건이 구조적으로 유사하다는 사실이다. 7장의 아이는 "네가 미워하는 두 왕의 땅이 황폐하게" 될 때, 아직 악을 버리며 선을 택하기에 충분할 정도로 나이가 들지 않았을 것이다. 우리는 8장에서 그 아이(마헬살랄하스바스)를 언급하는 이런 내용을 읽게 된다. "이 아이가 내 아빠, 내 엄마라 부를 줄 알기 전에 다메섹의 재물과 사마리아의 노략물이 앗수르 왕 앞에 옮겨질 것임이라." 두 예측이 사실상 동일하다는 사실은 두 장에 언급된 두 아이가 적어도 동시대에 속해야 함을 암시한다. 두 사건의 병렬은 두 아이가 단순히 동시대에 속할 뿐 아니라 동일한 아이일 가능성을 암시한다.[20]

물론, 풀기 어려운 문제들이 있다. 이사야에게는 이미 스알야숩이라는 아들이 있었다. 그 아이는 7:3에 나오는 아하스와의 만남에 이사야와 동행했다. 그렇다면, 우리가 지켜 온 정의를 따를 때, 어떻게 그의 아내가 알마라고 일컬어질 수 있었는가? 아마도 임마누엘이라는 아이는 또 다른 아내에게서 태어났을 것이다. 그렇다면 이사야는 표적에 관한 자신의 진술에서, 이사야의 아내가 그 표적이 약속된 후에 잉태한 것처럼 보이는 문맥에서 왜 그는 그녀가 "잉태했"다고 말하고 있는가? 우리는 8:3에서 "갔다"로 번역된 히브리어 동사(카라브, *qarab*)가 매우 쉽게 과거완료, "갔었다"로 번역될 수 있으며, "그때"라는 부사는 "지금" 또는 문법학자들이 오늘날 보편적으로 주장하듯이 전혀 번역될 필요가 없다고 답변할 수 있을 것이다. 다시 말해, 남아 있는 문제들은 답변이 가능하다. 그 문제들은 분명히 그 여자와 아이의 정체성에 관한 결론을 배제할 만한 문제는 아니다.

마지막으로, 두 장에 나오는 서로 다른 이름을 지닌 아이들은 하나의 동일한 아이일 수 없다고 주장할 수도 있다. 그런 주장에 대해 다음과 같은 두 가지 사실을 주목할 필요가 있다. (1) 9장에 나오는 아이에게 네 가지 이름이 주어졌다. 그중에는 임마누엘이 포함되지 않는다. 하지만, 해석자들은 역사적으로 임마누엘이 다섯 번째 이름이라는 개념을 암시한다는 데 이견이 없다. (2) 임마누엘이라는 단어는 실제로 8장(8:8, 10)에 나오는 아이와 연결 지어 두 차례 나온다. 이것은 그 아이들이 사실상 하나이자 같은 아이라는 사실을 지지하는 의도적 연결 장치인 것처럼 보인다.

이 부분은 혈통과 이름(들)을 제외하면 그 아이에 관해 아무것도 언급하지 않는다. 그 아이가 왕이 될 것이라든지 아니면 어떤 특별한 일을 감당하기 위한 직분을 맡게 될 것인지에 대해 전혀 언급이 없다. 본문에서 그 아이에 대해 유일하게 언급하는 것은 그의 출생이 표적으로 기능한다는 사실이다. 이 본문은 또한 그 아이의 출생과 관련한 어떤 특별한 상황에 대해서도 진술하지 않는다. 아하스는 기적을 포함한 어떤 징조든지 선택해도 된다는 허가를 받았다. 선택을 거부한 그에게 이처럼 분명하고 간단한 표적이 부여된다. 평범해 보이는 그 출생이 중요한 이유는 아하스가 위협적인 이웃들로부터 자유로워질 때까지의 연수를 세는 출발점이 되기 때문이었다.

확장된 맥락: 왕인 아이(사 9:1-4) 여기서 우리는 또 하나의 출생 선언을 대하게 된다. 이것은 이전의 선언보다 더 짧고, 성격 면에서 상당한 차이가 있다. 그것을 살펴보기에 앞서, 우리는 두 선언 사이의 과도기적인 자료를 검토할 필요가 있다.

이사야 8:11-22은 이사야를 향한 하나님의 말씀(11-15절)과 이사야의 두 권면(16-17절, 18-22절)으로 이루어져 있다. 야훼는 이사야에게 "이 백성"의 길을 걷지 않도록 경고하신다. 이 백성은 아하스와 그 궁정 관료들을 지칭할 가능성이 더 크지만, 아마도 온 유다를 지칭할 것이다.

그들은 야훼를 신뢰할 준비를 갖추지 못했다. 그 대신 그들은 이미 앗수르인들과 동맹을 맺기를 선택했다. 야훼는 자신을 신뢰하는 자들에게 성소가 되신다. 반면에 그렇게 하지 않는 자들에게는 덫이 되신다. 강력한 앗수르를 포함한 다른 어떤 존재를 신뢰하는 것은 분명히 파멸을 초래할 것이다. 이사야는 표적과 상징으로 작용하는 아들들과 함께, 야훼에 대한 충성을 확인하고 있다. 그는 백성들에게 확실한 것, 즉 율법과 증거로 돌아오라고 부르고 있다. 그렇게 하지 않을 경우, 그 백성은 고통과 어두움을 직면하게 되는 것이다.

9장은 예기된 어두움이 이제 현실임을 선언함으로써 시작된다. 사실, 그것은 이미 종말에 가깝다. 그동안, 야훼는 "스불론과 납달리 땅", 즉 갈릴리가 멸시를 당하게 하셨다. 그 선지자는 이 북부 지역이 북왕국 이스라엘의 수도인 사마리아, 또는 이스라엘 민족 전체를 대적함을 언급한다. 그것은 그 선지자가 그 지역에 대해 어떤 특별한 약점이 있든지 아니면 그 지역이 북왕국의 나머지 부분이 공유하지 않는 어두움을 겪고 있든지, 둘 중 하나를 암시한다. 후자가 가능성이 더 커 보인다. 이 본문은 거의 확실하게, 앗수르 왕 디글렛 빌레셀 3세가 이 영역을 합병한 사실을 언급한다.[21] 그 영역은 이 흑암에서 벗어나게 된다.

9:2-9의 신탁이 이 상황을 언급한다. 이들은 흑암에 행하던 사람들이었다. 하지만 그들은 이제 큰 빛을 보게 되었다. 다시 한번, 정치적 상황이 한 아이의 출생을 통해 보고된다는 사실을 제외하면, 그 빛은 확인되지 않는다.

그 백성들이 기뻐하는 그 빛은 누구 또는 무엇인가? 그 빛은 6절에서 출생 또는 대관식과 함께 묘사되고 있는 아이일 수밖에 없다. 어쨌든, 그 아이의 정체성은 다시금 우리에게로 소급된다. 그 이름은 언급되지 않는다. 그 아이가 다윗의 왕좌(9:7)에 앉아 다스릴 것으로 예상된다는 사실은 그 아이가 다윗의 후손, 즉 유다 족속이어야 함을 의미한다. 그리고 우리는 그 배경으로부터 그 아이가 긴박한 갈릴리 사람들의 문제에 대한 답이 되어야 함을 알고 있다. 이러한 고려사항들은 의도된 인물이 임박한 다음 왕, 히스기야라는 결론을 거의 피할 수 없도록 가능성의 범위를 크게 제한하고 있다.[22]

히스기야 왕의 출생에 관한 성경적 증거는 대부분 확실하지 않다. 열왕기하 18:1은 그가 이스라엘 왕, 호세아 3년에 즉위했다고 진술한다(주전 730년경). 당시 그는 25세였다. 그러한 계산에 따르면, 그는 갈릴리 병합 약 25년 전인 주전 755년경에 출생했을 것이다. 반면에, 열왕기하 18:13은 히스기야가 산헤립이 유다를 침략했던 주전 751년에 14년째 다스리고 있었다고 진술한다. 그것은 그가 주전 715년에 즉위했음을 의미한다. 따라서 그는 디글렛 빌레셀이 침략하기 7년 전, 즉 주전 754년경에 출생했을 것이다.[23]

나는 여기서 연대를 정하는 데 따르는 이처럼 성가신 어려운 문제를 해결할 의도가 없다. 하지만 이사야가 갈릴리의 빛이라고 칭한 아이가 히스기야라고 암시했기에 그 문제를 전적으로 무시할 수도 없다. 나의 결론을 지지해 주는 몇 가지 요인을 고려할 필요가 있다. 첫 번째는 두 계산이 서로 조화될 수 있는 매우 실제적인 가능성이다. 히스기야는 주전 730년에 아버지인 아하스와 공동 통치를 시작했으며 주전 715년에 단독 통치자가 되었을 것이다.

둘째로, 이사야의 본문은 미래에 일어날 출생을 약속하는 것이 아니라 어떤 출생을 선언하고 있음을 주목해야 한다. 그 아이는 이미 출생한 것이다. 몇 가지 역본, 예를 들어 NIV를 NASB와 비교해 보면, 이 본문이 상이하게 번역되었음을 강조할 것이다. 히브리어 번역자들은 9:2-7의 주동사들을 완료시제, 즉 일반적으로 완료된 행동을 묘사하는 시제로 번역한다. NIV는 이런 방식으로 그 절들을 번역한다. "흑암에 행하던 백성이 큰 빛을 보고"(9:2a). 그러나 NASB는 그 절들을 완료되지 않은 미래로 번역한다. 주석가들에 따르면 이러한 선택의 근거는 그 선지자의 관점에서 볼 때, 묘사된 사건들이 분명히 미래에 속하기 때문이다. 히브리어 시제는 완료이더라도, 소위 "예언적 완료"로 간주되어야 한다. 완료시제는 아마도 의문을 제기할 수 없는 미래의 확실성을 표현하기 위해 사용되었을 것으로 추정한다. 그 기자는 그 사건이 일어날 것이라고 확신한 나머지, 그것을 이미 일어난 것처럼 언급한다는 것이다.

많은 히브리어 학자들이 완료시제가 그런 식으로 사용될 수 있음을 받아들인다.[24] 그러나 그러한 시제의 특별한 형식이나 사용을 시사해주는 특별한 구문론적 관계가 존재하지 않기 때문에, 완료시제가 언제 실제로 이런 식으로 기능하는지를 기술하는 것은 힘든 일이다. 배경을 요구하는 것 외에는 어떤 지침도 부여될 수 없다. 완료시제를 미래로 해석하는 것은 뜻이 통하게 하기 위함인가 아니면 최소한 본문의 더 나은 의미를 제공하기 위함인가?

나는 우리가 주의해야 한다는 측면에서 오류를 범한다는 의견을 제시하고 싶다. 본문이 요구할 경우에만 완료시제를 미래로 번역한다는 개념에는 오류가 있다. 그 본문이 단순히 그런 번역을 허용하는 것만으로는 충분하지 않기 때문이다. 이런 면에서 이 동사들을 미래로 읽는 것이 배경적으로 가능하기는 하지만 그렇게 하도록 요구하는 것은 아무것도 없다. 사실 통상적으로 과거시제가 더 의미가 통하는 경우가 많다. 묘사된 사건 모두가 명백하게 미래를 언급하는 것은 아니다. 그 아이가 다름 아닌 미래의 메시아를 언급한다고 주장하면서, 그 아이가 히스기야라는 개념을 이미 거부한 경우에만, 할 수 없이 미래에 호소하게 되는 것이다. 이것은 본문 자체가 강력히 권고하는 문법적, 또는 역사적 결론이 아니라, 신학적인 헌신이다. 그렇다면, 문학적, 배경적으로 번역할 경우, 9:6의 본문은 그 아이가 "났고"라고 진술하고 있는 것이다.

셋째로, 그 본문은 그 아이의 출생보다 기능에 더 관심이 있다. 확신할 수는 없지만, 그 언어가 그 아이의 출생뿐 아니라 왕의 대관식을 언급한다고 암시하는 것도 비합리적이지는 않다. 예를 들어, 새로 즉위한 시편 2편의 왕은 여호와의 칙령을 선포한다. "너는 내 아들이라 오늘 내가 너를 낳았도다." 만일 그 유추가 타당하고, 그 사실에 만족한다면, 실제적인 연대기는 사실상 무관한 것이 된다. 관심사는 그가 출생한 해가 아니라 즉위한 해다. 즉위한 해가 730년이었는지 아니면 715년이었는 지는 별 차이가 없다. 둘 다 의미가 잘 통하기 때문이다.

네 번째 고려사항은 다윗의 왕좌에 앉아서 다스릴 왕이 갈릴리의 문제를 해결해 주리라는 단언에 있다. 히스기야(그가 비록 공동통치자로 730년에 통치를 시작했다고 가정할 때)는 이스라엘 왕국의 붕괴함(722년)에 따라 유다를 통치했다. 그는 북방에 관해 뭔가를 행할 수 있는 신분에 처한 최초의 유대 왕이었을 것이다. 역대하 30장으로부터, 우리는 그가 유다 백성과 함께 유월절을 기념할 수 있도록 패배한 북방의 백성을 초대한 사실을 알고 있다. 그의 초대는 북부 출신자들이 주님께 돌아올 경우, 그 민족이 회복될 것을 약속했다. 그는 전령을 보내 북방에 속한 모든 사람을 초청했다. 그러나 거의 모든 사람이 그 초청을 거부했다. 그러나 그 초청을 받아들인 사람 중에 이사야 본문에도 확인된 여불론(30:11) 사람들이 포함되어 있었다.

마지막으로, 히스기야 이후의 어떤 왕이 8세기의 갈릴리인들의 문제에 대한 답이 될 수 있는지를 상상하기란 매우 어려운 일이다. 이 본문이 지시하는 대상을 다른 어떤 왕으로 이해하는 것은 히스기야와 직면할 때 대하게 되는 것보다 더 큰 어려움을 그 본문에 강요하는 것이 된다.

그러한 결론에 대해 진지하게 제시할 수 있는 유일한 주장은 9:6에 기술된 이름들이 갖는 고귀한 특성을 언급하는 것이다. 이러한 이름들—기묘자, 모사, 전능하신 하나님, 영존하시는 아버지, 평강의 왕—을 모두 인간인 왕에 대해 사용하는 것이 타당한 일이었을까? 그 이름들은 또 다른 질서에 속한 왕, 신적인 메시아에 더 타당하지 않을까?

아마 그럴지도 모른다. 그러나 각 사회 그룹이 적절한 것과 적절하지 않은 것에 관해 나름대로 관례를 보유한다는 사실을 잊지 않도록 하자. 우리의 관례가 성경 기자들의 관례와 반드시 일치했을 것으로 추정하는 것은 공정하지 않다. 사실, 축적된 구약의 증거는 왕에 대한 이스라엘의 태도가 왕족이든 아니든 상관없이 지도자들에 대한 우리의 견해보다 훨씬 덜 겸손했음을 암시한다. 예를 들어, 시편 2:7은 새로 즉위한 왕, 짐작건대 다윗이 하나님의 아들이라고 선언한다. 시편 45:6은 왕의 보좌가 신적이라고 선언함으로써, 더 멀리 가고 있다. 고대 근동 문헌의 독자들은 알겠지만 그러한 호칭은 고대에는 상당히 보편적이었다.

네 이름 모두 실제로 왕, 특히 위대한 소망의 근거가 되는 다윗의 계열에 속한 왕에게 사용하기에 부적절하지 않았다. 그 이름들을 이루는 단어 쌍에서, 하나(때로는 첫째, 때로는 둘째)는 나머지 하나를 수식한다. 여기서 기묘자는 넓은 범위의 독자에게 사용되는 단어, 모사를 수식한다. 영존하시는은 아버지를 수식한다. 영존하시는 이라는 단어는 그의 통치가 오래갈 것이라는 의미로 한 번 이상 왕들에 대해 사용되고 있다(잠언 29:4에서 동일한 히브리어 단어 아드의 NIV 번역을 참조하라. "왕이 가난한 자를 성실히 신원하면 그 위가 영원히 견고하리라"). 평안은 더 작은 지도자에게 어울리는 용어인 왕(prince)을 수식한다.

왕들에게 부적절한 것처럼 보이는 한 가지 용어는 전능하신 하나님(히브리어로 엘 기보르)이지만, 구문론적 증거는 실제로 전혀 부적절하지 않음을 말해 준다. 우리는 이미 하나님(엘로힘)이라는 단어가 시편 45:6에서 왕을 묘사하는 데 사용되고 있음을 살펴보았다. 동일한 단어(엘로힘, 더 간단하게 엘)가 최상급 형용사로 자주 사용된다. 예를 들어, 요나서 3:3의 히브리어는 니느웨가 하나님 보시기에 "극히 컸다"라고 기술한다. 대부분의 역본은 그것이 "니느웨는 극도로 큰 도시"(NRSV)였음을 의미하는 것으로 취급한다. 최소 14번의 사례에서, KJV는 그 단어를 "능력", "세력", "강력한(자)," 또는 단순히 "위대한"으로 번역한다.

완전한 복합된 이름, 엘 기보르는 여섯 번은 단수, 한 번은 복수로 나타난다. 학자들은 때때로 그 이름이 복합체로서 항상 하나님을 언급한다는 사실을 관찰했다. 단수로 사용된 (문제로 남아 있는 우리 본문) 자료를 고려하는 한, 그것은 사실이다. 에스겔서 32:21에 나타나는 복수로 사용된 한 경우는 강력한 지도자뿐 아니라 강력한 나라의 강력한 지도자, 애굽과 함께 음부에 처한 지도자를 언급한다. 이 용어가 이방 세력의 정죄된 지도자를 언급할 수 있다면 경건한 히브리 왕에게 사용될 수 없는 이유는 분명히 존재하지 않을 것이다.

따라서, 우리는 검토한 두 본문이 몇 가지 예상을 우리에게 남겨준다는 사실을 보게 된다. 첫 번째는 유다에 대한 시리아와 에브라임의 위협의 종말을 암시해 줄 한 아이가 태어나리라는 예상이다. 그 아이는 이사야의 아들, 마헬살랄하스바스다. 그는 표적의 역할을 하기 때문에 중요하다. 두 번째 예상은 최근에 태어나거나 즉위한 아이가 북부 갈릴리를 앗수르의 지배로부터 해방해 주리라는 예상이다. 그 아이는 히스기야, 즉 처음 예상한 아이와 다른 아이다. 석의 작업이 말씀이 처음 전달되었을 때 이해된 대로 그 말씀의 의미를 결정하는 것이라는 면에서, 석의에 대한 나의 접근법은 역사적이다.

이 시점에서 역사적 석의를 쉽게 멈출 수도 있다. 두 본문 또는 인용구가 확인되었다. 각자는 특정한 역사적 기준점을 근거로 설명되었다. 반면에, 훌륭한 역사적 석의는 부분적으로 그 그림이 재구성되었다는 이유로 멈추지 않는다. 청중은 우리가 검토한 것보다 더 많은 것을 본문에 대해 들었다. 그리고 그들의 마음과 작가의 의도는 더 큰 그림을 통해 알려진 것이다.

그러나 청중들이 (역사적·문법적으로 고려된) 내용에 대해 들은 내용과 자료가 그것이 문학적으로 조직된 방식을 통해 말하는 내용이 필수적으로 하나이자 동일한 것은 아니다. 짐작건대, 그들(특히 아하스)은 첫 번째는 구두 연설로, 두 짧은 메시지는 서로 다른 배경에서 들었을 것이다(두 번째는 첫 번째와 구별되는 것으로 소개되기는 하지만 묘사되지는 않는다). 그러나 그 연설들이 너무도 밀접하게 병치되어 있어서, 그 배경을 분명히 구분하기가 어려움을 발견하게 된다. 이어지는 세 장(7-9)은 유아 내러티브를 포함한다. 내가 주장했듯이, 처음 두 장은 서로를 설명하는 데 도움이 된다. 한 장에 나오는 아이는 다른 장에 나오는 아이다. 그러나 세 번째 아이와 처음 두 아이 사이의 관계는 어떤가? 나는 세 번째 아이가 또 다른 아이, 단순한 징조라기보다는 왕족의 혈통을 지닌 아이라고 주장한다. 이 이야기들 간의 관계는 어떤 것인가? 그 이야기들이 병치되어 있다는 사실이 그것들을 어떻게 이해해야 할지와 어떤 관련이 있는가?

그 질문은 일반적으로 고대 이스라엘의 문학적 관례에 관해 아는 것이 거의 없다는 사실 때문에 복잡해진다. 그것은 이사야가 전달한 말이 기록된 특정 과정에 대해서도 마찬가지다. (그 말을 하고 기록한 사람이 그였다고 추정할 때) 이사야가 이 신탁들이 출생이라는 표현에 의해 지배된다는 이유로 그것들을 병치했을 가능성이 있는가? 아니면 두 신탁 사이에 연대기적 관계, 즉 두 출생이 연이어 일어났을 가능성이 있는가? 아니면 결합된 두 이야기가 각자 분리하여 읽을 때 말하는 것과 다른 어떤 것을 (아마도 계획적으로) 전달하는 일종의 재해석일 가능성이 있다고 감히 암시할 수 있을까?

원칙적으로, 나는 이 모든 선택권을 하나의 가능성으로 받아들일 수 있다. 내가 어떤 선택권을 배제할 수밖에 없을 정도로 나의 신학적, 문학적, 또는 신학적 민감성에 도전하는 사람은 아무도 없다. 그러나, 그 모든 선택권이 동등하게 가능할 것 같지는 않다. 예를 들어, 나는 더 실질적인 방식으로 두 이야기를 연관시키려는 의도 없이, 단순히 언어적 유사성 때문에 그 이야기들이 병치되었다고 믿을 수 없다. 이 관계를 설명하기 위해서는 단순히 일시적으로 유행하는 이론 이상이 필요하다. 이 경우에, 나는 두 이야기가 어떤 식이든지 서로에게 자격을 부여하거나, 한 본문이 역사적으로 갖는 의미를 효과적으로 변경하려는 목적으로 병치되었다고도 확신할 수 없다. 예를 들어, 두 아이는 병치라는 단순한 사실에 의해, 갑자기 하나이자 동일한 아이로 그려질 수 없다. 나는 예언적 신탁에 내포된 의도가 그렇게 쉽게 유예될 수 있다는 암시에 곤란을 겪게 된다. 이런 이유로, 나는 두 번째 선택권이 그 관계의 성격을 가장 잘 설명해준다고 믿는다.

본문들이 더 큰 맥락의 일부이기 때문에 정경적 해석은 여기서 멈추지 않는다. 모든 본문을 검토해야 하지만 그러기에는 내게 주어진 지면이 충분하지 않다. 완전한 검토를 위해서 이사야의 남은 부분 그리고 선지자 문헌의 나머지 부분과 구약 전체, 마지막으로 신약에 비추어 7-9장을 검토할 필요가 있다. 이 글의 목적을 위해 곧바로 신약으로 이동하고자 한다. 물론 나는 정경적 작업이 완결되지 못할 것을 잘 알고 있다.

신약의 맥락. 이사야 7:14은 마태복음 1:23에서 인용되고 있다. 문자적으로 해석하면, "보라 처녀가 임신하여 아들을 낳을 것인데, 그들이 그를 임마누엘이라고 부를 것이다"가 된다. 헬라어 단어, 파르테노스(*parthenos*)는 혼인하기에 알맞은 젊은 여자뿐 아니라 아주 특정적으로 처녀를 언급한다. 마태가 젊음을 강조하고자 했다면, 단순히 "젊은 여자"를 의미하는 단어 네아니스(*neanis*)를 사용했을 것이다. 다른 모든 초기 헬라어 역본은 히브리어 알마를 더 일반적인 용어인 네아니스로 번역함으로써, 이러한 이해에서 벗어나고 있다. 칠십인역과 마태가 정관사를 계속 유지한다는 사실은 주목할 가치가 있다. 그것은 특정한 처녀를 의미한다. 그 역본들은 누가 이름을 정하는지에 대해서는 의견이 일치하지 않는다. 히브리 사람들은 젊은 여자라는 의미로 "그녀"를 이해한다.

마태는 부정대명사 "그들"을 사용하고 있는데, 그것은 "그가 불려질 것이다"라는 수동태와 맞먹는 능동태로 표현된다. 반면에 칠십인역은 아하스가 앞에 나오면서, 당신(단수)으로 읽는다. 이 모든 사실을 종합해 볼 때, 우리는 칠십인역의 번역자가 그 아이를 왕 자신의 아들, 아마도 히스기야로 이해했다고 추정할 수 있을 것이다.

마태는 예수님이 어떻게 출생하셨는지를 설명하기 위해 이 본문을 인용하고 있다. 마리아는 우리가 들은 대로 성령으로 잉태되었다. 최악의 경우를 가정한 요셉은 조용한 이혼을 요구했다. 천사가 그에게 나타나 마리아를 옹호해 주는 동시에 태어날 아이와 그 아이가 성취할 과업에 대해서 선언했다. "아들을 낳으리니 이름을 예수라 하라 이는 그가 자기 백성을 그들의 죄에서 구원할 자이심이라 하니라 이 모든 일이 된 것은 주께서 선지자로 하신 말씀을 이루려 하심이니"(마 1:21-22).

"이 모든 일"은 분명히 마리아의 임신을 넘어서, 아이의 아버지를 확인하는 데 대한 관심을 언급하고 있다. 문제는 마리아가 처녀인지의 여부가 아니라 그 아이의 아버지가 누구인지에 관한 것이다. 그 아이의 아버지가 어떤 다른 남자가 아니라 성령이시라는 사실을 알게 된 요셉은 이혼 계획을 취소하고, "마리아를 아내로 취해 집으로 데리고 갔다." 내가 말하고자 하는 요점은 그 인용의 목적이 동정녀 탄생이 아니라 신적 혈통, 즉 그 아이가 하나님의 아들이라는 사실을 입증하기 위함이라는 것이다(함축적으로 그것이 사실인 것처럼 보인다고 하더라도).

두 번째 이사야 본문이 마태복음 4:15-16에 인용된다. "스불론 땅과 납달리 땅과 요단 강 저편 해변 길과 이방의 갈릴리여 흑암에 앉은 백성이 큰 빛을 보았고 사망의 땅과 그늘에 앉은 자들에게 빛이 비치었도다 하였느니라." 이 번역에는 아무 어려움도 따르지 않는다. 마태의 인용은 이사야 9장의 맛소라 사본과 조화를 잘 이룬다.

이 인용의 요점은 예수님이 나사렛에서 가버나움으로 이동하신 사실이다. 그 이동은 사실, 선지자 이사야가 예언한 내용의 성취다. 예수님은 흑암에 있는 갈릴리 사람들의 빛이신 것이다.

그러므로, 우리는 마태가 이사야 7-9장의 두 아이를 하나이자 동일한 아이로 보고 있을 뿐 아니라, 그 아이를 히스기야가 아니라, 다름 아닌 예수님으로 보고 있다는 결론에 이르게 된다.

마태와 역사적으로 제한된 나의 해석은 이해 면에서 상당한 차이가 있는 것 같다. 과연 그럴까? 마태는 실제로 이 본문들을 증거 즉 구약 예언의 성취로 인용하고 있는가? 마태가 구약을 사용한 사례를 더 폭넓게 살펴보는 것이 유익할 것이다.

마태의 구약 본문 인용은 상당히 정형화되어 있다. 그의 대부분의 인용은 "이 모든 일이 된 것은 주께서 선지자로 하신 말씀을 이루려 하심이니"라는 표현이나 그와 매우 유사한 표현들이 암시한다. 그렇다면, 마태가 예수님이 구약의 다양한 예상들의 성취라고 말할 때, 그 의미는 무엇인가? 이사야가 누군가가 임마누엘이라 일컬어지리라고 예측했는데, 이제 마침내 출현한 예수님이 바로 그 인물임을 의미하는가? 누군가가 갈릴리인들의 압제에 대한 해결책으로 임할 것인데, 그 누군가가 예수라는 인물로 이제 나타난 것인가?

그것이 성취라는 단어가 보통 뜻하는 바다. 마태에게도 그 단어가 동일한 의미를 가질까?[25] 아마도 그럴 것이다. 그러나, 마태복음에서 그와 다른 경우를 암시하는 몇 가지 본문을 고려해 보자. 첫 번째는 자신이 율법의 성취자라는 예수님의 진술이다. 율법은 성격상 어떤 것에 대한 예상을 지적하기는 하지만, 이제는 전혀 예견을 지적하지 않는다. 사람들은 율법을 준수하거나 어기거나 둘 중 하나를 택한다. 하지만, 율법은 어떤 한 사람에게 특정한 것이 아니다. 언약 공동체에 속한 모든 사람이 그것을 준수할 것으로 예상한 것이다.

그렇다면, 예수님은 자신이 율법의 성취라고 말씀하셨을 때 의미하신 것은 무엇인가? 그분은 자신이 율법을 마무리하실 것을 의미하지 않으셨다. 마치 율법의 중요성이 그치게 되리라고 말씀하신 것처럼 말이다. 전혀 그렇지 않다. 자신이 율법을 폐하러 오신 것이 아니라고 말씀하신 경우가 있기 때문이다. 그렇다면, 그분이 의미하신 것은 자신이 율법을 준수하시리라는 것이다. 즉 율법을 그 정신에 따라 잘 준수할 것을 의미했다. 그러므로 그분은 성실한 율법준수자, 즉 율법의 기대를 성취하거나 만족시킬 분이다. 우리는 마태가 비교를 목적으로 예수님의 이러한 가르침을 기록하고 있음을 감지할 수밖에 없다. 사실, 예수님은 이스라엘이 지키는 데 실패한, 바로 그 율법을 지키고 계신 것이다.

또는 마태가 흥미롭게 이용한 호세아 11:1을 살펴보자. 헤롯을 방문한 동방박사들은 왕으로 태어난 아이를 어디서 찾을 수 있느냐고 물었다. 그 질문은 왕위 찬탈자라는 표현을 달가워하지 않을 헤롯의 마음을 혼란에 빠뜨렸다. 그래서 그는 가능한 모든 도전자, 즉 두 살 이하의 모든 남아를 죽여 없애는 사악한 작전을 수행한다. 마태는 예수님이 그 위협을 피해 부모를 따라 애굽으로 피신하셨다고 말한다. 그분은 헤롯이 죽기까지 애굽에 머물다가, 천사의 통고를 받고 안전하게 돌아오셨다. 마태는 이 모든 일이 선지자로 하신 말씀을 이루기 위해 일어났음을 확인해준다. "애굽으로부터 내 아들을 불렀다."

성취에 대한 우리의 보편적 관점에 따르면, 우리는 마태의 관점에서 볼 때, 호세아 선지자가 하나님의 아들(물론 그것은 필연적으로 예수님일 수밖에 없었을 것이다)이 애굽에 갔다가 돌아올 것을 예견했으며, 이제 예견된 대로 예수님에게 일어났다고 믿게 될 것이다. 나는 이러한 관점이 그 신빙성을 상당히 확장하고 있음을 발견하게 된다. 그것은 선지자가 장차 실현될 일을 예견할 수 없었을 것이기 때문이 아니라, 그 아들이 이스라엘, 즉 하나님이 걸음마를 가르치려 시도하신 날부터 불충했던 한 이스라엘 사람임을 분명히 언급하고 있기 때문이다.

그렇다면 예수님이 이 본문의 성취라는 말은 무엇을 의미했을까? 내 생각에, 그것은 예수님이 이스라엘처럼 애굽에서 나오신 사실을 시사한 것에 불과한 것 같다. 다시금, 마태는 구약 사용에 있어서 비교적 또는 유추적이다. 따라서 예수님은 이스라엘과는 모든 면에서 다른 분이셨다. 참된 또는 대표적인 이스라엘이 애굽에서 나왔다. 사람들은 전자보다는 후자의 이스라엘을 더 신뢰할 수 있다.

마태는 상당히 일관성 있게 구약을 인용한다. 예수님은 기대치가 높은 국가 또는 개인에 비교된다. 그리고 최소한 여러 경우 그분은 기대와 다른 분이셨음이 입증된다. 내가 보기에, 마태는 이사야의 본문 역시 같은 방식으로 다루고 있다. 예수님은 어떤 필사적인 책략으로 평화와 안전을 얻어 줄 누군가가 아니다. 그분은 위협 아래 있는 사람들, 즉 자신들과 함께하시는 하나님을 의존하기를 배울 필요가 있는 사람들에게 하나님의 임재의 징조가 된다는 면에서 임마누엘(또는 마헬살랄하스바스)과 같은 분이시다. 예수님은 굴레에서 벗어날 가능성(비록 또 다른 방식일지라도)을 예보한다는 면에서 히스기야와 같다. 그분은 빛이시다.

여러 해 동안, 해석가들은 마태의 구약 사용을 여러 방식으로 설명하려고 시도했다. 더 최근의 방식은 보통 페셔(*pesher*) 또는 미드라쉬 페셔(*midrash pesher*)라고 부르는 것인데, 그것은 구약 해석에 대한 쿰란\의 접근법을 사용한다. 이 접근법은 본문들(마태복음 같은)을 그 역사적, 문화적 환경 중에 다루는 현재 통용되는 전통에 정확하게 자리하고 있다. 그 접근법에 따르면, 마태는 구약 본문을 그 역사적 정박지에서 들어 올려, 다름 아닌 자신의 상황에 직접 적용하는 면에서 쿰란 언약자들의 패턴을 따른다. 구약 본문은 신비(쿰란어로 '라즈')지만, 그 해석(이것에 대한 쿰란어가 '페셔'다)이 영감받은 해석자 마태에게 계시되었다. 그 해석은 현재에만 적용된다. 그리고 가장 특정적으로 예수님에게 적용된다. 그리고 마태는 구약 본문을 우리가 학생들에게 가르치듯이 석의하지 않기 때문에, 때때로 성경을 왜곡한다는 비난을 받는다. 구약이 자체의 맥락에서 의미하지 않고, 의미할 수 없는 것을 의미하게 만든다는 것이다.

명백히 밝히고 싶은 것은, 내가 본문의 역사적 해석에 아무 어려움도 느끼지 않는다는 사실이다. 그것이 내가 이제까지 두 가지 구약 본문을 다루는 과정에서 주장해온 것이다. 마태의 구약 본문 해석이 본문의 원래 의미와 일치하지 않는다는 말을 들을 때도, 나는 신학적으로 불편함을 느끼지 않는다. 하지만 나는 마태가 여기서 실제로 일어나고 있는 일을 묘사한다는 생각에도 만족할 수 없다. 그런 사실 때문에, 더 전통적인 접근법들에도 만족할 수 없다.

이러한 다른 접근법들은 신구약 본문들을 서로에게 비추어 해석하기를 추구하는 한, 더 의식적으로 정경적이다. (위에서처럼) 한 접근법은 구약 본문들이 본질적으로 신비스러우며, 신약의 설명을 기다린다고 암시한다. 원저자도 그의 청중도 최소한 완전히 그 메시지를 파악할 수 없다는 것이다. 이 접근법의 한 변형은 그 청중이 실제로 본문을 이해했지만, 마음이 굳어져서 믿지 않았다고 추정하는 것이다. 이로 인해 (이사야와 그의 최초의 청중이 알든 알지 못하든 간에) 이사야의 본문들이 언제나, 그리고 오직 예수님을 언급했다고 생각하는 것이다. 그렇다면, 나 자신의 역사적 해석은 철저하게 근거를 상실할 것이다.

어떤 이들은 이사야의 본문들이 실제로 어떤 현대의 성취를 지적하기는 하지만, 단지 첫 번째 경우에만 그럴 뿐이라고 인정한다. 그들의 주장에 따르면, 그 본문은 하나 이상의 성취를 보유한다. 최초의 청중은 누구든지 그 본문이 그 첫 번째 성취를 훨씬 초월하는 어떤 최후의 상태를 지적한다고 판단했을 것이다. 따라서 그 임마누엘 본문은 우선적으로 마헬살랄하스바스를 언급하지만, 그와 동시에 메시아에 의한 궁극적 성취를 암시하게 된다.

내가 의심하는 것은 이 접근법이 대개 신학적인 편의에서 부상했다는 것이다. 그 관심사는 성경을 갈등에서 구출해주는 데 있다. 그러므로 그것은 성격상 최우선적으로 조화를 추구하는 접근법이다.

현대 해석학 이론은 때때로 다수의 의미를 찬성하는 경향이 있다. 언어는 다기능적이며, 특정한 언어학적 구조의 의미는 다양하다. 이것은 내가 주목해 온 마태의 구약 본문 사용에 대한 여러 접근법에 적용될 수 있는 이론이다. 나는 최소한 원칙상으로, 그러한 이론의 신빙성을 어느 정도 인정할 준비가 되어 있다. 그러나 나는 그것이 편의성의 문제로 적용되는 것을 허용하지 않을 것이다. 다수의 의미를 당연한 것으로 추정했다면, 우리는 결코 어떤 본문의 의미를 확실하게 이해할 수 없었을 것이다. 우리는 또한 어느 정도의 일관성 없이는 이런 방식으로 성경을 읽지 않을 것이다. 우리는 역사적으로 제한된 우리의 구약 해석이 신약 기자가 제시하는 해석과 (명백한) 갈등을 초래할 경우에만 그런 이론을 향하는 경향이 있다.

내가 지금까지 제시한 정경적 해석에 대한 접근법은 다른 접근법의 약점으로부터 구제해 준다. 그 접근법은 신구약 모두의 배경에서 본문을 검토한다는 면에서 철저하게 역사적이다. 그것은 저자들이 의도를 갖고 있으며, 그 의도는 최초의 청중에 의해 이해되었고, 이 의도가 적절한 역사적 도구들을 적용함으로써 (대부분의 경우, 극히 멀리 떨어져 있음에도 불구하고) 복구될 수 있다고 추정한다.

마태가 이사야 본문들을 사용하는 방식에 주목하는 것만으로는 철저하게 정경적이라고 할 수 없다. 내가 이 연구에서 신구약 모두에 행한 작업 대부분은 구약을 이해할 목적으로 신경을 써서 신약 본문을 읽었다는 면에서만, 순수하게 역사적인 접근법과 구별될 수 있다. 그러나 내 연구는 해석을 위한 패러다임을 발견하는 데 관심을 가진다는 면에서 정경적이다. 그리고 본문이 후대의 믿음의 공동체의 삶에 보유하는 기능을 다뤘다는 점에서도 정경적이다. 마태는 최소한 우리가 그 용어를 보통 사용하는 방식으로 이사야의 아이 내러티브를 세심하게 석의하지 않은 것처럼 보인다. 하지만 그것은 그의 목적이 아니었다. 그의 의도는 무엇보다도 예수님이 참된, 최상의 이스라엘, 더 크게는 아들, 더 크게는 마헬살랄하스바스(임마누엘), 그리고 더 크게는 히스기야와 같다는 사실을 보여주는 것이었다. 마태의 해석은 예수님이 다른 어떤 이스라엘인도 만족시키지 못했던 예상들을 만족시키셨으며, 그 결과로 이스라엘의 통치자가 될 자격이 있음을 입증한다는 면에서 유추적이다. 그분은 다스릴 자격을 갖추신 다윗보다 더 큰 분이신 것이다.

정경적 접근법의 궁극적인 목적은 본문이 지적하는 실체를 고려하는 것이다. 그 접근법은 신구약이 하나가 아니라 둘이지만, 구별되고, 구별된 채로 남아 있어야 하며, 그럼에도 불구하고 한가지 실체, 즉 하나님이 자신의 창조를 은혜롭게 다루신다는 사실에 대해 언급한다고 추정한다. 그러한 신학적 숙고 없이는 본문에 대한 검토는 완료되지 않은 것이다.

이 본문들은 다른 무엇보다도 하나님이 그분의 백성과 함께하신다는 사실을 단언한다. 그분이 우리와 함께하신다는 사실은 언제나 위안이 된다. 그 징조는 아하스를 격려하는 것이 목적이었다. 이사야의 의도는 하나님이 북쪽의 이웃들로부터 그 왕을 보호해 주시리라는 사실을 확인시키는 것이었다. 하지만 왕이 원하지도 않았던 그 표적은 결국 확신을 주기에는 부족한 것이었다. 그 표적은 분노 중에 전달되었다(그는 선지자와 하나님의 인내를 시험했다). 이제 그 표적은 단순한 경고 그 이상을 의미하게 되었다. 즉 하나님이 아하스가 이스라엘과 시리아에 맞서기 위해 동맹을 맺은 앗수르인들을 사용하여, 유다에게까지 심각한 타격을 입히실 것이라는 불길한 사실을 언급한 것이다. 이 장들(사 8:8, 10)에 나타나는 임마누엘에 대한 다른 두 가지 언급이 모두 심판을 배경으로 한다는 것은 흥미로운 사실이다. 하나님은 도움이 아니라 심판을 위해서 아하스와 함께하신다. 이런 면에서, "하나님이 우리와 함께하신다"는 말은 구약의

"주의 날에"라는 말과 비슷하다. 이 용어는 이전에는 소망과 위로를 암시했지만, 이제는 정반대를 뜻하게 되었다(암 5:18-20).

이사야서 9장의 아이 내러티브는 하나님의 임재가 본질적으로 심판이 아니라 희망에 찬 것임을 우리에게 이야기해 준다. 그분은 의로운 왕이라는 인격체를 통해 그들과 함께하실 것이다. 그리고 그들을 원수의 압제로부터 구원해주실 것이다. 처음에 심판을 사용하신 바로 그 앗수르 군대를 통해서 말이다. 심판조차도 구속적인 성격을 갖는다. 마태는 두 이미지 모두에 의존한다. 신약의 임마누엘이신 예수님은 사람들을 죄로부터 구원하실 것이다. 그분은 또한 오래 기다려온 나라가 임박했기 때문에 회개를 선포하신 갈릴리의 빛이시다. 회개는 이사야가 아하스로부터 얻기를 원했지만 얻지 못한 것이었다. 그 사실을 염두에 둔다면, 갈릴리가 예수님께 어떻게 반응했는지가 궁금해질 것이다. 그분은 그들에게 구세주가 되실 것인가 아니면 심판자가 되실 것인가? 또 다른 마태복음의 본문은 후자를 암시해준다. "내가 너희에게 이르노니 심판 날에 소돔 땅이 너보다 견디기 쉬우리라 하시니라"(마 11:20-24).

정경적 접근법이 더 오래된 유형론적 접근법보다 실제로 더 나은 점이 전혀 없다고 암시하는 것은 지나친 단순화다. 그리고 사실, 최소한 신중하게 실천한 석의 과정에서, 정경적 접근법이 더 오래된 이 접근법에 과도하게 의존한다는 사실을 부인하는 것도 마찬가지다.

유형론은 보편적인 실재를 함께 지적해 주는 한 세트의 본문을 독자에게 제공하는 면에서 정경적 접근법의 목적에 도움을 준다. 마태가 이사야의 아이 내러티브를 사용하고 있는 방식이 이 유형론임을 아는 것은 마땅히 위로가 된다.

충분히 진지하게 석의 작업을 시행할 수 있으며, 그 최종결과를 여전히 설교에 이용할 수 있음을 아는 것은 당연히 학자와 설교자 모두를 기쁘게 한다. 정경적 해석의 목적은 교회를 섬기는 것이다. 정경적 접근법을 만들어낸 차일즈와 샌더스 두 사람 모두 저명한 학자이자 안수받은 목사였다는 사실은 우연이 아니다. 다양한 교단과 신학적 신념을 배경으로 하는 그 밖의 성직자들은 서로 매우 다르지만 동등하게 역사나 정경 어느 한 편에 집중한다는 면에서 두 접근법이 환영할 만한 해답임을 발견하게 된다. 이러한 접근법은 전반적인 정경적 배경 안에서 하나님의 말씀을 듣기 위해 무리한 조화나 더 풍부한 의미 중 어느 것도 의지하지 않는다.

2장 해석을 위한 맥락으로서의 정경

주

1 신약성경 기자들이 변증적, 도덕적인 방식으로 구약 성경을 사용했다는 견해에 대해서는 다음을 참조하라. L. Kugel and Rowan A. Greer, *Early Biblical Interpretation, Library of Early Christianity* (Philadelphia: Westminster Press, 1986), pp. 126-36. 좀 더 실제적인 치료법을 다음 책에서 찾을 수 있다. Hans von Campenhausen, *The Formation of the Christian Bible*, trans. J. A. Baker (Philadelphia: Fortress, 1972).

2 이레니우스가 수집된 책들을 정의하기 위하여 구약과 신약이라는 용어를 최초로 사용하였다(*Against Heresies* 4.15.2).

3 신구약 해석에 대한 논문과 같은 더 오래된 해석사들은 다음을 참조하라. F. W. Farrar, *History of Interpretation* (New York: Dutton, 1886), and Milton S. Terry, *Biblical Interpretation: A Treatise on the Interpretation of the Old and New Testaments*, rev. ed. (New York: Easton and Maines, 1890년보다 더 이전의 해석 형태들에 대한 약간 부당한 편견에도 불구하고, 이 책은 여전히 유익하다. 더욱 최근의 해석사들은 다음을 참조하라. Robert. M Grant and David Tracey, *A Short History of Interpretation*, 2nd ed. (Philadelphia: Fortless, 1984),

The Cambridge History of the Bible, 3 vols.(Cambridge: Cambridge University Press, 1963-1970). 일차 문서화를 포함한 유익한 자료에 관해서는 다음 책들을 참조하라. Joseph W. Trigg, *Biblical Interpretataion* (Willimington, Del.: Michael Glazier, 1988), Karfried Froehlich, ed. And trans., *Biblical Interpretation in the Early Church* (Philadelphia: Fortless, 1984).

4 C. H. Dodd, *According to the Scriptures: The Sub-structure of New Testament Theology* (London: Nisbett, 1952), *The Apostolic Preaching and Its Development* (reprint ed. London: Hodder & Stoughton, 1963).

5 Jean Cardinal Danielou, *From Shadows to Reality: Studies in the Biblical Typology of the Fathers*, trans. Dom Wulstan Hibberd (London: Burns and Oates, 1960).

6 Trigg, *Biblical interpretation*, pp. 19-20.

7 R. T. France, *Jesus and the Old Testament* (London: Tyndale, 1971).

8 Jaroslav Pelikan, *Luther the Expositor: Introduction to the Reformer's Exegetical Writings* (St. Louis: Concordia, 1959).

9 그 운동의 많은 유용한 역사에 대해서는 특히 다음을 참조하라. James Barr, *Old and New in Interpretation* (London: SCM Press, 1966), and Brevard S. Childs, *Biblical Theology in Crisis* (Philadelphia: Westminster Press, 1970).

10 그렇지 않을 경우, 도전이 될 월터 카이저의 저서가 이 점에서 실패하고 있다. 특히 마태가 호세아 11:1을 이용한 데 대한 그의 논문을 참조하라. Mathew's use of Hosea 11:1 in *The Uses of the Old Testament in the New* (Chicago: Moody Press, 1985).

11 차일즈, 샌더스, 다른 사람들에 대한 평가에 대해서는 나의 박사학위 논문을 참조하라. "Canon and Interpretation: Recent Canonical Approaches and the Book of Jonah," (McGill University, 1987).

12 제임스 바가 이런 면에서 가장 목소리를 높였을 것이다. *Old and New in Interpretation* (London: SCM Press, 1966), *The Bible in the Modern World* (London: SCM Press, 1973).

13 James A. Sanders, "Hermeneutics," in *The interpreter's Dictionary of the Bible: Supplementary Volume*, ed. Keith Crim (Nashville: Abingdon, 1976), p. 404.

14 이 설명은 성경의 기록 자체로부터 쉽게 재구성될 수 있다. 더 자세한 역사에 대해서는 다음을 참조하라. John Bright, *A History of Israel*, 3rd ed. (Philadelphia: Westminster, 1981), pp. 276-78.

15 John Oswalt, Isaiah 1-39, *New International Commentary on the Old Testament* (Grand Rapids, Mich.: Eerdmans, 1986).

16 Morton Coggin, *Imperialism and Religion, Society of Biblical Literature* Monograph Series 19 (Missoula, Mont,: Scholars Press, 1974).

17 Bruce K. Waltke and M. O'Connor, *An Introduction to Biblical Hebrew Syntax* (Winona Lake, Ind.: Eisenbrauns, 1990), p. 241.

18 Otto Kaiser, *Isaiah 1-12*, 2nd ed. trans. John Bowden, Old Testament Library (Philadelphia: Westminster Press, 1983), pp. 154-55.

19 베툴라가 더 많은 조건을 요구한다는 사실은 이 용어 역시 모호함을 시사한다. G. J. Wenham, "Betula: A Girl of Marriageable Age," *Vetus Testamentum 22* (1972): 335-48을 보라.

20 H. M. Wolf, "A Solution to the Immanuel Prophecy in Isaiah 7:14-8:22," *Journal of Biblical Literature 91* (1972): pp. 449-56을 보라. 구별되는 두 아이가 있을 뿐 아니라 둘째가 첫째(임마누엘)를 지금 여기서 풀어주는 것—즉 그가 무한한 사후세계로 투사되는 것—이라는 알렉 모티어의 반론은 전혀 설득력이 없다. *The Prophecy of Isaiah: An Introduction and Commentary* (Downers Grove, InterVarsity Press, 1993), pp. 90-91.

21 Bright, History of Israel, p. 270.

22 나는 모티어가 최근의 주석(*Prophecy of Isaiah*, p. 101)에서, 이 입장을 전혀 고려하지 않고, 따라서 그에 반하는 주장을 제공하지 않는다는 사실에 깜짝 놀랐다. 그는 이것이 앗수르의 영토가 되었다는 사실을 인정하지만, 그런 후에 그 정복이 실제적인 정복이 전혀 아니라고 주장한다. 그 단어는 "전도사역의…평강의 확산과 그 안의 성취"에 대한 비유에 불과하다는 것이다.

23 Edwin P. Theile, *The Mysterious Numbers of the Hebrew Kings*, rev. ed. (Grand Rapids, Mich.: Zondervan, 1983), pp. 163-76.

24 Waltke and O'Connor, *Introduction to Biblical Hebrew Syntax*, p. 490. 그러나 내 결론에 반대하여 왈트키는 문제의 텍스트를 예언적 완결의 특별한 예로 간주한다.

25 Brevard S. Childs, "Prophecy and Fulfilment: A Study in Contemporary Hermeneutics," *Interpretation* 12 (1958): pp. 260-71를 보라.

3장
신학과 성경 읽기

다른 어떤 글에서 나는 열여덟 살 때 내린 치기 어린 결정에 관해 말한 적이 있다.[1] 독실한 성공회 신자였던 옥스퍼드 대학의 교목에게, 신앙에 도움이 될 것 같지 않아 신학을 공부하고 싶지 않다고 말했던 것이다. 왜 그런 무례하고 형편없는 말을 했을까? 그 기억을 떠올릴 때마다, 나는 얼굴이 화끈거린다. 입안의 오물은 마음의 오물과 다투기 마련이듯이 당시 내 마음의 오물은 반쪽짜리 진리였다. 그리고 내가 그것을 진리 전체로 받아들이고 있었다 하더라도 거짓으로 작용하고 있었다(반쪽 진리는 늘 그런 일을 한다). 나는 성경에 자체적인 해석(진리) 원칙이 들어 있고, 성경을 감동하신 성령이 그 의미(역시 진리)를 알 수 있도록 겸손한 마음을 조명해 주시기 때문에 그저 기도하고 성경을 읽기만 하면, 성경의 모든 비밀이 그 모습을 드러내리라고 생각했다.

하지만 이것은 지나치게 단순한 생각이다. 성경의 비밀 중 일부는 분명히 그런 식으로 더 명백해질 수도 있다. 과거와 현재의 많은 성경 독자들은 한 구절이 다른 구절을 설명해 줄 때까지 본문을 깊이 묵상한 후 얻은 귀중한 교훈에 대해 증거할 수 있을 것이다. 하지만 모든 교훈 또는 알아야 할 모든 것에 대해 그렇다는 말인가? 그렇지 않다! 나는 교회의 지속적인 신학하는 삶과 신학 자체로부터 도움을 받을 필요가 있다. 그렇지 않을 경우 나는 결정적인 순간에 본문을 올바로 이해하지 못할 것이다. 내가 열여덟 살 때 파악하지 못한 것은 하나님은 자신이 성경에서 가르치시는 바를 독자적인 연구가 아니라 교회의 친교 중에 이뤄지는 지적인 의견교환을 통하여 배우도록 의도하신다는 사실이었다. 여기에는 설교, 독서, 논쟁, 토론 등이 포함된다. 그것은 제자훈련 과정의 기본 요소인 마음의 양육, 다른 말로, 신학을 의미한다.

그 시절 나는 교회의 신학 하는 삶을 지하 저장고에서 성직자가 검은 고양이를 쫓는 일처럼 생각했다(왜 그들은 성경을 있는 그대로 믿지 않고 그렇게 수없이 의문을 제기하는 걸까). 그리고 나는 신학을 곧 무너질 듯한 결함 있는 인간의 산물, 지적인 세속성과 교만의 열매, 영적 이해에 이르는 길을 방해할 뿐인 복잡한 문제들의 총체로 생각했다. 그런 생각은 바보 같지만(나는 살면서 어리석은 생각에 빠진 적이 적지 않다), 교회, 선교단체, 성경 대학, 신학교를 관찰한 결과, 많은 그리스도인들이 여전히 그런 잘못된 개념에 사로잡혀 있음을 확신하게 된다. 성경 연구에 도움이 되는 신학에 대한 나의 대담한 편견, 즉 최고의 성경 공부가 신학 없이도 이뤄질 수 있다는 잘못된 신념은, (예를 들어) 분명히 오늘날 일상적으로 사용되는 귀납적 성경 연구로 알려진 방법의 기저를 이루는 것처럼 보인다. 그것은 바로 한 세대 전에 자신을 신학자와 구별되는 성경 교사라고 칭한 사람들의 사역에도 해당된다.

이 글에서 나는 한편으로는 신학적 기초가 결여된 성경 연구가 얼마나 불안정하고, 비교회적이며, 사실상 비-기독교적인 것인지를 증명할 것이다. 또한 다른 한편으로는, 어떻게 신학이 성경 읽기의 교리, 윤리, 신앙, 변증을 입체적으로 조명해 주는지를 증명할 것이다. 그리고 그렇게 함으로써, 신학에 대한 잘못된 오해를 풀도록 노력할 것이다. 무리한 요구라 생각하는가? 어떻게 될지 지켜보자. 우선 두 가지 기본 질문과 함께 시작하고자 한다.

신학이란 무엇인가?

첫 번째로 다룰 질문은 “신학이란 무엇인가”다. 신학(하나님에 관한 생각과 말)은 사실의 문제를 다루는 지식 분야, 즉 학문이다. 신학의 주제는 창조주 하나님, 살아 계신 주님이다. 그분은 자신이 아닌 모든 것을 포함하신다. 거기에는 우리 자신이 포함될 뿐 아니라 사실 강조된다. 성경이 인간을 통치하시고, 판단하시며, 구원하시는 하나님에 초점을 맞추고 있기 때문이다. 다른 모든 학문처럼 오늘날 신학은 역사를 통해 발전하고 연구를 통해 확립된 일련의 기술과 지속적으로 협력하는 일이다. “그 일을 유지하고, 그것에 지속적인 정체성을 부여하는 것이 무엇인가”라는 질문이 신학이 답변하고자 하는 질문이다. 물리학은 묻는다. 자연 세계의 시스템이 어떻게 작동하는가? 생물학은 묻는다. 다양한 생명 형태가 어떻게 작동하는가? 그리고 신학은 묻는다. 하나님은 어떻게 역사하시는가?

각 학문에는 자체의 질문에 답변하는 적절한 방법이 있다. 물리학과 생물학은 직접 보고, 관찰하고, 실험하고, 그 결과를 검토한다. 프랜시스 베이컨의 표현대로, 다른 조건과 환경하에서 어떤 일이 일어나는지를 발견하기 위해 “자연에게 질문을 던지는” 것이다. 그러나 신학은 성경이 삶 전반에 대해 스스로 말할 수 있도록 허용하면서 듣고 판단한다. 그런 후, 세상과 교회와 신학을 공부하는 학생이 이제까지 말하고 행동해 온 내용과 소통한다. 각 학문은 진리를 추구한다. 물리학과 생물학은 창조를 기술적으로 이용하고, 그런 후에 인간에게 유익하게 사용하기 위해, 창조에 관한 경험적 진리를 추구한다. 반면에 신학은 예배와 순종의 삶

가운데 창조주를 관계적으로 알기 위해 그분에 관해 계시된 진리를 추구한다. 그리고 그분의 영광을 위해, 그리고 그분을 섬기는 중에 우리의 생각과 방식을 바로잡고, 인도하기 위해 진리를 사용하는 것이다.

좀 더 가깝게 접근해 보자. 신학은 생각의 유기체다. 서로 자양분을 주고받는 학문(즉, 스로의 규칙과 자원을 지닌 과정들)의 복합체인 것이다. 신학에 속한 모든 것은 다른 것과 서로 연결된다. 따라서 신학에 속한 어느 것도 처음에는 충분히 이해되지 않는다. 그 연결을 탐구하는 과정에서 신학이 전제하고 적용하는 바를 확인했을 때, 비로소 적절하게 신학을 파악하게 된다. 절묘하고도 아름답게 저술된 제인 오스틴의 소설들은 최소한 네 번을 읽어야 한다고 누군가가 말한 적이 있다. 다시 말해, 네 번째 읽을 때 비로소 그 소설들을 제대로 감상할 수 있다. 신학적 진리를 연구하는 일도 마찬가지다.

신학은 때때로 내부의 연결고리로 엮어진 네트워크와 함께, 원 또는 올라가는 나선(더 나은 비유다)으로 묘사되어 왔다. 그것은 각 부분을 포함하는 전체를 둘러보기까지는, 어떤 특정 부분을 충분히 이해할 수 없음을 의미한다. 하지만 전체를 둘러본 후, 다시 그것을 볼 때, 그것을 전보다 조금이라도 더 잘 이해할 수 있게 된다. 돌아보는 것 또는 원을 한 바퀴 둘러보는 것은 신학이라는 유기체를 구성하는 모든 학문을 자리매김하는 것을 의미한다. 그 결과 각 학문의 주제와 작업가설이 연구의 출발점이었던 특정 인식과 어떻게 연관되는가를 볼 수 있게 된다.

신학이라는 유기체는 사각형처럼 분석되곤 했다. 우선 성경신학(본문 석의와 결과들의 통성)이 있다. 다음으로 윤리학을 포함하는 조직신학이 이어진다. 역사신학을 포함하는 교회사가 세 번째 분야가 되고, 영적 생활, 목회적 돌봄, 설교 및 예배를 포함하는 실천신학이 마지막이 된다. 그러나 이러한 고전적인 분류는 편안함을 느끼기에는 너무 밀도가 높다. 신학에 속하는 다음과 같은 열 가지 분야를 구분해 볼 때 이 사실이 더 분명하게 드러난다.

1. **석의** 석의는 기초적인 활동이다. 석의는 다음과 같은 질문에 대한 답을 추구한다. 기록된 성경 본문, 구절 또는 책 전체가 전달하고자 하는 것이 무엇인가? 성경 기자는 독자들에게 하나님과 하나님 아래 있는 인간에 관해 무엇을 말하고 있었는가? 기자 자신과 그 독자들은 어떤가? 주석이 인간적인 수준의 소통을 통해 어떤 구절이 무엇을 의미했는지를 밝힌 후 비로소 우리는 그 안에 내포된 하나님과 인간에 관한 보편적 진리를 분별하고 그 진리를 우리 자신의 상황에 적용하기를 바랄 수 있다. 그리고 그 결과 하나님이 우리에게 주신 그 말씀이 의미하는 바를 깨달을 수 있게 된다. 해석, 즉 하나님의 말씀인 성경의 의미를 현재의 독자에게 보여주는 과정은 석의에서 시작해 그 적용으로 완성된다.

2. **성경신학** 성경신학은 석의가 발견한 내용을 주제 및 역사적으로 합성하고, 조직하는 학문이다. 그것은 다음과 같은 질문에 대한 답을 추구한다. 이런저런 모든 것, 하나님, 선에 관해 성경 기자가 전달하고자 하는 전반적인 메시지가 무엇인가? 이런 문제들에 대한 성경 전체의 메시지는 무엇인가? 이 메시지는 어떤 단계를 거쳐서 계시되었는가? 각 기자가 메시지를 전달할 때, 전체 계시 중 어느 정도를 전제하고 있는가? 성경의 한 부분의 가르침이 또 다른 부분의 가르침과 갖는 상호관계에 대한 모든 질문이 성경신학에 포함된다. 그것은 통합적인 학문이다.

성경신학의 물을 흐리게 하는 학자들에게서 볼 수 있는 두 가지 현대적 유행을 여기서 언급할 필요가 있다. 첫째는 모든 교회와 신학자가 성경을 전체가 아니라, "정경 안의 정경"으로 이해하는 관점에서 신학에 접근해야 한다는 주장이다. 나는 이 주장에 대해 그들이 그렇게 하는 한 그것은 덕이라기보다는 약점이며, 성경신학에 더 많은 주의를 기울이는 것이 그 약점을 극복하는 데 도움이 될 것이라고 논평하는 것으로 충분하다고 생각한다. 둘째는 한 성경 기자의 신학이 다른 기자의 신학과 억지로 모순되게 만들고, 마치 그들이 서로 배타적이기나 한 것처럼, 동일한 진리를 다른 말로 표현하는 습관이다. 만일 누군가가 모든 성경이 궁극적으로 단일한 생각의 산물이라는 사실을 놓고 저울질한다고 가정해 보자. 그리고 누군가가 동일한 생각에 서로 상이한 언어적 옷을 입히는 것이 가능하리라 생각한다고 가정해 보자. 그리고 그 결과로 나타난 신학들이 양립할 수 없다는 증거를 초연하게 바라보게 된다고 가정해 보자. 아마도 그는 이러한 추세에 대해 회의적이 될 것이다. 그리고 그 결과 너무도 열심히 성경 안의 내적 불일치를 사냥하는 전문적인 성경신학자들이 그 비생산적인 게임에 곧 지치게 되기를 바라게 될 것이다. 신약의 신학적 일치, 나아가서 정경적 성경 전체가 신학적으로 일치한다는 사실은 성경의 가장 주목할 만한 사실 중 하나이며, 우리는 학자들이 그것을 다시 기뻐할 날이 오기를 갈망하게 된다.

3. **역사신학** 역사신학은 기독교 역사를 다루는 학문의 핵심에 자리 잡는다("교회사"라는 형식은 하나님의 세상에서 하나님의 말씀을 따라 사는 하나님 백성의 이야기를 다루기에는 사실상 너무 협소하다). 역사신학은 과거의 그리스도인들이 성경적 믿음의 이런저런 요소를 보고, 그 믿음 전체를 파악하고, 확인하고, 옹호한 방식을 탐구한다. 그들의 질문은 어떤 것이었는가? 그들의 답변은? 확실성은? 문제는? 그들은 어떤 도전을 직면하고 있었는가? 무엇이 의식적, 무의식적으로 그들의 생각에 영향을 미쳤는가? 신자들이 이런 문제에 관심을 두게 되는 것은 그들이 이전에 그리스도께 속했던 사람들에게 우호적이라는 이유만이 아니라, 과거의 업적으로부터 배우라는 지혜의 충고 때문이기도 하다. 현대의 물리학이나 생물학을 배우는 학생은 이 학문들을 다시 고안할 필요가 없다. 발전된 탐구 기술과 더불어, 과거에 견고하게 조사된 막대한 결론에 근거해, 적절한 시기에 자신의 실험작업을 시작할 것이기 때문이다. 그들의 유산이 효과를 나타내기 시작하는 것이다. 그것은 신학에도 적용된다. 이천 년에

걸친 교회의 논의를 거쳐 발견된 유산은 "전통"이라 일컬어진다. 전통은 무오하지 않으며, 때때로 그 근거가 되는 무오한 성경의 비평적인 교정을 필요로 한다. 그러나 그럼에도 불구하고, 전통은 다른 사람들을 인도하기 위해 성경을 자세히 설명하고 적용하려는 잘 탐구된 예비적 시도로서 영구적인 가치를 지닌다. 만일 전통이 제공하는 도움을 일축함으로써 그것을 무시하는 일은 어리석다. 성경의 자충족성을 확신한다고? 그래 좋다. 그럼에도 어리석다. 바로 우리 자신이 자충족적 존재가 아니기 때문이다. 역사신학은 우리를 이런 종류의 어리석음에서 구해 주기 위해 존재한다.

4. **조직신학** 조직신학은 석의, 성경신학, 역사신학이 발견한 사실들이 함께 모이는 분수령이 되는 학문이다. 조직신학은 이제껏 논의한 모든 것이 함께 종합되는 학문이다. 그리고 계속해서 언급될 모든 학문은 조직신학으로부터 도출되어야 한다. 성경 및 역사신학은 교회 내부와 외부의 당면한 관심사, 추정, 질문, 의심, 도전과 관련해 그 믿음의 일관성과 타당성을 입증할 수 있도록 오늘날의 믿음 전체를 주제별로 충분하게 진술하는 방식을 찾을 목적으로 자료를 제시한다. 조직신학은 바로 그 자료를 통해 생각한다. 어떤 이들은 그 학문이 교회의 정의된 믿음(교의)을 다룬다는 사실을 근거로, 그것을 교의학이라고 부르기를 선택해왔다. 하지만 그 학문의 범위와 형식에 관해 더 많은 것을 언급한다는 이유로 "조직"이라는 표현이 더 선호된다.

최소한 개념적으로, 조직신학은 개인과 교회의 믿음의 고백을 형성하는 동시에 하나님을 믿지 않는 세상 속에서 주님 앞에 사는 믿음의 삶을 형성한다. 그것은 취지상 믿음을 성경에 기초한 현대적인 언어로 표현한다. 조직신학은 적절히 통제될 때 성경 해석을 선포하고 적용하는 학문으로 나타날 것이다. 조직신학이 "조직"이라고 묘사될 자격이 있는 것은 사변적 시스템을 부과하기 때문이 아니라(그렇지 않다), 성경 자체가 각 책을 하나님 중심으로 고려된 일관성 있는 전체 중 일부로 제시하는 방식으로 성경적인 주제를 생각하기 때문이다. 훌륭한 조직신학은 언제나 그 자체가 하나님, 즉 삼위일체 창조주-구속자에 대한 증거, 그리고 성경에 기록된 하나님의 자기 계시 및 그분의 뜻에 대한 계시를 옮겨 놓은 것으로 제시된다.

물론 성경과 느슨하게 연결된 사변적 종교 체계를 때때로 조직신학)이라 칭하기도 하지만(폴 틸리히가 그 예다, 철학적으로는 정확할지 몰라도(하나님에 관한 어떠한 담론이든 신학이 된다), 그것은 기독교적인 용법은 아니다. 기독교적인 신학 개념은 언제나 성경적이며 사도적 전통에 기초한 그리스도를 제시하는 것이 핵심이었다. 그것을 시도조차 하지 않은 (틸리히 같은) 신학자의 신학은 조직신학이라는 표현 대신 체계적 종교철학이라고 하는 것이 나을 것이다.

위에서 지적했듯, 조직신학은 하나님에 관한 지식과 관련된 모든 자원을 모으고 통합하는 비축 학문이다. 이어지는 여섯 학문은 조직신학에서 도출된다. 그리고 조직신학과 상호작용하는 과정에서 발견한 사실들을 적용한다.

5. **변증학** 변증학은 현대의 불신과 이교 신앙, 어리둥절하고 최면에 빠진 상태를 직면하는 상황에서, 어떻게 기독교 신앙을 조직신학의 진술대로 권하고 변호해야 하는지에 대한 질문을 다룬다. 우리의 믿음을 사리에 맞는 것으로 합리화하고, 이해와 설득의 다리를 세우기 위해 사용할 수 있는 주장들은 어떤 것들인가? 변증학은 거의 조직신학의 한 분야라고 할 수 있으며, 사실 때때로 그렇게 가르친다.

6. **윤리학** 윤리학은 묻는다. 그리스도인의 행동과 성품의 이상과 기준은 무엇인가? 인간의 본성과 운명에 대한 비기독교적 관점에 근거한 (예를 들어 니체) 비판을 직면할 때 어떻게 그 이상과 기준이 옳고, 현명하고, 유익하고, 진실하다고 정당화할 수 있는가? 개인이나 공동체가 어떻

게 하는 것이 최선인가를 결정해야 하는 특정한 사례에 기독교적인 원칙을 어떻게 적용해야 하는가? 윤리학은 그 자료를 궁극적으로 성경에서 직접 도출한다. 하지만 조직신학이 제공하는 하나님과 인간에 대한 설명에 근거해 간접적으로 그렇게 할 수 있다.

7. **선교학** 선교학은 하나님이 자신의 백성을 세상으로 보내사 섬기게 하시는 과업을 어떻게 이해하고 성취해야 하는지를 연구하는 비교적 새로운 학문이다. 문화 인류학과 사회학은 세상에 관한 필수적인 지식을 선교학에 제공한다. 반면, 조직신학은 하나님이 보시는 인간의 필요와 그 필요를 채우시는 그분의 전략에 관한 필수적인 지식을 선교학에 제공한다.

8. **영성** 도덕, 경건 또는 금욕신학으로 알려진 영성은 하나님과 교제하는 삶을 탐구한다. 최근까지 영성은 윤리학에 포함되었다. 영성은 하나님을 알고, 그분께 삶을 개방하며, 그분과 동행하고, 그분의 손으로부터 임하는 좋은 것과 나쁜 것 (욥기 2:10의 "복을 받았은즉 화도 받지 아니하겠느냐"라는 면에서) 모두를 받아들이고, 은혜 가운데 그분의 양육을 받는 것을 다루는 성경 구절에서 자료를 끌어낸다. 그뿐 아니라 영성은 하나님과 인간, 구속에 관한 내용을 요약한 신학 교리에서도 자료를 끌어낸다.

9. **예전** 예전은 경외심을 표현하는 예배를 의미하며, 예전 연구는 지상의 백성이 가장 진실한 예배를 하나님께 드리는 방법을 분별하기를 추구한다. 예배는 본질적으로 겸손히 하나님의 선물을 받고, 그분의 관대하심이 요구하는 감사에 넘친 사랑을 표현하는 것이다. 모든 예배 형식과 절차들은 당연히 조직신학이 제공하는 피조 세계에 나타난 하나님의 선하심, 섭리와 은혜에 대한 지식에 근거해 형성되어야 한다.

10. **실천신학** 실천신학은 넓은 범위의 적용 학문을 포괄하는 용어다. 실천신학이 제기하는 질문은 하나님의 일을 어떻게 행하며, 특정한 목회적, 전도적, 교회적, 행정적 역할 및 상황에서 어떻게 그분의 이름에 영

광을 돌릴 것인가이다. 이러한 특정 분야들은 하나님, 인간, 구원, 하나님의 나라가 현대 세계와 그 안에 사는 사람들에 관한 세속적 자료와 결합되는 접점 학문이다. 여기서 조직신학은 소매상과 감시인으로 작동한다. 우선 조직신학은 성경적 진리들을 공급하고 보호하는 역할을 한다. 그리고 조직신학은 그 진리들이 그 원칙에 비추어 인간의 개념을 상대화하는 절대가치로 남아 있을 수 있도록 보장한다.

신학은 그리스도인들이 성경을 진지하게 취급하지 못하게 방해하는 엘리트주의라는 오해와 편견은 여간해서 사라지지 않지만, 이어지는 분석을 통해 어느 정도 해소되기를 바란다.

신학에 대한 편견

나의 두 번째 질문은 첫 번째 질문에서 나온다. 내가 어린 시절 편견에 사로잡혀 목소리를 높였던 것처럼, 신학이 믿음과 성경 연구에 방해가 되지 않는다면, 수많은 신자가 여전히 그런 신학 무용론을 주장하는 이유는 무엇인가? 그것은 금세기 초반의 공적인 신학 모델링에서 왔다.

실제 일어난 일은 이렇다. 계몽주의의 이신론과 낭만주의 운동의 범신론이 초래한 반초자연주의적 합리주의가 진화론과 결합되었다. 그 결과 중생과 죄인의 회심뿐 아니라 삼위일체, 성육신, 속죄, 예수의 기적, 동정녀 탄생, 몸의 부활, 승천 및 미래의 재림 같은 기본적인 성경에 대한 믿음과 기독교 신조를 실질적으로 부인하는 신학이 전문 신학자들 사이에 등장한 것이다. 개신교 안에서도 일시적으로 확고한 지위를 얻게 된 이러한 자유적, 진보적 견해는 서구문화에 관해 무비판적이거나 낙관적이었다. 하지만 그러한 관점은 성경을 있는 그대로 믿고 받아들이는 신앙을 경멸하고, 개인의 회심이 개입할 여지가 없는 형태의 제자도 유형을 기술함으로써 '전통적' 신앙을 효과적으로 약화시켰다.

소위 자유주의 진영은 이처럼 전혀 '자유주의적이지 않은' 제국주의를 신학의 필수 조건으로 선언하기에 이르렀다. 그리고 그것에 대항하는 사람들을 절망적으로 구식인 데다가, 신학적으로 무지한 반계몽주의자라는 낙인을 찍어 무자비하게 비난했다. 따라서, 역사적인 기독교 수호자들의 사고 안에 형성된 신학에 대한 관념은 치명적이고, 비뚤어지고, 이념적으로 편향된 트로이의 목마처럼 인식되었다. 사탄에게 속은 사람들이 교회를 무너뜨리기 위해 신학을 교회 안으로 가지고 들어왔다는 것이다. 신학에 대한 이런 잘못된 관점을 고려하면 그러한 결론은 별로 새삼스럽지 않다. 사람들은 당연히 신학자라 자처하는 사람들의 활동들을 관찰하는 과정에서 신학에 대한 개념을 갖게 되었다. 그 결과 형편없고, 현실에 안주하며, 반성경적이고, 문화적으로 종속된 신학이 꾸준히 유입되는 과정에서 원래의 신학은 오명을 씻기 어려운 처지가 되었다.

금세기 초반은 모든 관점에서 볼 때 복음주의 기독교에 지적으로 불리한 시기였다. 성경 비평 방법론 및 그 결론에 대한 복음주의의 저항은 아무리 박식하게 잘 논증한다고 하더라도, 그 지적인 자격을 말살하는 것으로 이해되었다. "고등 비평으로 확증된 결과"(사용된 위선적인 문구)에 근거한 "비평적 정통주의"는 영어권 세계 전역에서 복음주의 교단과 기관들의 지도부와 씨름했다. 교회들의 사고 활동에 있어서 방어적이고, 소외된 복음주의자들이 궁지에 몰리게 되었다.

북미에서는 근본주의자 연합이 깊이와 무게가 결여된 문제를 격렬함으로 보충하려고 애쓰면서 자유주의 설립에 대항해 투쟁했다. 영국에서는 문제가 주로 각 개인에 대한 것이었다. 영국 참전 용사 존 웬함은 이렇게 기록했다.

그 시절 대학교에서 복음주의자들에게 주는 일반적인 조언은 이런 것이었다. "무엇을 하든 간에, 신학은 공부하지 말라." 나는 훨씬 더 고통스러운 경험을 통해, 이런 방식이 미래가 없음을 볼 수 있었다. 형편없는 신학을 훌륭한 신학으로 맞서는 것은 필수적인 일이었다. 그래서 3학년이 되었을 때, 나는 오랜 궁리 끝에 케임브리지 신학교의 우등졸업 시험 1부를 보기로 했다. 그 당시 나는 종교 및 신학 학생회(현재 UCCF의 신학생 펠로우십의 전신)의 서기가 되었다. 그리고 1937년에는 최초의 콘퍼런스를 조직하려고 시도했다. 복음주의 학문은 그처럼 부진했으며, 우리를 위해 성경을 변호해 줄 단 사람의 선배 학자도 찾을 수 없었다.[2]

하지만 F. F. 브루스, 마틴 로이드 존스, 존 스토트, 프랜시스 쉐퍼, 빌리 그레이엄 같은 신학자, 목회자, 영적 지도자들과 영국의 틴데일 펠로우십 그리고 초기 미국 풀러 신학교 같은 기관들의 영향은 2차 세계대전에 이어진 일종의 신학적 부흥에 힘입어 그 상황을 반전시켰다.[3] 이 부흥을 지원한 다른 지도자들과 중요한 구조 중에는 자신들이 성장한 배경이 되는 관점을 의도적으로 부지런히 비판한 라인홀드 니버와 칼 바르트 같은 신학자들도 포함된다. 오늘날 전 세계의 복음주의자들은 이런 면에서, 능력 있는 신학자들로 이뤄진 지지기반을 통해 유지되고 있다. 그 기반은 반세기 전 존재한 다른 어떤 것보다도 측량할 수 없을 정도로 더 강하다.

따라서 복음주의에서 학문으로서 신학을 불신하고, 신학과 성경 공부를 분리하려는 시도를 발견하는 것은 새삼스러운 일이 아니다. 한 번 제기된 의심은 쉽게 사라지지 않는다. 신학자들의 국제적인 학문 네트워크는 여전히 자유주의 잔당에 의해 관리되고 있으며, 현재 변화하는 상대주의 안에서 교착상태에 빠져 있다. 그것은 탄탄한 성경적 방식 안에서 계시와 타락한 인간의 영적 무지를 믿는 데 계속 실패하고 있음을 보여준다.

분명한 사실은, 신학의 복구 운동이 아직 그 작업을 끝내지 못했다는 것이다. 그리고 그것이 사실인 한, 열정적인 그리스도인들이 신학을 과소평가하고 혐오하는 시험에 빠질 위험이 여전히 심각하다는 것이다. 아마도 최선의 방지책은 G. K. 체스터턴, C. S. 루이스, 찰스 윌리엄스, T. S. 엘리엇, 도로시 세이즈, 토머스 하워드, 피터 크리프트 같은 로마 가톨릭과 성공회 평신도들이 제공하는 보수적이고 준 전문적이며, 삶 중심적이고 마음을 움직이는 신학 모델에 초점을 맞추는 것이다(비슷한 수준의 보수주의자들을 리스트에 올리고 싶지만 그렇게 할 수 없는 것이 현실이다). 이 저술가들이 제공하는 종류의 신학은 하나님을 섬기는 데 헌신되고 그분의 명예와 영광에 열심인, 성령이 내주하시는 거듭난 그리스도인의 마음에 자리 잡은 반신학적 편견을 신속하게 사라지게 할 것이다.

신학과 성경 읽기를 연결하라

이제까지 다룬 내용은 이 글이 직접 다루는 질문에 대답하는 기초를 놓아준다. 신학과 성경 읽기가 어떻게 연관되는가? 이제 그 질문에 답할 준비가 되었다. 나는 이 글의 남은 부분을 그 질문에 대한 두 가지 답변에 할애할 것이다. 첫째, 적절한 이해가 따르는 신학 활동은 당연히 성경 읽기와 연결되고, 적절한 이해가 따르는 성경 읽기도 마땅히 신학과 연결된다. 둘째로, 보고와 자원으로서의 신학은 개개의 신자, 함께 배우는 학습그룹, 회중, 더 폭넓은 교회의 성경 읽기에 많은 도움을 줄 수 있다.

그렇다면 첫 번째 요점을 살펴보자. 하나님에 관해 말하는 사람은 어떤 의미에서 모두 신학자다. 따라서 문제는 신학자가 될 것인지 아닌지가 아니라, 선악 간에 어떤 신학자가 될 것인지의 문제임이 이미 명백해졌다. 다시 말해, 문제는 성경이 말하는 내용에 비추어 신학화(하나님에 관해 진술하는 것)할 것인가, 아니면 우리가 원하는 내용에 비추어 그렇게 할 것인가의 문제다.

좋은 신학자가 되기 위해서는 하나님의 권위로 조직된 성경의 권위에 머리를 숙여야 한다. 그것은 다음과 같은 네 가지를 시행하기 위해 배우고 수고하는 것을 의미한다. 성경의 의미를 파악하고, 그 교훈을 왕좌에 앉히고, 그 지혜를 적용하고, 그 진리를 공유하는 것이 그것이다. 이 네 가지를 시행한 결과가 성경 읽기가 인도해 줄, 정확하게 4중적인 결과다. 그렇다면, 신학과 성경 읽기는 본질적으로 동일한 것을 언급하는 두 이름인가? 인간적, 존재론적, 종교적 관점에서 그렇다. 신학과 성경 읽기는 하나다.

이 문제를 더 충분히 설명해 보자. 신학은 신학—칼뱅, 아우구스티누스, 웨슬리, 바르트, 여러분과 나의 신학—의 출처가 되는 사고 활동(신학화)이다. 신학의 목표는 진리, 즉 우리가 소유한 하나님에 관한 모든 진리를 알고, 그것을 진술하는 것이다. 그 진리는 예수 그리스도의 인격과 위치가 중심이 되는 하나님의 역사와 뜻 그리고 방식에 대한 완전한 성경 계시를 포괄한다. 그리고 그 완전한 성경 계시에는 하나님과의 교제, 하나님에 대한 예배, 순종, 그분을 영화롭게 하고 기쁘시게 하는 것이 포함된다. 그리고 그것은 사실상 공동체로서 하나님의 백성과 개별 신자들을 포함한다.

따라서 활동으로서의 신학은 네 가지 연관 과제를 포함한다. 첫 번째 과제는 하나님이 만물과 만인에 대한 주권을 행사해 오셨고, 행사하고 계시며, 행사하시리라고 언급된 모든 일에 주목하는 수용적인 과제다.(이것이 성경의 메시지를 파악한다는 의미다).

두 번째는 역사적인 기독교적 입장과 제안을 성경의 증거에 연관시키는 비평적인 과제다. 그것은 성경을 이해하는 면에서 해석적인 도움을 주고, 성경이 이러한 입장과 제안이 교정될 필요성을 보여줄 수 있게 하는 것이다.(이것이 성경의 교훈을 왕좌에 앉히는 것이 의미하는 바다.)

세 번째는 하나님의 계시로부터 현대의 삶을 위한 실제적 지침이 되는 가치, 계획 및 명령을 추출하여, 하나님에 관해 계시된 진리를 세속 철학과 과학이 그 진리에 관해 말하는 바에 연관시키는 적용적인 과제다. 우리는 후자의 작업이 비평적 교차 질문("성경은 실제로 이것을 가르치는가"—즉 홀 린제이의 종말에 대한 견해—경험적 자료가 실제로 그것을 보증하는가?—즉 인간 이성의 진화론적 기원); 우리는 또한 제안된 어떤 상관관계도 성경 및 철학-과학적 추론보다 더 견고할 수 없다는 사실을 주목해야 한다(이것이 성경적 지혜를 적용하는 의미다).

네 번째는 개인을 교화하고, 불신자를 교육하며, 왜곡된 개념을 교정하고, 적그리스도적 주장을 논박하기 위해 배운 바를 진술하는 방식을 발견하는 소통적 과제다(이것이 성경의 진리를 공유하는 것의 의미다). 좋은 신학은 이 네 가지 과제를 동시적으로 실행하기 때문에 좋은 성경 읽기인 것이다.

따라서 앞서 언급한 머리가 열 개나 되는 괴물이라 불리는 신학은 성경 읽기 그 이상도 그 이하도 아닌 것으로 나타난다. 신학의 세부 조항(특수화된 어휘 등의 분석기술)은 책임 있는 성경 공부의 부속물이며, 성경의 진정하고 충만한 의미를 포함하지 못하게 하는 장애물이 아니라 그렇게 하도록 돕는 자료로 간주되어야 한다. 그 관계는 흔히 말하듯, 상호적이고, 서로를 돌보며, 동일시하는 관계다.

성경 읽기는 신학을 낳고, 신학은 성경 읽기를 활성화하며, 각자의 좋은 표본은 다른 한편의 좋은 표본이 된다. 실제로 그 둘은 하나다.

진리의 보고

신학을 살펴보는 또 다른 방법은 우리가 탐구해 온 기능적인 내용을 보충한다. 이것은 신학을 여러 세기에 걸쳐 성경에서 발견되고, 일관성을 위해서 분석되고, 회의주의에 대항해서 정당성이 입증되고, 대체적인 이해에 대항하여 성공적으로 옹호된 모든 진리와 지혜의 보고(더 나은 표현으로 보고 자체)로 보는 방법이다.

"정통"(바른 견해)은 이 자료에 붙여진 표준적 명칭이다. 어떤 믿음을 "정통"이라고 부르는 것은 이러한 자료가 위에서 언급한 시험들을 역사적으로 모두 통과한 그 실적을 통해서 현재의 교회와 세상에 전적으로 신빙성 있는 자격과 더불어 제시된다고 말하는 것이다. 정통은 "교리", 즉 교회가 고백하고 가르치는(독트리나[*doctrina*]는 "가르침"을 의미하는 라틴어다) 신학적 믿음이다. 교회가 사도 시대부터 일관성 있게 유지해온 믿음의 보편적인 핵심이 존재한다: 그것은 신인 중보자 예수 그리스도를 통한 구속자이신 창조주에 대한 믿음이다. 그리고 그것은 (저작권이 아니라) 내용 때문에 사도신경이라고 일컬어지는 2세기의 교리문답 형식에 대표적으로 진술되어 있다.[4]

이 신경적 정통의 주요 요점들은 다음과 같다. 삼위일체(하나님의 존재 내의 성부, 성자, 성령의 구별되심), 성육신(예수이신 하나님의 아들의 동정녀에게서 나신 실제적인 인성과 실제적인 죽으심, 부활하심, 승천하심, 현재 하늘에서 다스리심과 미래의 공적인 재림) 인격적인 성령께서 행하신 구원(죄의 용서, 교회라고 부르는 초자연적인 교제 내의 초자연적인 삶, 몸의 부활 가능성, 죽음 이후 하나님과 함께하는 끝없는 영광). 정통신학은 이러한 것들을 끊임없이 생각하고 전하는 데 관한 문제다.

알리스터 맥그래스는 이렇게 기록한다.

"교리는 네 가지 주요한 목적을 위해 봉사한다. 교리는 (1) 사물이 존재하는 방식에 관한 진리를 표현하고 (2) 하나님의 자기 계시에 대응하며 (3) 인간의 경험을 다루고, 해석하고, 변화시키고 (4)그리스도인, 즉 개인과 공동체에게 정체성과 목적의식을 제공한다."[5]

신학 교과서들은 수백 년간 정기적 논의를 통해, 다른 어떤 것보다 더 논리적임이 입증된 주제들을 순서대로 다룬다. 그 주제들은 신학을 일곱 부분으로 배치한다. (1) 하나님의 말씀과 영을 통해 하나님을 아는 것(때때로 뒤이어 이어질 내용과 연관하여 신학서론)으로 일컬어지는 연구, (2) 삼위일체이시며, 주권적이시며, 의로우시고, 사랑이 넘치는 창조주 하나님, (3) 피조되고, 타락하고 길을 잃어버린 인류, (4) 낮아지셨다가 높임을 받으신, 주님, 구세주, 우리의 선지자, 제사장, 왕, 신인(God-man)이신 예수 그리스도, (5) 성령을 통한 구원과 그리스도 안의 새 삶, (6) 교제와 제도로서의 교회, (7) 하나님과 우리의 미래(그리스도의 죽음과 부활, 심판, 천국과 지옥). 이러한 구조 안에 개신교, 로마 가톨릭, 동방정교 간의 역사적 차이점들이 자리 잡고 있다. 이 세 종류의 기독교가 그 고전적 형태에 있어, 그들을 분리하는 차이보다 훨씬 더 많은 것들을 공유하고 있음을 깨닫는 것은 중요하다. 물론 일부 차이점들이 무척 심각한 것은 사실이다. 하지만 세 교파 모두 이 구조에 속한다. 반면 유대인들과 이슬람교도들, 그리고 (예를 들어) 뉴에이지 추종자들은 그렇지 않다.

그렇다면 기독교적인 신학 활동(신학함)은 본질적으로, 이러한 제목으로 정리된 신학의 보고에 속한 것들을 대상으로 작업하는 것이다. 위에서 설명했듯이 신학으로부터 얻은 지혜라고 주장할 수 있는 변증학, 윤리, 영적 생활, 예배, 선교, 목회 사역 분야도 그 작업에 포함된다. 신학을 공부한다는 것은 선택, 분석, 평가, 그리고 섬기는 과업에 개입하고, 필요한 영역에서 이러한 정통 유산을 개선해 삶에 적용하는 것이다.

하지만 평범한 그리스도인들이 보통 "교회 교리"라 일컬어지는 이런 차원에서 신학에 관심을 가져야 할 이유가 무엇인가? 분명히, 우리는 성경 자체로부터 믿음과 도덕을 취해야 한다. 기독교 정통의 유산에 관해 공부하는 것이 그렇게 하는 데 도움을 줄 수 있을까? 신학은 실제로 성경 읽기의 질을 높여줄 수 있을까? 나는 열여덟 살 때는 그렇게 생각하지 않았지만 반세기가 지난 지금은 집 꼭대기에 올라가서 최대한 목소리를 높여 힘을 다해, "그렇게 할 수 있고말고!"라고 외치고 싶다. 이제 신학을 통해 도움을 얻을 수 있는 방식들을 살펴보자.

1. **신학은 성경에 접근하는 법을 보여준다.** 모든 형태의 언어적 소통이 우리에게 좌절감을 안겨준다는 사실이 다음과 같은 중세의 경구에 진술되어 있다. *Recipitur ad modum recipients.* 즉 "받아들이는 자의 능력만큼 받아들인다." 이것이 의미하는 한 가지 사실은 우리가 자신의 사전 관심, 선입관, 감정적 개입 또는 장애들에 의해 생성된 기준이나 필터를 통해 다른 사람들의 말을 읽거나 듣는다는 것이다. 자주 우리는 지면이나 귀를 통해 (이해하거나, 인식하거나, 공감한다는 의미에서) 전달되는 말을 듣지 않는다. 그 대신 우리는 직접 말을 한 사람들이 염두에 둔 것과 무관한 다른 의미를 그들의 말에 부여함으로써, 우리가 듣고 싶거나 듣기 두려워하는 것을 듣게 된다.

최근 유행하는 문학비평, 해체주의는 문학비평이 멋지고 훌륭할 뿐 아니라 타당한 것이라고 장담한다. 하지만 일반적인 저술가와 나처럼 교훈적인 글을 쓰는 기독교 저술가는 그런 주장에 동의할 수 없다. 그렇게 할 수 없는 이유가 무엇일까? 우리는 우리가 참되다고 생각하기 때문에 사람들이 받아들였으면 하는 우리 자신의 의미를 표현하기 때문이다. 따라서, 그것은 (그렇게 함으로써 자신의 주장을 진지하게 취급하지 않음을 보여주는) 해체주의의 대제사장들에도 해당된다. 그리고 그것은 성경 기자들에게도 거의 확실하게 적용된다. 만일 그들이 오늘날의 뉴에이지 신봉자, 세속주의자, 정치가, 무책임한 성직자와 어리석은 평신도가 의미를 이해하지 못한 채로 어떻게 자기들의 어법을 채용하고 있는지를 안다면, 아마도 그들은 자기 무덤 안으로 들어가고 싶어질 것이다. 성경은 뒤죽박죽인 서구문화의 일부이며 그런 현실이 대부분 지속되고 있기에 성경을 읽는 “올바른” 방법이 있는가 하는 질문은 심지어 교회 안에서조차 시간이 지날수록 점점 더 문제가 된다.

그러나 신학은 우리를 여기서 구조해 준다. 신학은 성경을 읽을 때 다음과 같은 접근법을 시도하도록 초대한다. 그것은 (1) 다양한 기자들을 일관성 있게 예수 그리스도와 통합하는 동시에 성경의 특성에 관해 언급하고 (2) 성경 기자들이 하나님과 경건에 관해 언급하는 모든 것과 조화를 이루며 (3) 처음부터 기독교회가 본질적으로 따라온 접근법이다.

성경의 모든 책은 역사와 경험에 나타나는 신적 계시의 실체에 어떤 식이든 대응하는 믿음의 책들이다. 이 책들은 하나님 자신이 교회 전체와 온 세상을 다루는 자신의 메시지를 이 책들을 사용하심을 통해 모든 독자와 청자에게 전달하신다는 의미에서 계시가 된다. 따라서 성경은 하나님이 말씀하시고, 설교하시고, 가르치시는 것이다. 즉 성경은 하나님이 자신의 세상 가운데 은혜로운 언약의 목적을 실행하시는 역사를 족장들, 선지자들, 제사장들, 왕들, 그리고 결정적으로 예수 그리스도를 통해 들려주신다. 하나님은 그분의 종들의 기록된 삶, 사고, 경험을 통해서, 예수님 제자로서 우리가 배우도록 부름을 받은 소망, 사랑, 회개, 인내, 예배, 친교와 선행의 길을 보여주시는 본보기가 되신다.

메시지의 일부 세부 사항들은 역사적 배경이 적절히 채워지지 않거나 성경 시대와 우리 시대 사이의 문화적 차이를 적절히 주목하지 않을 때 오해할 가능성이 있다. 그러나 매우 중요한 사실은 하나님과 인간이 변하지 않는다는 것이다. 한편으로는 인간의 죄, 다른 한편으로는 신적인 은혜, 자비 및 공급이 동일하게 유지된다. 그리고 예수 그리스도가 자신의 백성을 죄에서 구원하시고 하나님의 교회를 세우신다는 핵심 선언은 영원하다(하나님께 감사드린다). 이러한 방향성, 즉 상세한 석의가 모든 측면에서 일관성 있게 성경을 확증해 준다는 방향성을 성경에 투영함으로써, 신학은 우리가 본문 자체를 통해 여행함에 따라 보게 되는 것을 볼 수 있게 해주는 접근법, 시각, 관점을 제공한다. 이것은 우리를 다음 요점으로 인도해준다.

2. **신학은 성경의 모든 내용을 다루는 여행을 시작하게 해준다.** 성경은 방대하다. 내가 아는 모든 성경 역본은 천 페이지가 넘는다. 성경은 또한 온갖 종류의 문서가 합쳐져서 하나가 되었다. 성경은 66권으로 이뤄진 전집이다. 그리고 그 목록이 말해주듯 그중 일부는 천 년이 넘는 기간에 걸쳐 합쳐진 산문과 시가, 내러티브 역사, 유명인의 전기, 교훈적 신학, 설교, 찬송, 서신, 통계, 율법, 예전적 형식, 연가, 현재와 미래에 대한 선지자적 예측에 대한 철학적 숙고 등을 포함한다. 그런 면을 고려할 때, 성경을 읽는 것은 마치 초목이 우거진 숲에서 볼 것이 너무 많아 기쁜 나머지 여기저기 둘러보며 정신없이 돌아다니다가 방향감각을 잃고 방황하는 것 같은 결과를 초래하기 쉽다.

그러나 여기서 다시 한번 신학이 우리에게 구조의 손길을 내민다. 신학은 성경적 메시지의 중요한 핵심을 구성하는 내용을 오랜 세월에 걸쳐 유효성이 입증된 요약된 진술을 통해 제공하기 때문이다. 그리스도가 성경의 중심이라는 사실은 기독교의 자명한 진술이다. 하지만 설명이 필요하다. 신학의 과제 중 하나가 바로 그러한 과제를 역사적으로 수행해왔다. 우리는 이미 사도신경이 어떻게 이 과업을 수행하는지를 주목해왔다. 사도신경은 그리스도의 구원 사역과 그분의 구원에 대해 다른 어떤 것보다 더 많은 생각의 여지와 세부 사항을 제공해준다.

사도신경을 소개할 때 나는 그것을 세례, 즉 성인 회심자들을 교육하는 본문이라고 부른다. 알리스터 맥그래스는 이렇게 표현한다.

> 사도신경은 세례 시에 회심자들이 믿음을 천명하고 고백하는 초기 교회의 관습에 뿌리를 둔다. 초기 교회는 회심자의 세례가 중요하다는 사실을 크게 강조했다. (재의 수요일부터 부활절에 이르는) 사순절 기간 동안, 최근에 믿음에 이르게 된 사람을 위한 교육이 제공되었다.… 그들은 신앙의 기초를 완전히 익힌 후 이해한 믿음을 공적으로 증거하기 위해…사도신경을 암송했을 것이다. 그런 후 이 회심자는 교회가 구세주의 부활을 기념한 부활절에 큰 의식으로 치러진 세례를 기쁨으로 받았을 것이다. 이런 식으로, 신자가 세례를 받는 의미를 충분히 이해할 수 있었다. 세례받은 사람은 죽음에서 생명으로 옮겨진 것이었다(롬 6:3-10). 세례 행사의 핵심은 각 후보자가 공적으로 믿음을 선언하는 것이었다.[6]

오늘날 많은 교회가 사도신경을 주일 정기예배 중에 암송한다. 그렇게 하는 근거는 회중 내의 이단이 두려워서가 아니다. 그것은 하나님을 향한 찬미와 충성의 일부라는 개념으로, 세례와 그리스도인의 정체성을 확인하고, 우리를 위해 죽으시도록 그리스도를 주신 성부의 선물, 생명과 소망을 주시는 그리스도의 선물, 구원을 붙들도록 믿음을 주시는 성령의 선물에 새롭게 초점을 맞추기 위함이다. 우리는 감사하는 마음으로 이제 우리의 소유가 된 영원한 행복으로 가는 길을 표시해 주는 신념들을 한 번 더 언급하는 것이다.

맥그래스는 계속해서 이렇게 말한다.

> 신경은 개별적인 기독교 교리와 씨름하고, 그 중요성을 심사숙고할 뛰

어난 기회를 제공해준다. 특별히, 다음과 같은 질문들을 제기하는 것이 유익하다. (1) 그 교리가 어떤 성경 구절을 통합하고 있는가? (2) 그 교리가 하나님, 예수 그리스도, 우리 자신에 관해서 무엇을 말하고 있는가? (3) 어떻게 그 교리를 그리스도인의 생활에 적용할 수 있는가? (4)이 교리에 대한 믿음이 어떻게 비그리스도인으로부터 우리를 구별해 주는가? 따라서 신경의 이 교리들과 씨름하는 것은, 기독교 신앙에 대한 이해를 심화시켜주고, 그 다양한 측면이 어떻게 연관되는지를 알 수 있게 해주는 탁월한 방법인 것이다.[7]

정확한 사실이다! 이 소논문의 언어로 그 요점을 진술해 보자. 형식화된 교리(이 경우, 사도신경에 포함된 교리 문답적 교리)는 수동적·부수적인 의미에서의 신학이라 할 수 있다. 그것은 기독교의 기본에 대한 우리의 이해를 강화해 줄 하나님에 관한 질문들을 다루는 능동적이고 기본적인 의미에서 신학을 실천하도록 고무해 준다. 성경적 신앙에 본질적인 것이 무엇인지를 밝혀주고, 추후의 사고와 연구를 위한 가장 합리적인 출발점에 우리가 자리 잡을 수 있게 해줌으로써, 신학은 하나가 된다.

교리문답(*catechism*)은 사람들이 이해를 바탕으로 신경을 암송할 수 있는 지점까지 인도해주는 서론적인 설명서를 표현하는 포괄적인 기독교 용어다. 이 말은 카테큐멘 "문답자"(*catechumen*, 설명을 듣는 사람)와 카테큐마나테(*catechumenate*, 설명을 제공하는 설정)와 더불어 "듣는다"라는 의미를 가진 헬라어에서 파생되었다. 그것이 문답하다(*catechise*)라는 동사의 본질적 의미다. 비록 지난 5세기 동안 통상적으로 사용된 질문과 답변을 통한 그러한 교육방식은 이후 질문을 통해 신자를 훈련한다는 의미에서 오늘날 "문답하다"라는 단어에 새로운 중요성이 부여되었지만 말이다. 하지만 교육자료를 문답 형식으로 만들고 교육과정에 문답서라는 명칭을 부여하게 된 것은 그 주제가 초심자에게 필요한 내용 전체에 초점을 맞춘 신학이 정의하는 기독교의 기본원칙이라는 사실에 근거한다.

4세기에 유명한 한 세트의 문답 강의가 예루살렘의 감독 시릴에 의해 나타나게 된다. 그 강의의 대상은 기독교 초심자였다. 칼뱅의 『기독교강요 초판』(1536)도 개신교 초심자를 대상으로 한 주머니 크기의 문답서였다. 이후의 판본은 부피가 커져 성직자와 성경 교육을 감당할 사역 후보생을 훈련하는 더 높은 차원의 문답서 역할을 할 수 있었다. 1559년에, 칼뱅은 이러한 목적을 서문에서 매우 분명히 진술한다.

> 이 소논문의 목적은 신학을 공부하는 사람이 하나님의 말씀을 읽을 수 있도록 준비시키고 가르쳐서, 하나님의 말씀에 쉽게 접근하고, 아무 장애 없이 그 말씀 안에서 살아갈 수 있게 하려는 것이다. 나는 이 책의 모든 부분에서 기독교의 개요를 개진하고, 순서대로 배열하였으므로, 누구든지 바르게 파악하기만 하면, 성경 연구의 기본 목적과 성경에 포함된 내용을 어떤 목표에 귀착시켜야 하는지를 결정짓는 데 어떠한 곤란도 당하지 않을 것으로 생각한다. 이제 이러한 방법이 준비되었으므로, 이후에 내가 무슨 성경 주석을 내놓게 되는 경우가 있더라도, 교리에 대하여 길게 논의할 필요가 없고, 일반적인 문제로 빗나갈 필요가 없을 것이므로, 언제나 문제들을 요약해서 다루게 될 것이다.…만일 필수적인 도구로서 본서가 주는 지식을 지니기만 하면, 이 방법은 경건한 독자들을 많은 난관과 지루함에서 벗어나게 할 것이다.[8]

이러한 진술에 대해, 많은 사람이 반사적으로 불편한 반응을 나타낼 수도 있을 것이다. 현대 복음주의자들은 본문의 자체적인 해석, 또는 본문이 말하는 내용을 방해하지 않도록, 선입견을 버리고, 가능한 한 자유롭고, 겸손하고, 수용적인 열린 마음으로 성경을 읽어야 한다는 말을 되풀이해서 들어왔다. 칼뱅은 사실상, 자신이 기독교강요에서 이미 언급한 내용 밖의 모든 것을 쓸어버리고, 다른 것을 찾기를 금하면서, 자신이 만든 구경거리를 통해서만 성경을 읽으라고 명하고 있는 것이 아닌가? 성경 독자와 해석자들이 칼뱅의 추천대로 행동해야 한다고 주장한다면, 그것은 거만하고, 편협하고, 노예로 만드는 태도가 아닐까? 해석에 관한한, 칼뱅의 강요든 아니면 다른 어떤 기본서든 간에, 신학이 우리가 본문에 접근하기 전에 우리 마음을 형성하도록 내버려 두는 것은 성령을 소멸하는 일이 아닐까?

반드시 그럴 필요는 없다. 그 반대를 증명하는 데 대해 불편한 두려움을 느끼는 것은 영적인 민감성과 지혜의 표지라기보다는, 반신학적인 편견이다. 실제로 그렇게 한다고 가정해 보라. 성경 읽기를 위해, 경건한 문서나 석의적 개요, 적용 가능한 질문과 제안, 또는 간결한 주석 형태로 도움이 제공될 때 우리는 그것들을 개인적인 통찰을 돕는 잔심부름꾼처럼 이용하고, 즐겁고 감사하는 마음으로 받아들인다.

그렇다면 신학의 도움이 필요하다고 생각할 때, 목 부분의 털이 곤두서는 이유가 무엇인가? 그것이 비록 가장 웅대한 규모라 할지라도(칼뱅의 강요 최종판은 성경 자체와 같은 분량이다), 기본적인 교리문답적 신학일 때를 포함해서 말이다.

기억해야 할 사실은, 실재의 어떤 측면을 대할 때, 사전 지식이 요구된다는 것이다. 그렇지 않을 경우, 말 그대로, 우리는 보고도 보지 못하게 된다. 여행 안내자는 멋지고 우아한 집을 안내하는 동안 꼭 살펴볼 것을 지적해 줌으로써 자기 역할을 감당한다. 교회에서 신학의 기본 역할은 성경의 여행안내자가 되는 것이다. 내 아내는 내가 모르는 면에서 나무나 식물이나 새를 아주 잘 안다. 따라서 그녀가 지적해 주지 않으면, 나는 멋진 광경을 놓치게 될 것이다. 동일한 방식으로, 성경의 기본적인 가르침을 전반적으로 이해하고 성경을 읽는 사람은 그런 이해가 없는 사람 보다 각 구절의 함의와 거기서 도출될 수 있는 지혜를 훨씬 더 잘 보게 된다. 성경 읽기를 위해 신학의 도움을 받는 것은 거만하거나, 편협하거나, 우리 자신을 노예로 만드는 것이 아니라, 이 과정을 따라온 사람들이 증언하듯이 성경 읽기를 풍요롭게 해주는 것이다.

3. **신학은 성경적 관점을 유지하는 데 도움된다.** 나는 이 글에서, 신학을 성경 자체가 어디선가 어떤 형태로 독자에게 부과하는 과제를 성취하기 위해 존재하는 열 가지 학문의 유기체로 제시하였다. 신학을 우리가 개입하는 활동으로 생각하든, 아니면 과거로부터 받은 교회의 교리에 중심을 둔 유산으로 생각하든 간에, 이러한 이상적인 묘사는 여전히 타당성을 지닌다. 나는 성경 66권의 내적 일치와 정경적 지위를 추정할 때(나는 두 가지 가정이 전적으로 변호될 수 있다고 믿는다. 이곳이 그것을 변호할 자리가 아님에도 불구하고), 나는 다음과 같은 점을 강조하고자 한다. 이처럼 성경의 권위하에 교회 교리를 분석, 평가, 재고, 재진술하는 현재의 활동으로 파악된 신학은 열 가지 학문 전체가 과거와 현재의 특정 요소들에 따라 실천되게 하는 비평적 역할을 보유한다.

비평적이라는 말은 평가적이라는 의미가 있다. 내가 말하고자 하는 요점은 신학이 자체의 기준에 따라 원래 의도된 대로 확실하게 기능하도록 자체를 감독하고 감시해야 한다는 것이다. 하나님은 때때로 썩 훌륭하지 못한 생각과 실행을 자비롭게 축복하실 수 있다. 그리고 그렇게 하신다. 그것이 자기 백성의 장기적인 문제를 복잡하게 만들 수 있더라도, 그들에게 단기적인 혜택을 가져다주도록 사용하시는 것이다. 하지만 단기적인 효과가 이류를 일류로 만들지는 못한다. 기록된 하나님의 말씀의 관점과 기준에서 벗어나는 실수를 탐지하고 교정하는 자기평가는 신학의 끊임없는 과제 중 하나로 남아 있다. *Ecclesia reformata semper reformanda*(개혁된 교회는 계속 개혁되어야 한다). 그 과제는 개혁교회가 거듭 반복해서 확언하는 진리다(교회를 더 나은 모습으로 만들어가는 과제는 절대로 끝나지 않는다). 신학적 평가와 엄격성은 그 구호가 요구하는 지속된 노력의 기초가 된다.

성경적 신앙에 관한 성경적 관점을 보존하기 위해 기독교 정신은 항상 세 가지 관심사를 최우선으로 다뤄야 한다. 첫째, 하나님의 우월성이 강조되어야 한다. 창조주는 무한한 능력과 변치 않는 공의, 위대한 사랑으로 다스리는 주님이시다. 이런 이유로 그분은 끝없는 경배의 대상이 되셔야 한다. 이런 사실들이 성경 전체의 핵심인(주안점, 즉 참고의 중심이자 중력의 중심)이다. 쌍둥이 같은 진리는 신학이 찬송을 목적으로 한다는 진리와 신학이 우선적으로 하나님의 능력과 선하심을 기념하는 축제라는 (내러티브와 교훈과 적용의 형태로) 진리다. 특히 시편은 이런 면에서 좋은 모델이 된다. 주권적인 은혜와 은혜로 주권을 행사하시는 하나님을 찬양하는 것은 참된 신학으로 그 마음이 견고하게 유지되는 사람의 인격에 필수적인 요소다. "여호와는 위대하시니 우리 하나님의 성, 거룩한 산에서 극진히 찬양 받으시리로다… 하나님이여 우리가 주의 전 가운데에서 주의 인자하심을 생각하였나이다"(시편 48:1, 9). "깊도다 하나님의 지혜와 지식의 풍성함이여, 그의 판단은 헤아리지 못할 것이며 그의 길은 찾지 못할 것이로다…이는 만물이 주에게서 나오고 주로 말미암고 주에게로 돌아감이라 그에게 영광이 세세에 있을지어다 아멘"(롬 11:33, 36). "우리 가운데서 역사하시는 능력대로 우리가 구하거나 생각하는 모든 것에 더 넘치도록 능히 하실 이에게"(엡 3:20).

우리는 마음과 생각이 타락한 나머지 종교적으로 (또는 비종교적으로) 타락한 자아도취 안으로 소멸되는 인간 중심적 문화 속에 살고 있다. 따라서 우리는 우리가 읽는 성경의 하나님-중심성을 계속 직시할 수 있게 도와주는 신학의 훈계를 필요로 한다. 하나님의 주권과 우월성은 성경의 거의 모든 지면에 두드러지게 나타난다. 우리가 읽는 내용을 인간 중심적, 자기중심적 틀 안에 강제로 몰아넣지 못하도록 거듭해서 도전하는 신학의 사역이 없다면, 우리는 삶을 변화시키는 이러한 성경의 영향력을 간과하고, 성경 읽기를 통해서 성경의 관점을 포용하는 데 이르지 못하는 위험에 빠지게 될 것이다. 그러한 슬픈 결과를 피하려고 노력하는 것은 가치가 있는 일이다. 성령은 분명히 이러한 노력을 축복해 주실 것이다. 그리고 그것은 성경을 읽는 법을 상기시키고, 보여주는 신학의 노력이 될 것이다.

둘째로, 계시된 진리의 최종성이 유지되어야 한다. 그것은 하나님이 언어라는 선물을 사용하셔서, 우리의 삶을 위해 그분 자신, 우리 자신, 그리고 그분의 뜻에 관한 진리를 우리에게 말씀하셨다는 기본적인 성경적 확신이다. 이 확신은 성육신과 삼위일체에 대한 믿음과 완전하게 연결되어 있기에 기독교 신앙의 핵심을 이룬다. 만일 예수님이 신적인 존재라면, 그분이 가르친 모든 말씀은 가장 문자적 의미에서 하나님의 말씀이었다. 그분의 가르침은 성령에 의해서 부여되고(마 22:43), 대부분이 특히 자신과 고난받는 자신의 소명을 언급하는(마 5:17; 21:42; 22:41-45; 26:24; 31, 54, 56; 참조. 4:13-17, 12:15-21; 21:1-5; 막 9:11-13, 눅 18:31-33, 22:37, 24:25-27, 45-47; 요 5:39, 46, 19:28), 하늘에 계신 그분의 아버지에(마 4:4, 7, 7, 10; 5:18; 9:13; 12:1-7, 15:3-9, 19:2-8, 17-19; 21:13; 16; 22-29-40; 요 10:35)의 권위적인 가르침으로 인식하셨다는 사실을 포함한다. 교회는 약 2세기 전까지, 성경의 교훈이 신성하게 계시된 진리임을 만장일치로 인정했다. 성자 예수님은 자신이 성경을 성취하신다고 주장하심으로써 그 원칙을 분명히 수립하셨다. 그분의 성육신에 의문을 제기함이 없이는 성경을 부인할 수 없다는 사실을 분명히 파악했다.

그러나 19세기 합리주의는 기적과 초자연적인 것들에 대해 적대적이었다. 서로 결합된 다양한 요인이 계시된 진리에 관한 회의론을 퍼뜨렸다. 불가지론은 영향력 있는 칸트의 비평적 인식론으로부터 흘러나왔다. 또한 고등(자료) 비평가들은 가정된 주장에 근거해 성경 역사 대부분이 오류라고 주장했다. 하나님에 관한 일신론적 신념들과 예수님에 관한 비성육신적인 관점은 계몽된 정통주의 개신교도들에게 의문을 제기했다. 하나님이 우리에게 사실들을 말씀하신다는 명제적 계시 개념은 우리 시대에 비난을 받기에 이르렀다. 우리는 오늘날 이러한 개념이 통제가 불가능하다는 이유로 일반적으로 일축되는 상황을 물려받게 된다.

그런 상황에서 일종의 신학이 사실상 지속되었다. 특히 지난 반세기 동안 한쪽으로는 세속주의, 다른 한쪽으로는 민족적 종교들의 도전하에 기독교가 위기에 처했다는 의식이 전문적인 신학 작업을 한바탕 자극해 왔다. 하지만 계시된 진리가 부인되는 곳에서, 그 작업은 불가피하게 결함이 있을 수밖에 없었다. 어떤 이들은 계시된 진리가 환상에 불과한 것으로 일축될 때조차도, 성경의 권위는 사실로 남는다고 주장해 왔다. 하지만 이러한 주장은 실패하게 된다. 그것은 기독교를 신비주의와 도덕성, 경건한 감성과 이념이 혼합된 종교성으로 축소하는 결과를 가져온다. 성경이 이런 작업을 촉발하기는 한다. 하지만, 성경은 하나님과 하나님에 관한 인간의 추측을 구분할 수 있게 해주는 정보를 제공해주지 않은 채로 그렇게 하지는 않는다. 성경의 권위를 이런 식으로, 즉 정보 제공 없이 기능하는 것으로 제시하는 것은, 그와 동시에 하나님을 미지의 X인, 겉치레하는 말로 둔갑시키는 일이다. 이것은 그분과의 인격적 관계에 대한 약속을 불에 태워 재로 만드는 일이다. 따라서, 계시된 진리의 실체를 부인하는 것은 성경이 초대하는 하나님에 대한 지식을 파괴하는 일이다. 바울은 아테네 사람들이 알지 못하는 신을 경배하고 있음을 발견했다. 많은 20세기 신학이 제공한 하나님에 대한 지식은 원칙상 바울 시대의 아테네 사람들로 돌아가는 것이다. 우리는 성경의 모든 가르침을 그런 신학이 우리를 위해 만들어낸 어두운 혼란의 미로, 주관주의, 상대주의, 때로는 혼합주의를 통과할 수 있도록 우리의 걸음을 인도하는 하나님이 주신 정보로 받아들일 필요가 있다.

신학적 오류가 갖는 힘은 언제나 진리가 그 안에 섞여 있다는 데 있다. 그리고 신학적 오류를 다루는 과제에는 그 결함을 탐지하는 것뿐 아니라 진리를 확인하고 되찾는 것이 포함된다. 악이 보통 잘못된 선인 것처럼, 오류는 보통 잘못된 진리다. 그러므로 우리는 진리와 오류를 적절히 다뤄야 한다. 우리에게 제시되는 입장들을 전면적으로 받아들이거나 거부하는 것은 쉬운(그리고 게으른) 일이다. 반면에 그것들을 분별 있게 평가하는 것은 힘든 일이다. 신학은 하나님에 관한 개념들이 성경적인지 아닌지를 여러 세대에 걸쳐 다루는 과정에서 축적되었다. 따라서 신학적 역류를 직면하게 되는 오늘날의 현실을 고려할 때, 신학은 신학적 진리를 오류로부터, 오류를 진리로부터 구별할 수 있게 도움을 주는 귀중한 자료다.

(해방신학 같은) 비성경적 신학들은 보통 성경 본문에서 시작해 성경의 진정한 취지를 밝혀냈다고 주장한다. 따라서 그 신학들은 해석학적 가설로 평가되어야 한다. 그러나 주류 기독교 신학 역시 포괄적인 해석학적 가설, 또는 일련의 가설이다. 그러므로 그 신학은 성경의 의미를 포착하려고 시도하는 과정에서 새로운 개념들과 비교될 때, 머지않아 아킬레스건을 노출하게 될 것이다. 대부분의 새로운 개념은 어떤 측면에서 하나님의 계시된 진리(즉 모든 성경적 가르침)의 최종성을 포기하는 데 의존한다. 성경의 관점을 유지하기 위해서는 진리의 최종성과 세부 사항에 있어서 차이가 나는 기독교의 전통들(개신교, 로마 가톨릭, 정교)이 의견의 일치를 보이는 기독교의 고전적 신학 유산을 재천명할 것을 요구할 것이다. 그것은 이 목적을 위해 큰 도움이 된다.

셋째로, 거룩한 삶의 중요성이 이해되어야 한다. 도덕적 기준이 날로 타락해가는 세상에 거하는 그리스도인은 반율법주의에 빠져들기 쉽다(우리도 예외는 아니다). 반율법주의는 거룩하신 하나님이 자기 자녀들이 십계명과 다른 성경 말씀에서 정죄된 죄들을 피하고, 대신에 그리스도를 닮은 자기 부인을 실천하도록 부르신다는 사실을 보지 못한다. 하나님의 계시된 진리는 (인류와 함께하시는 하나님 자신과 그 길에 대한 하나님의 지식은 변치 않기 때문에) 절대적인 교리를 제공함으로써 (어떤 행동에 대한 하나님의 기쁨과 다른 어떤 행동에 대한 증오는 변치 않기 때문에) 절대적인 윤리를 제공한다.

윤리학에서 현대의 기독교적 초점은 사랑을 표현하는 관계를 맺는 데 있다. 자체로서는 분명히 옳지만, 오늘날의 이러한 강조는 거룩함에는 인간의 삶을 위한 하나님의 계획에 해당되는 성경의 윤리적 절대가치를 지키는 것이 포함된다는 사실을 망각한다. 성 윤리에 대한 논의(결혼과 이혼, 혼전 및 혼외 성관계, 동성애 등)가 이 상황에 해당한다. 기독교 신학의 유산은 윤리적 절대성 면에서 강하다. 성경의 관점이 우리의 생각과 삶에 표현되기 위해서는, 성령에 의지해 거룩함을 추구하는 데 초점을 맞출 필요가 있다.

4. **신학은 성경에 대한 이단적인 이해로부터 보호해 준다.** 이것이 마지막 요점이다. 이단은 일반적으로 진리가 주변 문화에 의해 왜곡되는 것이다. 우리의 후기 기독교 문화는 우리가 항상 의식하지 못하는 방식으로, 상대주의, 복수주의, 진화론, 인본주의, 비합리주의, 염세주의와 다양한 우리 시대의 "주의들"의 틀에 계시된 진리를 꽉꽉 눌러 담음을 통해 왜곡하려 한다. 왜곡적인 문화적 편견이라는 렌즈를 통해 성경을 읽게 되면, 반발의 정신, 성상 숭배, 교회로부터 분리되는 정신을 가지고 성경을 읽을 때처럼 오도될 것이다. 이 문제에 대해 적절한 논의를 하기에는 공간이 제한되기 때문에, 역사적 기독교 정통에 대한 의식과 그 배후에 있는 성경적 추론에 대한 인식이 그런 실수에 빠지지 않도록 시의 적절한 보호를 제공해준다는 사실을 언급하는 것으로 충분할 것이다.

오늘날 새로운 이단을 주조하는 것은 인간의 기지를 넘어선다는 G. K.체스터턴의 관찰은 옳았던 것처럼 보인다. 그것은 오래된 이단이 현대의 옷을 걸치고 재등장할 때 인식하는 법을 배우는 것이 더 중요하고 유익하다는 사실을 일깨워 준다. 그 방법을 배울 수 있을 때, 우리의 성경 읽기는 분명히 유익을 얻을 수 있을 것이다. 교회 내의 이단과 교회 밖의 사교들은 보통 성경에 호소하고, "우리는 다르게 하자"라는 나름의 방식으로 성경을 읽고, 자신의 비성경적인 입장을 지원한다. 그러나 신학은 이단이라는 지뢰밭을 헤쳐나가는 길을 찾을 수 있도록 도와줄 것이다.

영적 이해

한 세기 전에 고등 비평의 옹호가들은 성경을 타당하게 이해하기 위해서는 많은 분량의 예비적인 독서가 필수적이라는 인상을 심어 줌으로써, 평신도가 겁을 집어먹고 개인적인 성경 읽기를 멀리하게 만들었다. 마지막으로 설명하고자 하는 신학의 가치는 그런 인상을 주는 모든 것을 버릴 수 있도록 돕는 것이다. 1547년에 자신의 작품집의 초판을 소개하면서, 루터는 신학자를 만들어 주는 세 가지 기초를 시편 119편을 근거로 예증했다. (빛을 간구하는) 기도, (특정한 생각을 의미) 묵상과 (알고 있는 진리를 고백하고 순종하지 못하게 하는 압력의 견지에서의) 유혹이 그것이다. 기도가 드려지고, 묵상이 유지되며, 유혹이 저항될 때, 신학이 보호를 위해 존재한다는 영적인 이해가 따르게 될 것이다. 루터는 그렇게 말했다. 그리고 그는 옳았다.

기술적 신학교육이 부족하거나 전혀 없는 곳에서도 충분히 영적인 이해를 얻을 수 있다. 주 예수 그리스도를 통해 하나님을 알 수 있도록 성령이 가르쳐 주시기를 구하고, 세심하게 기도하며 읽고 또 읽는 사람은 성공할 수 있을 것이다. 우리의 신실하신 하나님이 그 일을 이루실 것이다. 내가 채운 지면은 신학에 대한 얼마간의 지식과 헌신이 성경학도에게 큰 도움을 주리라는 사실을 미미하게나마 진술한 것에 불과하다.

성인을 위한 신학 기초를 추구하는 사람은 브루스 밀네의 『기독교 교리 핸드북』(IVP), 제임스 몽고메리 보이스의 『기독교 강요 교리 설교』(CH북스), 나의 『하나님을 아는 지식』(IVP), 『기독교 기본 진리』(아바서원), 『성경과 신학을 아는 지식』(아가페문화사)을 읽는 것도 도움이 될 것이다.

3장 신학과 성경 읽기

주

1 J. I. Packer, foreword to Bruce Milne, *Know the Truth* (Leicester, U.K.; Downers Grove, Ill.: Inter-Varsity Press, 1982).

2 John Wenham, "Personally Speaking," *Themelios* 18, no. 1 (1992): 35. 존 스토트는 유사한 맥락에서 "2차 세계대전 중 나는 케임브리지 대학 학생이었는데, 신학교는 전적으로 자유주의로 기울고 있었다.…만일 누군가가 신학 우등졸업 시험을 볼 정도로 무분별하고, 간신히 살아남았다면, 그것은 기적으로 간주되었다"라고 진술했다 (Christian Arena 45 [19921: 27]).

3 Mark Noll은 그의 책 *Between Faith and Criticism* (San Francisco: Harper, 1987)에서 그 이야기를 미국의 입장에서 말하고 있다. 영국 측의 이야기는 아직까지 완전히 문서화되지 않았다.

4 샤프는 사도신경을 다음과 같이 번역한다.
전능하사 천지를 만드신 하나님 아버지를 믿사오며, 그 외아들 독생자, 우리 주 예수 그리스도를 믿사오니, 이는 성령으로 잉태하사, 동정녀 마리아에게 나시고, 본디오 빌라도에게 고난을 받으사 십자가에 못 박혀 죽으시고, 장사 지낸 바 되시며, 지옥(영혼의 세계, 하데스)으로 내려가시며, 사흘 만에 죽은 자 가운데서 다시 살아나시고, 하늘에 오르사 전능하신 하나님 아버지의 보좌 우편에 앉아 계시다가, 저리로서 산자와 죽은 자를 심판하러 오시리라. 성령을 믿사오며, 거룩한 보편교회와 성도의 교통하심과 몸의 부활과 영원히 사는 것을 믿사옵나이다. 아멘.
(Philip Schaff, *The Creeds of Christendom* [reprint, Grand Rapids, Mich.; 1990] 2.45)

5 Alister McGrath, *Understanding Doctrine* (London: Hodder & Stoughton, 1990), p. 10.

6 앞의 책, p. 124.

7 앞의 책, p. 128.

9 John Calvin, *Institutes of the Christian Religion*, trans. F. L. Battles (Philadelphia: Westminster Press, 1960), pp. 4-5.

4장
지식사회학과 의심의 해석학

복음주의 해석학을 논의하는 책의 한 장을 해석의 사회학적 해석에 할애하는 이유는 무엇일까? 성경 본문의 의미를 결정하려고 시도하는 과정에서 발견한 내용을 또 다른 해석 차원에 적용하기에 앞서, 걱정할 문제가 이미 많지 않은가? 그 외에도, 사회학이라는 학문이 복음주의적 이해를 뒤집고 기독교 정통을 약화시켜 온 것이 사실 아닌가? 사회학자들이 사회적 현실에 대한 보다 "합리적인" 해석과 함께, 의식적으로 기독교 신학을 대체하기를 추구해 온 것 아닌가? 이러한 난점에도 불구하고, 최소한 세 가지 이유에서 복음주의적 해석학과 연결해 몇 가지 사회학적 통찰을 논의하는 것은 중요한 일이다.

첫째, 우리 대부분은 인식 여부와 상관없이, 사회학적으로 생각한다. 이것은 사회학이 우리 사고에 가장 중요한 영향력을 행사한다거나(아마도 심리학이 더 영향력이 클 것이다), 사회학적 사고 면에서 조금이라도 훈련되어 있다거나, 우리가 사회이론의 핵심 문제들을 의식적으로 인식한다는 등의 의미가 아니다. 여전히, 우리 대부분은 우리가 살아가는 사회에 의해 형성된 관점에 기초해 일반적인 삶과 특히 우리의 삶에 관해 생각하는 데 익숙해지게 되었다. 그리고 그렇게 생각하는 것이 바로 사회학적으로 생각하는 것이다.

이 논의에 사회학을 언급하는 내용을 일부 포함하는 두 번째 이유는 사회학이 최근에 큰 영향력을 끼치는 다수의 신학운동에 대한 핵심적인 통찰을 제공해 왔기 때문이다. 우리는 이제 이러한 운동 중 몇 가지를 자세하게 살펴볼 것이다. 여기서는 소위 "해방신학"을 오늘날의 신학적 도전을 기독교적 신념과 실천을 사회학적 분석으로 드러난 사회현실에 맞게 조정하는 시도라는 의미에서 대체로 사회학적 신학이라고 말하는 것으로 충분하다.

마지막으로 해석의 사회학적 해석에 관해 언급해야 하는 가장 분명하고 중요한 이유는 사회학적 통찰은 그중 일부가 사실인 한도 내에서, 우리가 더 나은 해석자가 되도록 도움을 줄 수 있기 때문이다. 이제까지 해석학에 대한 논의는 성경, 즉 해석의 관심거리가 되는 대상에 거의 전적으로 초점이 맞춰져 왔다. 우리는 특정한 질문들을 제기하도록 격려받아 왔다. 특정 본문의 역사적 배경이 무엇인가? 어떤 장르인가? 왜 저자가 어떤 것을 어떤 식으로 언급했는가? 원래의 독자가 그 본문을 어떻게 이해했을까? 이스라엘과 교회가 그 본문을 정경에 포함한 이유가 무엇인가? 오늘 그 본문의 의미를 어떻게 이해해야 하는가? 이 같은 본문 중심의 질문들은 해석 작업에 명백히 중요하다. 반면, 사회학적 관점은 우리에게 본문 자체로부터 약간 당혹스럽고 잠재적으로 거스를 수 있는 해석자에 관한 질문으로 관심을 돌릴 것을 요구한다. 사회학자는 본문의 해석자에게 본문을 제쳐 두고, 이렇게 묻는다. 누구를 말하는 건가? 당신의 말을 우리가 믿어야 할 이유가 무엇인가? 당신은 누구의 이해관계를 보호하고 있는가? 당신이 이것을 통해 얻는 이익이 무엇인가?

이 장의 제목이 의도적으로 암시하듯, 해석에 대한 사회학적 해석은 우리에게 성경을 읽고 이해하는 법을 알려주고 싶어 안달이 난 모든 사람에게 어느 정도 건전한 의심을 품을 것을 요구한다. 그것은 이처럼 권위자가 되기를 갈망하는 사람들에 대해서 더 알아보고, 해석적 계획에서 도대체 어떤 종류의 이해관계가 있는지를 발견하려고 시도하도록 요청한다. 말하자면, 탐사보도에 착수할 것을 요구하는 것이다.

흥미롭게도, 해석에 대한 사회학적 해석이 마가복음에 기록된 예수님과 바리새인들의 한 만남에서 예상된다.

> 바리새인들과 또 서기관 중 몇이 예루살렘에서 와서 예수께 모여들었다가 그의 제자 중 몇 사람이 부정한 손 곧 씻지 아니한 손으로 떡 먹는 것을 보았더라. 이에 바리새인들과 서기관들이 예수께 묻되 어찌하여 당신의 제자들은 장로들의 전통을 준행하지 아니하고 부정한 손으로 떡을 먹나이까. 이르시되 이사야가 너희 외식하는 자에 대하여 잘 예언하였도다. 기록하였으되 이 백성이 입술로는 나를 공경하되 마음은 내게서 멀도다. 사람의 계명으로 교훈을 삼아 가르치니 나를 헛되이 경배하는도다 하였느니라. 너희가 하나님의 계명은 버리고 사람의 전통을 지키느니라. 또 이르시되 너희가 너희 전통을 지키려고 하나님의 계명을 잘 저버리는도다. 모세는 네 부모를 공경하라 하고 또 아버지나 어머니를 모욕하는 자는 죽임을 당하리라 하였거늘, 너희는 이르되 사람이 아버지에게나 어머니에게나 말하기를 내가 드려 유익하게 할 것이 고르반, 곧 하나님께 드림이 되었다고 하기만 하면 그만이라 하고 자기 아버지나 어머니에게 다시 아무 것도 하여 드리기를 허락하지 아니하여 너희가 전한 전통으로 하나님의 말씀을 폐하며 또 이같은 일을 많이 행하느니라 하시고. (막 7:1-2, 5-13)

이 간결한 내용에서 바리새인들의 실수가 명백한 것처럼 보인다. 하지만, 우리는 이 구절을 더 자세하게 들여다볼 것이다. 상황이 더 복잡한 것처럼 보이기 때문이다. 바리새인들은 하나님께 서원하는 것을 분명 매우 중요한 일로 생각했다. 하나님을 섬길 목적으로 물건을 바칠 것을 맹세하는 관습은 고도로 통제된 이스라엘의 예배 체계의 핵심에 놓여 있었다. 그것은 우리가 제도 안에서 계약을 존중하는 것처럼, 그 제도를 공고히 해주고 사회적 상호작용을 질서 있고 예측할 수 있게 만들어 주었다. 하나님의 주장이 인간의 주장보다 앞선다는 사실은 자명한 것으로 이해되었다.

이것이 고르반이라는 용어가 함축했던 바다. 그것은 하나님을 섬길 목적으로 서약한 것을 하나님께 드리는 것과 단순한 인간적인 주장이 상충할 수 있음을 의미한다. 누군가가 하나님을 섬길 목적으로 어떤 것을 드리기로 서원할 때, 이 의무는 부모를 돌보는 것을 포함한 다른 모든 의무를 대체하는 것으로 이해되었다. 그러한 입장은 분명 비윤리적인 것 같지만 토라의 지지가 전혀 없었던 것은 아니다. 민수기 30장 2절은 이렇게 말씀한다. "사람이 여호와께 서원하였거나 결심하고 서약하였으면 깨뜨리지 말고 그가 입으로 말한 대로 다 이행할 것이니라". 따라서, 이제 성경적 진리를 노골적으로 왜곡한 것처럼 보이는 것이, 어쩌면 바리새인들의 진실한 도덕적 딜레마, 즉 하나님께 대한 섬김이 불행하게도 (어쩌면 비극적으로) 인간에 대한 섬김을 무시하게 되는 딜레마를 표현했을 가능성도 있다.

그러나 본문이 지적하듯, 예수님은 바리새인들의 고르반에 대한 개념을 날카롭게 해부하시고, 무례하리만큼 솔직하게 문제의 핵심을 드러내셨다. 즉 바리새인들은 하나님의 말씀을 무효로 만들기 위해, "인간의 전통"을 따르도록 허용했던 것이다. 바리새인들은 고르반 개념이 다섯번째 계명보다 우선하도록 허락하는 과정에서, 성경을 통합하는 원칙 즉 "사랑과 자비"를 완전히 망각했다. 그들은 하나님에 대한 의무에 호소함으로써 부모에 대한 의무를 무시할 수 있도록 허용하는 엄격한 율법주의 해석학을 채택했다. 이는 하나님에 대한 사랑을 이웃에 대한 사랑에 대조되는 것으로 만드는 결과를 초래했다. 하지만 이 사건에서 예수님이 바리새인들을 정죄하신 이유에 관한 질문을 초월하여, 그렇게 하신 방법이 최소한 현재의 논의에서 흥미를 끈다. 이 사건에 대한 마태의 기록(마 15:1-11)에서, 예수님은 바리새인들의 해석학에 대해 위선이라는 용어를 사용하고 계신 것이다.

신약시대에, 연극 용어인 위선(헬라어로 히포크리시스, *hypokridis*)은 원래 어떤 역할을 연기하는 것을 의미했다. 부정적인 의미가 담긴 위선이라는 용어는 시치미를 떼며 거짓되고 가식적으로 행동하는 것이다. 예수님이 이 용어를 사용하심으로 암시하신 내용, 그리고 이사야서 본문이 실제로 진술한 내용은 사실상 진짜 관심이 다른 데 있었던 바리새인들이 고르반이라는 개념을 사용하여 하나님을 공경하는 것처럼 꾸미고 있다는 사실이었다. 그런 그들의 관심은 어디에 있었는가? 아마도 자신들이 영광과 인정을 받는 데 있었을 것이다. 이 점에 대해, 복음서 기자들은 바리새인들이 신분과 공적 인정을 소중하게 여겼음을 습관적으로 언급한다. 그러나 주목해야 할 중요한 사실은, 바리새인들이 이러한 명예와 공적인 인정을 직접 요구하지 않았다는 사실이다. 이러한 요구는 이스라엘의 종교 제도를 통해 "세탁"되었다. 다시 말해, 바리새인들은 하나님의 신중한 종으로 존경받았다. 이 요구가 너무나도 잘 세탁된 나머지, 사실상 바리새인들은 자신의 가식을 의식하지 못하는 지경에 이르렀다. 우리는 그들이 자기들의 전통에 따라 하나님을 섬기고 있다고 정직하게 믿고 있었음을 의심할 필요는 없다. 이 섬김이 거의 실제로 그랬듯이, 상당한 권력이나 특권으로 이어질 경우, 그것은 헌신, 이타심, 의에 대한 타당한 보상으로 여겨졌다. 또 다른 중요한 사실은 어떻게 봉헌, 즉 고르반이 바리새인들의 가식에 스며들었느냐는 것이다. 그것은 이스라엘의 종교 체계, 확장해 생각해 보면 이 체계에 책임이 있는 사람들에게로 들어가는 자원의 흐름을 보호했다.

우리는 이 시점에서 의심을 제기해야 한다. 하나님을 섬기는 것이 바리새인들에게는 매우 달콤한 거래처럼 여겨졌기 때문이다. 우리는 하나님을 섬길 목적으로 서원한 물품이 실제로는 불경스러운 용도에서 제외될 필요가 없었다는 사실에 더 큰 의문을 제기해야 한다. 서원한 사람은 그 물품을 계속 사용할 수 있었다. 그러한 시스템은 사실상 바리새인들에게는 꿩 먹고 알 먹기였다. 그들은 의의 요구와 물질적인 자기 이익을 동시에 만족시킬 수 있었다.

의심의 해석학에 있어, 우리는 바리새인들이 자신의 권력, 특권, 위신이 파생된 전통의 체계를 보호해 주는 해석학—자신에게 타당한—을 채택했다고 말할 수 있다. 그것은 바리새인들이 자신의 핵심적인 사회적 관심을 보유한 체계였다. 그러나 예수님이 너무도 직설적으로 그들에게 지적하셨듯이, 이 해석학은 문자와 영의 측면 모두에 있어서 하나님의 말씀을 무효로 만드는 효과가 있었다. 바리새인들은 고르반을 지킴으로써 의의 겉모습을 보존했다. 반면, 그들이 고르반을 준수한 방식은 그들의 (교활하게 숨겨진) 기득권의 관심을 키우기 위한 가식의 역할을 했다. 그 관심은 이스라엘의 사회, 종교적 체계의 구조와 복잡하게 얽혀있다. 사실상, 이러한 관심이 너무나 잘 감춰져 있었던 나머지, 바리새인들은 의심의 여지 없이 위선이라는 예수님의 고발에 진정으로 분노했다. 그들이 궁극적으로 이스라엘의 종교 체계가 예수님의 죽음을 요구한다는 결론에 이르게 된 것은 별로 놀랄 일이 아니었다.

바로 앞서 개괄한 일종의 의심의 해석학을 실행에 옮긴다는 생각에 지나치게 흥분하기 전에 한 가지 사실을 상기할 필요가 있다. 바울이 로마 교인들에게 상기시켰듯이, 우리 역시 자신의 상황에 근거해 성경을 읽을 가능성이 크다는 면에서 변명의 여지가 없다는 것이다. 사실, 우리에게는 진리, (어쩌면 특별히) 성경의 진리를 이용하려고 하는 자연스러운 경향이 있는 것 같다. 따라서 위선이라는 고발에 대해 자신의 무고함을 전적으로 주장할 수 있는 사람은 아무도 없다. 예수님이 바리새인들의 고르반 이용에 내포된 위선을 드러내셨듯이, 우리는 자신의 성경 읽기의 중요한 부분이 된 사회적 관심, 기득권을 드러낼 수 있도록 노력해야 한다. 책임 있는 성경 해석자로서, 우리는 비평적 의심에 순응해야 한다. 이와 연결되는 한 가지 유익한 도구가 지식사회학이다.

단순하게 말해, 지식사회학은 지식과 사회 배경, 즉 사람들이 생각하는 것과 사회학적으로 그들이 어떤 존재인가 하는 것 사이의 관계를 탐구하는 학문이다. 그 학문은 사회 내에서 함께 행동하는 사람들이, 결과적으로 세상과 자신에 관해 생각하는 방식에 영향을 미치는 구조와 제도(전통 또는 문화)를 산출한다는 통찰에 기초해 조직된다. 마르크스가 한 세기 전에 도발적으로 진술한 지식사회학의 근거가 되는 명제는, 우리가 우리 자신을 창출한다는 것이다. 그것은 우리가 구체적인 실제적 물질 존재를 배경으로 우리 자신의 실재를 창출한다는 의미다.

> 생각, 개념, 의식의 산출은 처음에는 물질 활동 및 인간의 물질적 접촉, 실제 삶의 언어와 직접 뒤섞인다. 물질적 행동이 직접 유출되는 이 단계에서 인간의 지식, 생각, 지적 활동이 나타난다. 그리고 그것은 인간의 정치, 법률, 도덕성, 종교, 형이상학의 언어로 표현되는 정신적 산물에도 똑같이 적용된다. 인간은 그들의 개념, 생각 등을 산출한다. 진정한 활동적 인간은 이것들에 상응하는 교류와 분명한 생산력 향상에 의해 제한된다. 이처럼 의식은 의식하는 존재, 실재 삶의 과정 내의 인간 존재 이외의 어떤 것도 될 수 없다.[1]

마르크스에게 있어서, 위 문장에 나타나는 "물질적 행동"은 인간이 자연을 점진적으로 지배한다는 사실을 언급했다. 그리고 그 지배는 프락시스(*praxis*) 개념, 즉 사람들이 물질적(또는 경제적)인 존재라는 문제에 반응하는 방식으로 요약된다. 이 실제적 경제 과정의 역동적인 특성에 기인해, 마르크스는 또한 역사적 발전이 격렬한 갈등에 지속적으로 시달려 왔다고 주장했다. 새로운 프락시스들이 점진적으로 부상함에 따라(예를 들어, 한 사회에서 일어나는 농업에 근거한 경제로부터 산업경제로의 전이), 서로 경쟁하는 실용적, 물질적 관심들과 더불어 그룹들("계급들") 사이에 폭력적인 갈등이 분출되었다. 이러한 경쟁적인 실용적, 물질적 관심들은 결과적으로 철학적, 종교적 불화로 표면화되었다.

마르크스는 인간의 사고가 대립되는 실용적, 물질적 관심을 반영한다고 제안하는 것처럼 보인다. 반면, 나중의 카를 만하임 같은 마르크스주의 이론가들은 (마르크스의 교사였던 헤겔을 따라) 지식과 실용적, 물질적 활동 사이의 관계가 변증법적으로, 즉 (종교적 지식을 포함하는) 새로운 개념과 새로운 경제적 실행이 흥미로운 방식으로 역사 과정을 전진시키는 데 함께 기여해 왔다고 주장했다. 『이데올로기와 유토피아』라는 제목이 붙은 주목할 만한 연구에서, 만하임은 기존의 (정의상 "지나가는") 상황으로부터 혜택을 입는 사람들은 보편적으로 (무의식적임에도 불구하고) "이데올로기"를 수단으로 기존의 정체 상태를 합법화하는 동시에 보존하려고 노력해 왔다는 의견을 제시했다.[2] 이데올로기는 위선과 유사하게 자체의 원래 상태를 잘못 표현하고 오해하는 사고방식이다. 그런 잘못된 표현의 특성은 어떤 이데올로기가 일시적이고 통상적인 사회적 합의를 영구적으로 합법화하고자 시도하고, 그런 과정에서 그 지지자들이 그들의 이데올로기가 그들이 속한 사회에서 타인들보다 엄청나게 많은 혜택을 자기들에게 부여한다는 사실을 보지 못한다는 사실에서 드러난다. 앞서 제시한 실례로 돌아가서 생각해 보면, 바리새인들이 고르반 개념을 사용한 방식은 자신들의 기득의 제도적 관심과 신분을 보호하고자 일종의 신적 승인을 부여하기 위해 고르반을 사용하는 한, 이념적인 것으로 나타난다.

만하임은 또한 기존의 정체 상태로 인해 압제받는 사람들이 유토피아적 사고, 즉 기존의 사회체계를 전적으로 초월하여 사물이 더 밝아 보이는 미래를 향하는 사고 체계를 만들어내는 경향이 있음을 관찰했다. 신마르크스주의의 분석 전통에서는, 유토피아적 사고와 그 이념적 반대자 사이의 지속적인 갈등이라는 측면에서 역사적 사회변화를 해석해 왔다. 그 갈등 안에서는 이념이 아주 힘들지만, 정기적으로 도움을 제공한다. 약간 다르게 표현하자면, 물질적인 희소성과 끊임없이 갈등하는 배경에서 인간 존재는 초월적 유토피아에 대한 이상을 반복적으로 제시해 왔다. 그것은 권력과 특권을 누리는 위치에 있는 자들이 이념을 통해 자행한 압제적인 영향에 대항해 가난하고 억눌린 자들이 만들어낸 이상이다.

그렇다면, 신마르크스주의 관점에서, 역사는 우선적으로 기존의 사회적 질서 내에서 권력의 자리에 앉은 자들과 그 질서에 의해 억압받는 자들 사이의 갈등이라는 면에서 관찰된다. 신마르크스주의의 시각에 따르면, 기존의 사회질서 내의 압제받는 사람들은 압제받는다는 바로 그 사실 때문에 진리가 무엇인지를 이해하고, 그 결과 역사가 어디로 가고 있는지를 파악하는 특별한 능력을 보유하는 것으로 간주된다. 다시 말해, 가난하고 억압받는 자들은 역사적 발달에 대한 일종의 해석학적 특권을 보유한다. 그리고 아직 존재하지 않는 미래에 대한 그들의 비전은 기존의 도덕성이나 무엇이 현실적인가에 대한 현재의 개념으로 판단될 수 없는 것으로 파악된다. 역으로, 기존의 사회질서에서 권력과 특권을 누리는 신분에 속한 사람들은 인식적인 장애를 안고 있는 것으로 파악된다. 그들이 현재의 정체 상태 내에서 기득권을 갖기 때문에, 현재 권력과 특권을 누리는 신분에 속한 사람들은 역사적 과정과 조화되지 못하고, 따라서 사회와 역사발전에 관하여 진정한 판단을 내릴 수가 없게 된다.

마르크스주의의 분석 전통에서 지식사회학의 중요한 과제는 역사가 가는 방향을 확인하기 위해 기존의 사회 질서의 주요 참가자들을 바르게 밝히고 누가 누구를 억압하는지를 결정한다. 최근에, 억압의 세 가지 뚜렷한 축: 정치 경제적 압제, 인종차별의 억압, 성차별의 억제가 큰 주목을 받게 되었다. 이 세 종류의 억압(정치 문화, 경제학, 현대문학, 성경 또는 다른 어떤 영역에 대해서든)이라는 배경에서 해석학은 사회적 실체에 대한 지배적인 해석이 갖는 이념적 특성이 틀렸음을 밝혀내고, 어떤 면에서 새로운 유토피아적 해석을 만들어내는 것을 목표로 삼아 왔다. 이 새 해석은 억압받는 자들의 인식론적 특권에 의미를 두고, 그렇게 함으로써 억압에 저항하는 사람들을 지원하고, 짐작건대 역사 과정을 진보시키는 해석이다.

이 중에 어떤 내용이라도 친숙하게 들린다면, 아마도 그것은 이러한 통찰이 억압으로부터의 해방과 연관되어 최근에 일어난 다수의 신학 운동의 일부로 포함되었기 때문일 것이다. 이러한 신학들의 지지자들은 이념적 위선을 드러내고 복음의 의미를 현대의 억압이라는 배경에서 더욱 신실하게 재진술하려는 노력의 일환으로 의식적으로 지식사회학을 채용하려고 노력해 왔다. 예를 들어, 라틴 아메리카의 해방신학은 압제적인 경제적 신제국주의와 제3세계 내의 의존성을 배경으로 복음의 의미를 재진술하기를 추구했다. 북미에서, 백인 인종차별의 압제라는 배경에서 발전된 흑인 신학은 흑인이라는 관점에서 복음을 재진술하려고 노력했다. 페미니스트 운동은 여성들이 성차별과 가부장적 지배의 억압적인 영향으로부터 복음을 자유롭게 하기를 추구해 온 독특한 페미니스트 신학을 발전시켰다.

이 모든 신학은 사회적 존재의 핵심에 놓여 있는 것으로 간주되는 갈등에 초점이 맞춰져 있다. 모두는 억압하는 자들과 억압받는 자들 사이의 갈등이 역사발전의 동력이라는 개념에 헌신적이다. 다양한 해방신학들은 성경해석을 포함한 신학적 사고가 상세한 사회학적 분석을 통해 추진되어야 한다고 주장한다. 그것은 사회학적 분석의 목적이 부여된 상황에서 실제적인 억압의 메커니즘을 드러내기 때문이다. 이것은 라틴 아메리카의 해방신학자들에게 신학적 숙고가 전 세계적 자본주의 횡포에 대한 신마르크스주의 분석에 기인해야 함을 의미한다. 또한 이것은 흑인 신학자들에게 미국 흑인들의 경험에 대한 사회적, 역사적 분석을 떠나서 신학이 추진될 수 없음을 의미한다. 그리고 페미니스트 신학자들은 신학이 가부장 제도와 성적 억압의 특성에 대한 역사적, 사회학적 조사에 의존한다고 주장한다.

억압의 특성에 대한 차이에도 불구하고, 다양한 해방신학들은 기존 교회들이 억압하는 계층과 이념적인 동맹을 맺어 온 결과로 지배적인 성경해석 시스템이 이념적으로 오염되었기 때문에 신뢰할 수 없다고 의심하는 면에서 단결되어 있다. 라틴 아메리카 신학자 호세 미구에즈 보니노는 이렇게 기록했다.

> 자기들의 교회가 국가들을 계속 의존상태에 머물게 만들고 사람들을 노예 상태와 궁핍한 상태에 내버려 두는 국내외 세력들의 이념적 동맹들이 되어 왔다는 사실을 발견할 때, 그리스도인의 양심은 위기에 처하게 된다.…그러나 그러한 깨달음은 새로운 탐구 즉 후기 제국주의와 초기 신제국주의적 이해를 위한 문을 열어준다.[3]

이런 노선을 따라서, 해방신학자들은 성경해석이 이념적 억압으로부터 해방될 필요가 있다고 주장해 왔다. 페미니스트 신학자 레티 러셀은 "성경은 믿음 안에서 듣고 행동하는 사람들을 해방시켜주는 말씀이 될 수 있다"라고 기록했다. 하지만 "이 동일한 메시지는 우리의 생각과 행동들을 계속해서 지배하는 성차별주의 해석으로부터도 해방될 필요가 있다."[4]

이념에 사로잡힌 성경을 해방시키는 데 있어 해석이 반드시 억압의 경험에서 시작되어야 한다는 인식은 매우 중요하다. 참으로 억압을 경험한 사람들에게만 성경의 메세지가 계시리고 그 권위가 나타난다. 인식론적 특권이라는 용어에서 암시되었듯이, 억압의 경험은 그러한 진리를 이해하는 데 필수적인 것으로 주장된다. 해방신학자들은 이 경험이 “기존” 교리에서 벗어난 어떤 것을 표현함을 의식한다. 그와 동시에 그들은 사실상 대부분의 신학적인 악의 뿌리에 기득권이 경험으로부터 추출한 추상적 관념이 자리 잡고 있다고 주장한다. 그 이유는 진리가 이해되고 인식되기 위해서는 경험되어야 하기 때문이다. 우리는 우리가 이미 경험한 정도로만 성경에 내재되어 있는 진리들을 인식할 수 있다. 흑인 신학자 제임스 콘이 흑인 해방신학에서 주장하듯이, (억압의 경험이라는 의미에서) 흑인의 체험은 반드시 모든 해석이 측정되는 “일차적인 실체의 자료”로 간주되어야 한다. 참으로, 해방신학자들은 해석을 경험이 아닌 다른 어떤 것에 기초하려는 모든 시도는 반드시 신학적 적실성을 잃게 될 뿐 아니라 궁극적으로 신학적 순수성을 완전히 상실하는 결과를 초래한다고 주장한다.

억압의 경험은 해방신학에서 너무도 중심적인 나머지 그 자체가 계시적인 것으로 간주된다. 콘은 “하나님의 계시는 억압당하는 자들의 문화적 상황 안에서, 그리고 그것을 통하여 우리에게 임한다”라고 기록했다. 탁월한 페미니스트 신학자는 유사한 내용에 주목했다.

> 여성들의 경험을 해석학 또는 해석의 이론에 대한 열쇠로 삼는다는 것은 여성들이 남성 지배 문화가 그들에게 부과한 날조되고 소외를 초래하는 이러한 경험을 비평적으로 의식하게 될 때 일어나는 경험을 의미한다. 이런 면에서, 여성들의 경험은 그 자체가 은혜 사건이다. 그것은 그들에게 가부장적 문화를 초월하도록 자유롭게 해주는 자율권을 부여한다. 그리고 그것은 그들이 누구이며 어떤 존재인지에 대한

인간 중심적인 해석을 비평하고 그것으로부터 자신을 구분하도록 허용한다.[5]

"해방"신학이라는 이름에 암시되어 있듯이, 해방신학들은 복음의 메시지를 자기들의 분석 중에 발견한 압제적인 사회적, 경제적 세력으로부터 해방되는 것을 의미하는 것으로 이해한다. 콘은 이렇게 지적한다.

계시는 하나님이 해방이라는 배경에서 인류에게 자기를 드러내시는 것이다. 하나님을 안다는 것은 억압받는 자들을 해방시켜 주시는 하나님의 사역을 아는 것이다. 하나님의 계시는 해방, 즉 죽음을 다루는 사회의 정치적, 경제적, 사회적 구조로부터의 해방을 의미한다. 이것이 성경 계시의 본질이다.[6]

해방신학의 주된 해석학적 과제는 성경 본문을 억압받는 자들을 해방하기 위한 지속적인 갈등에 적절하고 유익하게 해석하는 것이다. 사실, 어떤 구절이 계시적이고 권위적인지의 여부를 판정하는 시금석은 사회문화적 해방을 향한 운동을 얼마나 잘 섬기는지, 아니면 섬기는 데 실패하는지에 대한 질문이 되었다. 예를 들어, 콘은 이렇게 주장했다. "사회 내의 가난한 자들의 해방과 연관되지 않은 메시지는 그리스도의 메시지가 아니다. 해방이라는 주제에 무관심한 신학은 기독교 신학이 아니다."[7] 유사하게, 페미니스트 신학자 엘리자베스 쉬슬러 피오렌자는 이렇게 주장했다. "페미니스트 신학은 우선 압제적인 가부장적 구조와 이념을 영속화하거나 합법화하는 모든 본문과 전통을 고발해야 한다."[8]

현대의 사회적 갈등 상황에서 복음이 보유하는 상관성과 유익성에 우선순위를 부여한 결과 해방신학자들은 현대의 사회정치적 갈등에 대해 다소간이라도 직접 언급하지 못하는 신학과 해석체계를 크게 의심하기에 이르렀다. 그러한 모든 "보수" 신학은 단순히 실제적인 사회 역사적 상황을 애매하게 만들고, 당면한 핵심적인 사회적 과제로부터 주의를 딴 데로 돌림을 통하여 기존의 현실을 방조할 뿐이다. 이것은 해방신학자들이 신학을 정치 사회적 변화에 대한 예언으로만 제한하는 것을 거부하는 기독교 정통과 그 해석학적 전통을 다루는 데 겪는 어려움을 설명해준다. 진실로 신학은 바로 이러한 '교리적 정통성' 그리고 복음이 모든 개별적 사회와 상황을 초월한다는 온갖 주장에서 해방되어야 한다. 정통에 대한 항의는 정통이 정통 실천(*orthopraxis*)으로 대체될 필요가 있다는 반복되는 주장으로 잘 요약된다. 정통 실천은 억압받는 자들을 해방하고 그 압제자들을 무능하게 하는 사회정치학적 과제에 얼마나 잘 기여하는가에 근거하여 판단받게 될 일종의 기독교적 실천이다.

해방신학을 반대하는 사람들은 기존의 상황에 이념적으로 협력한다는 즉각적인 의심을 받게 되며 그에 따라 어떤 반대를 제기하든지 무시된다. 위에서 언급했듯이, 다양한 해방신학은 일종의 인식론적 특권이 억압의 피해자들에게 부여되고, 이 희생자들은 사회와 역사에 대해 특별한 통찰을 소유한다고 주장함으로 논의를 시작한다. 그러한 통찰을 비판하는 것은 정의상 오류이며, 분명한 이념적 포로상태를 암시한다.

물론 이 말이 반대로 북미인, 중산층, 백인, 남자, 등을 반드시 억압자로 간주해야 함을 말하는 것은 아니다. 해방신학자들은 정확한 사회 정치학적 관점을 채택함으로써, 자신을 억압의 희생자들과 적절하게 동일시할 때 억압자들조차도 참된 통찰을 보유할 수 있다고 주장한다. 해방신학자들이 이 점에 대해 전적으로 의견이 일치하지 않는다는 사실을 주목하는 것이 중요하다. 예상할 수 있듯이 동일시라는 개념은 인종이나 성별에 인식론적 특권을 부여하는 흑인 신학과 페미니스트 신학에 특히 어려운 문제를 제기한다. 콘은 심지어 "억압자들이 억압받는 존재와 동일시하고, 따라서 억압받는 자들에 대한 하나님의 해방과 연관된 어떤 것에 관해서 말한다는 것"은 상상도 할 수 없는 일이라고 말한다.[9] 페미니스트 신학자 로즈메리 래드포드 류터는 이렇게 조금은 덜 극단적으로 말한다.

> 이념적 변형에 들어맞는 열쇠는 관련된 사회종교 그룹이 무기력함에서 권력으로 이동하는 것이다. 종교 대변인들이 자신을 빈민들의 구성원이자 옹호자로 여길 때, 비판적-예언자적 언어는 그 최첨단을 재발견하게 된다. 종교 대변인들이 자신을 주로 기존의 사회 질서를 안정시키고 그 권력구조를 정당화하는 존재로 간주한다면, 예언자적 언어는 현실의 관심 안으로 변형되는 것이다.[10]

바리새인들에 대한 예수님의 비판으로 돌아가서, 우리는 해방신학자들이 복음주의든 다른 것이든 가난하고 억압받는 자들의 곤경에 충분한 관심을 두지 않는 모든 신학이 받는 유사한 비판들을 동등한 것으로 만들려고 노력하고 있다고 말할 수 있다. 그들은 "인간의 전통", 이 사례에서는 계층, 인종, 성 등에 의한 압제의 사회 정치학적 구조가 기존("안락한"이라고 읽는다) 교회를 함정에 빠뜨려서, 세상에서 해방을 초래하는 하나님의 말씀을 효과적으로 무효로 만들거나 최소한 무뎌지게 하도록 인도해 왔다고 주장한다. 이 신학자들은 그리스도의 복음이 해방의 메시지라고 주장한다. 즉 단순히 사후 육신을 떠난 영혼들이 아니라 지금 여기에서 실제 사람들이 경험하는 실제 해방의 메시지라는 것이다. 기존 교회들은 이런 종류의 해방에 개입하지 않은 만큼 복음의 대리인 역할을 하지 않은 것이 된다. 반면, "그렇게 하는 교회는 그 신학으로 그리스도를 영화롭게 한다." 해방신학자들은 이사야의 말씀을 다른 말로 바꾸어 표현하는 상상을 할 수 있을 것이다. "그 프락시스는, 따라서 마음은 내게서 멀도다."

물론, 해방신학자들은 옳다. 복음은 억압적인 사회경제적 제도와 정책을 옹호하는 데 이용되어 왔다. 그리고 복음은 그런 제도와 정책으로부터 가장 많은 이익을 얻기 위해 배치된 사람들에 의해 이런 식으로 이용되어 왔다. 백 년 전만 해도 미국 남부에서 노예를 재산시하는 제도를 옹호했던 보수주의자들이나, 더 최근에 이르기까지 남아프리카 공화국에서 인종차별정책을 옹호했던 보수적인 그리스도인들을 생각해 보라. 또는 너무나도 많은 중산층 그리스도인들이 자본주의를 기독교적 경제제도로 열정적으로 지지하는 현실을 생각해 보라. 시장경제의 상대적인 장점에 관한 질문은 차치하고, 예수 그리스도의 복음이 이제껏 살았던 사람 중에 비교적 가장 건강하고 부유한 무리의 사람들에 의해 "건강과 부"의 복음으로 변모했다는 사실이 약간 의심스럽지 않은가? 이와 연관지어, "기독교 국가 미국"이라는 신화를 언급할 수 있을 것이다. 신적 섭리라는 교리에도 불구하고, 어느 때든지 특정한 사람들—특히 부유하고 유력한 사람들—이 하나님과 특권적 관계를 누린다고 주장할 경우, 그 주장이 어쩌면 위선적이고 이념적이라고 의심할 수 있는 타당한 신학적, 사회학적 근거가 존재한다. 해방신학자들은 특권 있는 유력자들이 복음의 메시지를 이해함에 있어서 비교적 무능하다는 사실을 언급할 때, 확실히 시사하는 바가 있다.

불행하게도, 해방신학자들은 예수님이 바리새인들과 직면하시는 과정에서 예수님과는 달리, 우리를 성경 본문으로 안내함을 통해서 현대의 모순을 드러내지 않는다. 성경을 인용하는 것은 사실이지만, 위에서 언급했듯이, 해방신학자들은 최종적으로 특별한 종류의 경험, 즉 억압의 경험에 호소하고 있다. 그들에게 억압의 경험은 믿음과 삶의 규범인 성경과 교회를 대체한다. 사실, 성경과 교회 자체가 이 규범적인 경험에 어떻게 잘(또는 형편없이) 상응하는가에 기초해서 판단된다. 그러나 이것은 명백히 또 다른 질문을 초래한다. 누구의 억압 경험이 최종규범을 제공하는가? 우리가 살펴보았듯이, 상이한 해방신학들은 상당히 다른 억압 형태에 초점을 맞추며, 상당히 다른 해결책을 요구한다. 다양한 해방신학들이 신학적, 문화적으로 보수적인 정통주의를 공동의 적으로 공유하기는 하지만, 이 운동들이 권위의 문제에서 궁극적으로 실패하는 모습을 보는 것은 어려운 일이 아니다. 그 운동들이 일종의 끝없는 퇴행 안으로 용해되면서 점점 더 쇳소리를 내며 이런 질문들을 놓고 논쟁을 벌이는 모습을 상상하는 것은 어렵지 않은 일이다. 실제로 누가 누구를 억압하고 있는가? 어떤 종류의 억압이 실제로 가장 악한가? 누가 실제로 가장 억압받고 있는가?

특정한 종류의 경험을 신학의 규범으로 만드는 데 따르는 또 다른 문제가 있다. 그것이 성경과 상관없는 자료에서 도출한 것이 분명한 내용을 성경이 말하게 만드는, 일종의 해석학적 복화술을 초래하는 경향이 있다는 것이다. 하지만 해방신학의 도덕적, 수사학적 힘은 자신들의 논의가 진정 성경적이라는 그들의 주정에서 나온다. 따라서 이 복화술이 더 분명해질수록 이러한 신학의 신빙성은 더 줄어들게 된다. 다른 한 편, 이러한 신학을 전통적으로 성경적인 것으로 간주하는 일이 지나치게 되면 전통 종교를 의심의 눈으로 바라보는 세속적 해방 운동과의 중요한 동맹을 위협하게 된다.

따라서, 해방신학자들은 상호 배제적인 두 지지층 사이에서 진퇴양난에 빠지게 되었다. 한편으로, 그들은 그들의 입장이 진정으로 성경적임을 교회에게 입증할 필요가 있다. 그들은 또한 그들의 입장이 역사적 사회 변화의 적이 될 정도로 성경적이지는 않음을 세속적 상대에게 입증할 필요가 있다. 말할 필요도 없이, 이는 매우 곤란한 입장이다. 다양한 해방신학이 최근에 지적인 각광을 받아 온 것은 사실이지만, 미래는 그다지 밝아 보이지 않는다.

이런 어려움에도 불구하고, 해방신학자들은 점진적인 사회 역사적 해방이라는 대의에 헌신하지 않는 한 아무것도 아닐 수밖에 없다. 참으로, 진보에 대한 그들의 헌신은 역사적, 사회적 현실을 객관적으로 평가하는 것을 포함한 다른 모든 헌신을 대체할 정도다. 이런 면에서, 사회현실의 실제적인 변화가 없을 때—예를 들면, 실제적인 억압의 감소가 없을 때—우리는 이 신학자들이 자신의 사회적·역사적 프로그램을 의심하거나 포기하게 되리라는 사실을 감지하게 된다. 그리고 이런 면에서, 해방신학자들은 실제로 "이상적"이다. 흑인 신학과 페미니스트 신학은 인종과 성-젠더 문제가 지속적인 사회적 현실이라는 이유로 역사적 실패로부터 상당히 격리되어 있다. 그러나 구소련에서 최근에 일어나는 운동이 시장경제의 방향에서 라틴 아메리카의 해방신학에 어떤 영향을 끼칠 것인지를 지켜보는 것은 흥미로운 일이 될 것이다. 동유럽에서 일어난 최근의 혁명은 라틴 아메리카의 해방신학이 세워진 기초인 신 마르크스를 상당히 실질적으로 점검할 것을 요구하는 것처럼 보인다. 하지만, 이런 신학들이 마치 아무 일도 없었던 것처럼 지속되는 모습을 보는 것은 지나치게 놀랄 일은 아닐 것이다. 프락시스는 결국 이론과 실제가 일치하지 못하는 것처럼 보인다.

상당한 역설적 증거를 직면하는 상황에서조차, 해방신학이 세상과 역사에 대한 특정 이해에 강하게 헌신한다는 사실은 지식사회학에 대한 흥미로운 질문을 초래한다. 그것은 논의 전개를 위해 답변이 이루어질 필요가 있는 질문이다. 우리는 물질적 기득권이 성경해석을 왜곡할 수 있음을 살펴보았다. 그렇다면, 현실에 대한 특정 비전 또는 이해에 대한 사전 헌신 때문에 우리의 성경 읽기가 유사하게 왜곡될 수도 있지 않았을까? 약간 다르게 질문해 보자. 성경의 남용은 항상 그리고 유일하게 물질적 기득권—권력, 특권, 편안함 등—의 기능인가 아니면 이 남용이 어떤 사상들에 대한 기득권에 기인할 수 있는가? 특정한 현실 이해에 대한 헌신은 성경해석의 문제에 있어서, 물질적 기득권보다 잠재적으로 훨씬 더 큰 문제가 될 수 있지 않을까(지배적인 신화라는 용어가 이런 문맥에서 사용되어 왔다)? 이 질문들에 대한 답변은 그렇다는 것이다. 그 질문들에 긍정적으로 답변하는 이유는, 우리가 단순히 빵으로만 살 수 없기 때문이다. 우리는 또한 의미에 따라 산다. 즉 우리의 세상과 우리의 삶, 이 세상에서의 목적을 이해하려고 노력함에 따라서 사는 것이다. 최근에 대중화된 용어를 사용하자면, 우리는 경험을 이해하고 해석하기 위한 패러다임이 필요하다. 그리고 우리는 타인들과 함께하는 사회 안에서 이 패러다임을 구성할 필요가 있다. 우리가 타인들과 함께 구성하는 해석적 패러다임은 살기 힘든 상황에서 벗어난 목적과 의미의 공동체 내에서 우리를 결속하는 데 기여한다. 이것은 특히 전반적인 풍요와 여가라는 배경에 적용된다. 일단 기본적인 물질적 필요가 충족되면, 사람들은 더 심각하게 의미와 목적을 추구하게 된다. 사회학자 로버트 니스벳이 몇 해 전에 경고했듯이, 이 필요성은 신속하게 조작에 관한 문제가 된다.

> 현대의 전체주의 공동체의 선지자들은 현대과학의 모든 기술을 멋대로 사용하여, 대중의 공동체에 대한 갈망을 땅 위에서 하늘의 권력에 참여하는 천년주의적 의미로 변화시킨다. 정치 정당은 대중적인 영적 헌신이 번짐에 따라, 정당 그 이상이 된다. 그것은 거의 종교적인 강도를 지닌 도덕적 공동체가 된다. 그 공동체는 집단적·구속적 목적을 깊이 연상시키는 상징, 개인의 존재에 대한 신념과 행동의 모든 요소가 함축된 열정을 포함하게 된다.[11]

1960년대의 급진주의자 피터 콜리어와 데이빗 호로비츠는 신좌파 개입에 대한 숙고를 담은 최근 저서에서, 니스벳의 관찰을 다음과 같이 강력하게 재청했다.

진보적인 신자들 사이의…공동유대를 창출하는 것은 의도가 아니라 전체주의적 믿음이다…전체주의는 정치적 이념, 즉 사회주의자(또는 흑인이나 페미니스)의 이념에 따라, 땅 위의 하늘나라, 즉 정치 권력을 이용하여 인간의 구속이라는 현실을 보유한다. 이 이념은 너무도 아름다운 나머지 급진주의적 신자에게는 하나님 자신과도 같다. 그것은 급진주의적 삶을 제공한다. 그것은 모든 것을 가능케 하는 해결책이다. 그리고 그것은 모든 유감스러운 수단을 정당화하는 결말이다. 사회주의자의 하늘나라는 악덕을 미덕으로, 거짓말을 진리로, 악을 선으로 바꾸는 믿음이다. 혁명적인 종교에서 구원의 길과 진리와 생명은 위에 계신 하나님이 아니라 아래에 있는 인간들이다. 그들은 믿음을 통해 신들의 능력을 부여받은 무자비하고, 잔인하며, 부패한 자들이다. 사회주의자의 낙원을 공산주의의 지옥으로 변화시키는 과정에는 어떤 신비도 존재하지 않는다. 해방신학은 사탄의 신조다.[12]

콜리어와 호로비츠가 자기들의 요점을 과장할 수는 있지만, 해방신학자들은 다음과 같은 원리에 근거한 목적 있는 의미공동체를 구성했다. 첫째 원리는 역사적인 인간의 진보에 대한 계몽주의의 믿음, 또는 도덕적, 지적 의지를 사람들에게 영향을 줄 목적으로 행사할 경우 공정하고 선한 도덕적, 정치적 공동체를 보유하게 된다는 개념으로 요약할 수 있다. 진보에 대한 이 같은 헌신은 위에서 언급한 영지주의적 인식론과 연결된다. 그 인식론은 특정한 종류의 사람들(적절한 사회 정치적 의견을 옹호하는 사람들)이 실제로 현재의 역사적 순간을 이해할 수 있으므로 궁극적으로 진리 자체를 이해할 수 있다고 시사한다. 당연히 이 강력한 결합은 상당히 근본적인 의심을 초래했다. 그 의심은 단순히 과거뿐 아니라 인간의 열망 총체를 정치 사회적 변화로 축소하기를 거절하는 모든 이해를 대상으로 삼는다. 역사적 기독교 정통주의는 이 시험에서 형편없는 점수를 받게 된다. 그것이 하나님의 나라를 단순히 인간 역사와 문화 안으로 붕괴시키기를 완고하게 거부해 왔기 때문이다. 이념적 기득권에 관한 요점으로 돌아가 생각해 보자. 만일 이념에 대한 이전의 헌신이 우리의 성경 이해를 왜곡하는 효과를 가질 수 있음을 인정한다면, 해방신학은 바로 이러한 종류의 왜곡을 상당히 명백하게 보여주는 실례를 제공한다. 해방신학이 바로 앞서 요약되어 제시된 헌신들에 근거해 성경을 이해하고 이용해온 사실을 스스로 인정하기 때문이다.

그렇다면 우리는 해방신학이 자체를 급진적이라고 주장하지만 신학적, 또는 사회학적으로 실제로 충분히 급진적이지 못했다고 말할 수 있다. 해방신학은 신학적으로 충분히 급진적이지 못했다. 복음의 관점에서 볼 때, 죽음과 무력함이 학대적 권위와 억압에 대한 유일한 해결책이라는 사실을 깨닫는 데 궁극적으로 실패했기 때문이다. 그들은 십자가의 신학을 이해하는 데 실패했다. 이런 종류의 실패는 전혀 새롭지 않다. 해방신학자들은 군중이 빌라도에게 예수님 대신 정치 선동자를 풀어 달라고 요구한 것과 동일한 실수를 반복하고 있을 뿐이다. 그러나 다양한 해방신학이 사회학적으로도 충분히 급진적이지 못하다는 사실을 강조하는 것이 중요하다. 이것이 그들이 특정한 의미 및 목적 공동체로부터 해석학을 해방시키는 데 실패하는 (사실상, 관심조차 없는 것처럼 보이는) 이유다. 해방신학은 물질적 관심을 성경해석에 도입하는 왜곡을 바르게 확인하는 반면, 이념적 기득권에 기인하는 왜곡을 철저히 도외시한다. 해방신학은 이전에 사회현실의 본질에 관한 특정 이론에 헌신했던 사실이 어떻게 성경해석을 서서히 부패시킬 수 있는지를 보지 못한다. 아마도 이것은 의미와 목적 공동체 자체가 계시적이라고 여기기 때문일 것이다.

해방신학이 충분히 급진적이지 못했다면 그 이유는 지식이 사회세력에 의해 형성되고 제한되는 다양한 방식을 충분히 파악하지 못했기 때문이다. 마르크스가 암시했듯, 지식은 또한 물질적, 경제적 생존에 의해,

즉 "실제 삶의 과정" 안으로 제한된다. 하지만 살펴보았듯이, 지식은 또한 세상을 이해하고 설명해야 할 필요와 목적, 그리고 의미공동체에 대한 헌신에 의해서도 제한된다. 사실, 이 후자의 고려사항은 다수의 이론가가 현실 자체의 사회적 구성을 언급하고, 이제까지 작업해온 것보다 훨씬 더 폭넓은 지식사회학의 개념을 제안하게 하는 결과를 초래했다.

현실이 사회적으로 구성된다는 암시는 처음에는 자명하게 불합리한 것처럼 보인다. 하지만 우리는 이 입장을 더 면밀하게 고려해 볼 필요가 있다. 그것은 사실 그렇게 불합리하지는 않다. 이 입장은 현실이 보통 말하는 자연과 우리 자신의 존재를 창출함을 의미하지 않는다. 그러한 암시는 참으로 불합리한 것이기 때문이다. 그러나 현실의 사회적 구성이 암시하는 바는 우리가 서로를 위한 사회적 현실을 창출한다는 사실과 이 사회적 현실이 우리 자신과 세상을 창출한다는 사실이다. 사회에서 타인들과 함께 행동하는 과정에서 우리가 어떤 것을 "실제적"이라고 정의한다면, 이 정의는 우리에게 실제적인 영향을 미칠 것이다. 아마도 언어는 이를 보여주는 가장 명백한 실례일 것이다. 언어는 명백히 인간의 산물이지만, 현실에 관해 생각하고 그것을 경험하는 우리의 능력의 한계를 제한한다. 위에서 언급한 현실이 보통 말하는 자연과 우리 자신의 존재를 창출하지 않는다는 통보를 예로 들어보자. 아마도 그렇지 않을 것이다. 그러나 "자연"과 "존재"라는 단어들은 사회적 단어들이다. 그리고 이 단어들이 의미하는 것에 대한 실제적인 경험이 그 단어들에 의해 형성된다. 에스키모인들이 "눈"을 언급하는 다수의 단어를 보유한다는 관찰은 자주 인용된다. 이러한 관찰이 앞서 언급한 사실에 대한 좋은 실례가 된다. 그것은 그들이 씨름할 수밖에 없는 눈의 양을 고려할 때, 이해할 만하다. 사실상, 이것은 눈에 대한 그들의 경험이 우리보다 더 풍부하고 미묘함을 의미한다. 명사뿐 아니라 동사에 관해서도 유사한 관찰을 할 수 있다. 예를 들어, 특정한 헬라어 시제들은 영어에 맞먹는 것이 없는 형태의 행동들을 묘사한다. 영어를 사용하는 사람들에게 이런 행동들은 그것들을 묘사하는 동사 시제들이 없기에 어떤 면에서 존재하지 않는다. 분명 언어의 신비에 관해 훨씬 더 많은 내용을 언급할 수 있다. 하지만, 여기서는 언어가 현실의 사회적 구성에 대한 전형적인 실례를 제공하는 것처럼 보인다고 말하는 것으로 충분할 것이다.

현실의 사회적 구성은 공동의 문제다. 현실에 대한 이해는 의미와 목적 공동체 내에서 함께 살고 어울리는 사람들에 의해 유지된다. 우리가 자신을 위해서 구성하는 사회적 현실이 반드시 현실 자체와 산뜻하게 일치하지 않음을 인식하는 것은 중요하다. 사실, 인간사의 많은 부분은 (소용없음에도 불구하고) 어느 정도 성공적으로 창조, 토라, 하나님의 실재를 무시하려는 일련의 긴 시도로 묘사할 수 있다. 다시 바리새인들에게로 돌아가 보자. 어쩌면 그들의 주요한 문제는 그들의 종교적 현실 구성이 예수님으로 모습을 드러낸 방식의 메시아를 불가능하게 만든다는 것이다. 바리새인들이 이러한 방식으로 물질적인 혜택을 입었다는 것은 의심의 여지가 없는 사실이다. 하지만, 이것이 이야기의 전부는 아니다. 그들은 이상적으로도 틀림없이 혜택을 입었기 때문이다. 이것은 그들이 구성한 (예수님이 이사야를 인용하여 "인간의 전통"이라고 표현하신) 종교적 현실이 인간의 성취를 기반으로 하나님 앞에서 의롭다 하심을 받고 싶어 하는 자연스러운 인간적 바람을 만족시키기에 대단히 적절한 것이었다. 우리는 사도 바울을 따라서, 바리새인들이 구성한 (일반적으로, 인간적으로 구성된 종교 시스템을 포함하는) 종교 시스템이 우상과 "율법의 행위"를 향하는 타고난 성향을 보여준다고 말할 수 있을 것이다. 그 성향은 은혜의 현실을 인식하는 것을 매우 어렵게 만든다.

우리가 사회적으로 구성된 종교적 현실에 완강하게 헌신한다는 사실은 최근 몇 년 동안 다양한 해방신학들을 지지해온 에너지에 의해 입증된다. 위에서 지적했듯이, 이러한 신학들은 특정한 역사적, 사회적 변화를 이해한 방식에 의해 정의되는 사회적 현실을 구성해 왔다. 그러나 우리는 이렇게 구성된 현실에 대하여 두 가지 질문을 제기할 필요가 있다. 첫째, 이 현실과 그것을 구성하는 개념들을 옹호하는 자들을 연결할 수 있는지의 여부에 대한 질문이다. 예를 들어, "가난하고 억압받는 사람들"의 인식론적 특권에 관한 수사학에도 불구하고, 해방신학들이 여전히 체계적이지 못한 억압받는 대중을 해석하고 조직화하는 인식론적, 또는 지적 엘리트를 요구한다는 사실을 지적할 수 있다. 해방신학의 지지자들은 대부분 이 역할을 인수하여 대중을 섬길 준비가 된 고등교육을 받은 지식인들이다. 여기서 제기해야 할 질문은, "이것이 단순한 우연의 일치인가"라는 것이다. 아마도 그럴 것이다. 하지만 우리는 사회적, 정치적 권력이 본질적으로 자체를 축적하도록 허용하는 해석시스템을 고안하는 모든 지식인을 의심하는 것이 현명하다.

물질적·이념적 기득권이 성경해석에 서서히 미치는 영향을 보여주는 한 흥미로운 실례가 최근 자본주의에 대한 논쟁, 즉 최근 수십 년 동안 북미 복음주의 내에서 상당히 분열을 초래하는 것으로 입증된 논쟁이 보여준다. 복음주의적 논쟁은 일반적으로 유형 재화의 생산과 분배와 관련한 중산층이라는 오래된 전통적인 부분과 지식과 정보의 생산과 분배와 관련한 중산층이라는 새로운 부분 사이에 일어나는 일종의 문화 전쟁이라는 배경에서 벌어졌다. 이 갈등을 상세하게 분석하기에는 지면이 허용되지 않지만, 각 부분은 자신이 가장 잘 이용할 수 있는 이념을 통해 그 전쟁에 개입하는 경향이 있다. 예를 들어, 전통적인 중산층 구성원들은 전형적으로 자본주의와 기업체를 변호하고 사회적인 문제에 대한 시장의 해결책을 옹호하는 경향이 있다. 그들은 지식인들과 정부 관료들을 의심한다. 반면, 새로운 계층의 구성원들은 자본주의에 대해 상당히 비판적이고, 사업상의 이해관계를 의심하며, 그들이 우연히 고용된 장소인 대학과 입안기관의 보호를 받는 정치적, 사회적 권위를 옹호한다.

사실상, 복음주의자들은 이 갈등의 양측에 대해 교목처럼 행동해왔다. 일부 복음주의자들은 새로운 계층의 사회적, 정치적 의제를 의식적으로 옹호하게 되었으며, 그 결과로 자본주의와 사업상의 이해관계를 상당히 의심하게 되었다. 다른 사람들은 오래된 또는 전통적인 중간층의 관심을 표현하기로 선택했으며, 그 결과 자본주의에 대해 매우 방어적이 된 반면, 지식 엘리트에 대해서는 매우 비판적이 되었다. 양 진영은 본질적으로 상반되는 사례들을 만들기 위해 (성경의 다른 부분들을 이용함에도 불구하고) 직접 성경에 호소해 왔다.

아마도 자본주의에 대해 매우 비판적이거나 매우 방어적인 사람들 모두를 의심하는 것이 현명한 일일 것이다. 이러한 비판이나 변호가 성경에 근거한 것처럼 보일 때에 특히 그렇게 해야 한다. 양쪽의 입장이 다르다는 것은 어떤 사회적, 문화적 갈등의 각 측면에서 각자가 선호하는 이념을 옹호하리라는 사실을 시사한다.

그러한 사회학적 주장은 우리의 이념이나 신념이 어떤 식이든 사회적으로 결정되면, 그에 따라 그러한 요인이 계층의 회원자격을 반영할 뿐임을 암시하지 않는다. 사람들은 그보다 훨씬 더 복잡하고, 예측 불가능하다. 사실, 개인적 책임이라는 개념은 바로 이런 종류의 사회학적 결정요인을 자유롭게 선택할 수 있음을 내포한다. 게다가 사회학적 관찰은 사회 갈등에 개입된 사람의 위선을 내포하는 것으로 받아들일 수 없다. 대부분 갈등 상황에서 양 진영에 속한 옹호자들이 자신의 사례들의 가치를 정직하게 믿고 있음을 의심할 이유가 전혀 없기 때문이다. 그러나 이러한 사회학적 논의는 사람들이 친밀한 의견과 신념에는 매력을 느끼지만, 그다지 친밀하지 않은 다른 의견과 신념을 무시하는 경향이 있음을 의미한다. 이것은 지식이 이념적으로 남용되는 원인이 때때로 지식이 직접적으로 부패한 문제라기보다는 선택적으로 다뤄지는 문제에 기인함을 보여준다. 그러한 선택성은 명백히 성경해석에 영향을 미친다.

우리가 묻고자 하는 두 번째 질문은 해방신학에 관한 것이다. 역사적 기독교 정통에서 크게 벗어난 이 신학이 최근에 인기를 끄는 이유는 무엇인가? 무엇이 현재의 타당성을 설명해주는가? 첫 번째 질문을 다루자면, 해방신학이 역사적 진보에 헌신한다는 사실은 현대화 과정에서 최근 수 세기 동안 제도 및 의식 수준 면에서 철저히 변화된 세상이 배경이 된다는 면에서 본질적으로 대단한 타당성을 지닌다. 이미 생산, 수송, 소비, 소통 같은 측면에서 목격된 진보가 너무 큰 나머지 끊임없는 진보와 더불어 사회가 실제로 다소간 완전해질 수 있으리라고 상상하는 것도 전적으로 비합리적이지는 않다. 비슷한 맥락에서, 최근 수 세기 동안 일어난 전문기술의 급속한 확장과 인간 지식의 폭발은 일반적으로 역사가 실제로 인간의 프로젝트라는 믿음을 설득력 있게 만들었다. 말하자면 인간성이 실제로 "성숙"했다고 믿게 해주는 것이다. 현대적 정치기관이 지난 세기에 전례 없는 성장을 경험한 나머지, 해방신학이 복음의 정치적 적실성을 그처럼 강하게 때로는 배타적으로 강조한 것이 놀랄 일이 아니다.

해방신학은 또한 현대의 세속성이라는 배경에서 타당성을 지닌다고 말할 수 있다. 현대의 사회적, 문화적 삶의 세속적 특성을 설명해주는 이유는 다양하다. 하지만, 이 세속성의 특이한 영향은 고등교육을 받은 사람들을 실재에 대한 전통적인 종교적 해석에서 소외되고, 한때 종교가 제공할 수 있었던 의미와 목적 공동체를 절실히 그리워하는 어려운 처지에 내버려둔다는 것이다. 이런 배경에서, 해방신학(대부분 전통적 기독교가 세속화된 형태)은 당연히 매력적인 것으로 나타난다. 이러한 신학은 기독교 정통의 언어와 구조를 유지한다. 하지만, 그것은 하나님의 행위가 우리 자신의 행위 안으로 붕괴되고, 그 결과 역사와 사회적 변화가 주로 인간의 프로젝트임을 단언하는 방식으로 이 언어와 구조를 해석한다. 아마도 해방신학은 (아마도 오늘날의 세상의 여러 부분에 여전히 일어나고 있는)

현대화가 시작되기 이전에도 믿기 힘들 정도로 상당 부분 자리 잡고 있었을 것이다. 그럼에도 현대사회의 특징들이 그 신학을 현대 지식인들에게 점점 더 매력적인 것으로 제시했다.

이것은 해방신학이 현대화 과정의 반영에 불과함을 말하려는 것이 아니다. 그리고 이 신학이 진정하게 옹호되고 있지 않음을 암시하려는 것도 아니다. 여전히, 지식사회학자는 이 신학 또는 그런 면에서 다른 신학운동이 유발된 이유를 묻지 않을 수 없다. 그리고 이 특정한 역사적 시점에 그렇게 유행하게 된 이유도 마찬가지다.

해방신학 조사를 위해 지식사회학을 사용하는 과정에서, 우리는 어떤 면에서 형세를 역전시키고 있다. 그들이 다양한 억압 체제와 협력했다는 이유로 기성교회를 고발해 왔듯이, 우리는 일종의 문화적 억류를 이유로 그들을 고발해 왔다. 그것은 갈등 중심적 사회현실 모델이 명백히 그들의 시야를 가리는 것을 언급한다. 우리는 상대주의자들을 상대화한 것이다.

그러나 우리는 이러한 현명한 지적 위업을 자축하기에 앞서, 그것을 위해 값비싼 대가를 치른 사실을 깨달을 필요가 있다. 사실상, 우리는 지식, 종교적 지식조차도 상황적으로 상대적이며, 그 사회적 위치에 따라 해석될 수 있음을 인정해 왔다. 이렇게 인정하는 것은 값비싼 것이다. 우리 자신이 그러한 현실에서 면제될 수 없기 때문이다. 우리가 지식사회학의 분석적 메스를 우리의 반대자들에게 적용한다면 우리는 그 호위?를 돌려받게 되리라고 예상할 수 있다. 그뿐 아니라, 우리 자신을 의심하게 되는 결과로, 어쩌면 고통스러운 자기 회의를 경험하리라고 예상할 수 있다. 우리는 우리의 신념을 지식사회학적으로 분석할 경우, 이념적 편견에서 전적으로 자유로울 수 없을 것이다. 우리는 역사적, 사회적으로 자리 잡고 있으며, 우리 시대의 역사적 흐름과 사회적 갈등에 개입하고, 연루될 수밖에 없다. 지식사회학을 사용해서 우리가 축적하는 혜택은 진리가 우리에게 있어 최소한 상황적이고 상대적이라는 사실을 인정하는 희생을 치르게 한다.

그러나 진리 파악이 상황적이고 상대적이라는 받아들이기 곤란한 입장의 힘을 무디게 하는 몇 가지 관찰이 있다. 첫 번째는 과학의 존재다. 과학은 우리의 특정 상황을 초월하고, 우리 주변의 세상에 관한 특정한 사실들을 아는 것이 원칙적으로 가능함을 지적해 준다. 과학적 발견을 초래한 특정한 사회학적, 심리학적 요인들을 돌이켜 보며 지적할 수 있다는 사실조차, 이러한 발견의 참됨을 부정할 수 없다. 사회학자 피터 버거가 이렇게 주목했듯이 말이다.

> 수학의 사례는 이런 연관성에서, 상당히 유익하다. 의심할 바 없이, 수학은 인간 의식의 특정 구조를 실재에 투사하는 것이다. 그러나 현대과학의 가장 놀라운 사실은 이러한 구조들이 "거기 존재하는"(로빈슨 주교의 표현) 어떤 것에 상응하는 것으로 판명된다는 것이다. 수학자, 과학자, 과학 철학자들은 여전히 어떻게 이런 일이 가능한지를 이해하기 위해 애쓰고 있다. 더욱이, 근대사상사에 발전된 이러한 투사들이 매우 특정한 하부구조에 기원한다는 사실을 입증하는 것이 가능하다. 그 하부구조 없이는 그런 발전이 일어났을 가능성이 거의 없기 때문이다. 그러므로 현대과학을 거대한 환상으로 간주해야 한다고 암시한 사람은 지금까지 아무도 없었다. 물론 종교의 사례와 병치시키는 것은 완전하지는 않지만 숙고할 만한 가치가 있는 일이다.[13]

버거가 이런 사실들을 관찰한 이후에, 현대과학이 권좌에 있는 자들의 이념적 도구에 불과함을 많은 사람이 여러 해 동안 암시해 왔다. 그러나 대부분의 합리적인 사람들은 과학의 존재가 세상에 관해서 진실하게 진술하는 것이 원칙적으로 가능함을 의미하는 것으로 받아들이고 있다. 그리고 세상에 관해 진실하게 진술할 수 있다면, 세상에 대한 우리의 참여에 관해 진실하게 진술할 수 있어야 마땅한 것처럼 보이게 될 것이다. 만일 우리가 세상에 대한 우리의 참여에 대해 진실하게 말할 수 있다면, 원칙적으로 우리는 하나님의 본성에 관해 진실하게 진술할 수 있어야 한다. 이 세상은 하나님의 것이고, 사도 바울이 로마서에서 주장하듯 우리는 그분의 형상으로 지음받았다. 하지만, 이것은 그 주장에 한발 앞서 있다. 여기서 요점은 과학의 존재가 우리의 "현실"이 사회적으로 구성됨에도 불구하고, 그렇게 구성된 사회적 현실은 현실 그 자체에 의해 제한되고 규제된다는 것이다. 예를 들면, 우정이 신의와 아무 관계가 없다든가, 자녀가 부모의 애정 어린 양육을 더는 필요로 하지 않는다든가, 사람들이 하나님을 추구하고 발견하는 일이 허용되지 않는 사회적 실재를 구축하는 것은 불가능한 일이 될 것이다.

우리의 진리 파악이 상황적이고 상대적이라는 받아들이기 곤란한 입장의 힘을 무디게 하는 두 번째 관찰은 통제된 자기비판을 통해 자신의 편견을 초월하는 것이 가능하다는 사실이다. 사실, 이 장 전체의 요점은 —지식사회학을 통해—우리를 지배하는 종류의 이념적 편견을 인식하고 예상할 수 있음을 암시한다. 그 결과 우리는 철저하게 그 편견에 지배당해 현실을 제대로 보지 못하는 일은 피할 수 있다.

여기서 지식사회학의 방법론에 대한 상세한 논의를 제공하기에는 지면이 부족하지만(게다가 그 질문에 대해서는 어쨌든 전문가들의 의견이 분리되어 있다), 몇 가지 상식적인 요점을 언급하는 것은 가능하다. 첫 번째는 지식사회학이 자기 검토를 위해 유익한 관점을 제공하기는 하지만, 상당히 직설적인 도구라는 것이다. 이것은 지식사회학의 관점이 가장 민감한 사회현상이기 때문이다. 계층 갈등, 사회 과정, 일반화된 사회적 추세 등은 규모가 큰 경향이 있다. 게다가, 위에서 언급했듯 진리의 이념적 남용은 때때로 노골적인 조작보다는 선택의 문제인 경향이 있다. 이런 이유로, 지식사회학적 관점은 한 그룹의 사실과 해석에 대한 선택이 사회적 관심을 지닌 다른 경쟁 그룹의 선택과 비교될 수 있는 갈등 상황에 가장 유익하게 적용될 수 있다. 성경해석의 사례에서, 지식사회학은 아마도 사회윤리 문제에 주로 적용될 것이다.

지식사회학의 방법론과 지나친 단순화의 위험성을 고려할 때(여기서도 전문가들의 의견이 분분하다), 지식사회학적 접근법은 세 단계로 이뤄진다고 말할 수 있다. 첫 번째 단계는 서술적 단계다. 우리는 논의 중인 지식을 이해하고 있는지를 확인하기를 원한다. 우리는 성경의 특정 해석 시스템, 특정한 공공 정책에 대한 견해, 사회윤리 또는 다른 주제를 다루는 논문을 가능한 한 철저하게 확인해야 한다. 우리는 그 주장을 단순히 진술된 대로가 아닌 그 주장이 추정하고 당연시하는 내용 면에서도 이해하고 있는지를 확인하고 싶어 한다. 그 입장은 어떤 종류의 실증적(즉, 기존의 정세에 관한 추정)을 하고 있는가? 그 주장은 기존의 정세에 관해서 어떤 종류의 규범적 추정을 하고 있으며, 우리는 그것에 관해서 무엇을 해야 하는가? 요컨대, 우리는 그 입장이 어떤 종류의 사회적 현실을 전제하고, 해결하고자 노력하고 있는지를 이해하길 원한다.

지식사회학적 분석의 두 번째 단계 역시 서술적이다. 하지만 그것은 사회적으로 말해서, 조사가 언급하는 주제가 무엇인가 대신 '누구'인가에 초점을 맞춘다. 예를 들어, 그들은 어떻게 생계를 유지하는가? 더 큰 사회 질서에서 어떤 신분을 차지하고 있는가? 우리는 그 대상들이 식별이 가능한 사회적 관심을 보유한 그룹의 구성원으로 어느 정도까지 관여되어 있는지를 발견하는 데 관심이 있다. 그것이 우리의 대상들이 특정한 입장을 채택한 이유와 특정한 다른 대안을 방치하거나 무시한 이유를 설명하는 데 도움을 줄 수 있기 때문이다.

지식사회학적 분석의 세 번째 단계는 논의 중인 지식을 그 옹호자들의 사회적 위치와 연결하려는 시도를 포함한다. 이것은 명백히 그 분석의 가장 중요한 단계인 동시에 문제가 되는 단계이기도 하다. 그 이유는 그러한 연결이 타당하게 수립되고, 사회적 기득권 면에서 어떤 견해를 타당하게 설명할 수 있는 경우에도, 절대로 논의 중인 지식을 단순하게 사회적 요인으로 축소할 수 없기 때문이다. 사회적 배경이 단순히 어떤 개념의 사회 내의 성공뿐 아니라, 그 기원과 긍정적인 내용 역시 설명해주는 것처럼 보이는 사례들이 있다. 반면에, 개념들이 특정한 사회 배경을 예상하고, 결과적으로 초래한 것으로 나타나는 다른 사례들도 존재한다.

사고와 사회구조가 변증법적 관계 내에 존재한다는 최초의 추정을 고려할 때, 우리는 전자를 후자로부터 완벽하게 구별해 주는 방식 역시 존재하지 않음을 추정해야 한다. 우리는 단지 개별적인 사례들이 갖는 관계를 구별하는 방법에 대해서 최상의 추측을 제공할 수 있을 뿐이다. 따라서 특정 개념이 사람들의 사회적 위치에 대한 고찰에 불과함을 입증할 수 없다 하더라도, 그 옹호자들에게 그렇지 않음을 입증하거나, 최소한 그 가능성을 고려해보라고 제안할 수 있다. 예를 들어, 우리는 자본주의에 대한 거친 비난과 확고한 변호, 두 가지 다 현재의 계층 갈등 내부의 입증 가능한 사회적 관심에 봉사함을 보여줄 수는 있다. 하지만 이것은 최소한 자본주의를 옹호하거나 반대하는 사례를 낳을 목적으로 성경을 사용해온 사람들이 자신의 석의를 검토하도록 동기를 부여해야 한다. 우리는 그들이 자신의 성경 사용이 강요된 것인지 또는 선별적인지, 아니면 둘 다 해당되는지를 발견하게 되리라고 의심할 수 있다. 이러한 종류의 비판적인 자기 검토는 하나님의 음성과 우리 자신의 권력에의 의지를 구분하기 위해 끊임없이 갈등하는 우리 그리스도인들에게 특별히 중요하다.

이제까지의 논의는 우리가 지식사회학을 성경 본문 자체에 적용하는 것이 아니라 본문에 대한 해석에 적용하는 것에만 관심이 있음을 전제해 왔다. 그러나 모든 사람이 기꺼이 성경에 대한 존중을 표하거나, 성경 본문을 의심의 해석학에서 면제시켜 주는 것은 아니다. 점점 더 많은 수의 현대 학자들이 이런 질문들을 제기해 왔다. "해석 행위 자체가 필수적으로 이 본문의 의미를 흡수하고 변화시키는가?" 해석자 자신의 상황과 주관성과 별개로 "본문의 의미"를 언급하는 것이 불가능하다면 어떻게 되는가? 지식사회학의 관점 자체는 이러한 질문들에 답할 것을 요구하지 않는다. 하지만, 그 관점은 다수의 혼란스러운 인식론적 문제들을 유발하고, 모든 본문과 해석 행위를 점점 더 의심하는 방향으로 우리를 인도한다.

그러나 모든 본문과 해석 행위를 해체하려는 현대의 움직임에 대한 경고에 과도하게 반응하기 전에, 우리는 그리스도인으로서 우리 자신을 위해 어떤 종류의 인식론적 특권도 주장하지 않는다는 사실을 상기할 필요가 있다. 우리는 오직 성경 자체를 위해서만 그렇게 한다. 다시 말해, 우리 그리스도인들은 역사적 상황의 흐름과 죄악 된 주관성을 통해서 말씀하실 수 있으셨고, 여전히 말씀하신다는 사실을 신뢰한다. 하나님은 창조를 통해서 말없이 말씀하시거나 종교적 경험을 통해 불분명하게 말씀하신다. 그뿐 아니라 하나님은 말씀, 특히 성경 말씀을 통해서도 말씀하신다. 이 말씀은 바울이 말한 대로, "하나님의 감동으로 된 것으로 교훈과 책망과 바르게 함과 의로 교육하기에 유익하다(딤후 3:16). 역사적 정통에 속한 우리 그리스도인들은 그 권위에 헌신한다. 우리는 이와 연관하여, 성경이 반드시 성취되어야 하며(눅 24:44), 사실 "율법의 한 획이 떨어지는 것보다 천지의 없어짐이 쉬우리라"라고 반복해서 말씀하신 주님 자신이 이 권위를 암시하셨음을 발견하게 된다.

불행하게도, 현대의 지적 배경에서는 성경이라는 개념이 그다지 인정되지 않는다. 관계성의 중심적 척도라는 면에서, 일종의 광범위한 자율성 또는 자기 근거가 전통적 권위에 대한 호소를 표면상 대체했기 때문이다. 해석 체계와 참된 지식에 관한 모든 주장은 궁극적으로 자기 외부에 근거하고, 비평을 초월한 어떤 규범이나 권위에 최종적으로 호소하게 된다. 과학에서, 이 규범은 타당한 물리적 실재의 세계다. 하지만, 어쩌면 그 규범은 과학적 방법 자체의 타당성일 수도 있다. 해방신학의 경우, 이 규범은 억압의 경험이다. 사실, 표면적으로 가장 완고하고 실제적인 사회과학 이론조차도, 제기하도록 허용되는 질문들에 대한 사전 판단에 근거한다.

어떤 사람들은 이런 사실에 근거해서, 진리와 오류라는 개념 자체를 생략해야 한다는 결론을 내린다. 그러나 그런 명제를 문장으로 형식화하는 것조차도 의미 있는 (따라서 진실할 가능성이 있는) 의사소통의 가능성을 전제한다. 우리 그리스도인들만이 성경본문에 대해 특별한 인식론적 지위를 보유한다고 주장하는 것은 아니다. 그러므로 우리는 이러한 주장에 당혹할 필요가 없다. 모든 비판행위가 비판적 프로젝트를 개시하기 위한 고정점을 전제하는 것이 사실이라면, 살아계신 하나님의 말씀보다 더 견고한 자리는 있을 수 없다.

이것은 계시 신학에 대한 논의로 이어진다. 여기서는 이 신학을 깊이 다루지 않을 것이다. 어쩌면 이 장의 결론으로, 그리스도인들이 항상 일반계시와 더불어 특별계시를 지지해왔음을 언급하는 것으로 충분할 것이다. 이 주장이 비그리스도인에게는 불쾌하게 들릴 수도 있을 것이다. 하지만, 이 불쾌함을 완화해 줄 수 있는 변증적인 전략은 존재하지 않는다. 그렇게 하려는 모든 시도는 이신론이나 범신론으로 끝나게 된다. 중요한 종교개혁의 고백 중 하나인 웨스트민스터 신앙고백은 이렇게 진술한다. 성경의 권위는 어떤 인간이나 교회의 증거가 아니라, 오직 전적으로 성경의 저자이신 (또한 진리 그 자체이신) 하나님께 의존한다. 따라서, 성경은 하나님의 말씀이기 때문에 받아들여져야 한다. 그리스도인들은 성경이 하나님의 말씀임을 믿는다. 다시 말해, 사실상 하나님의 말씀이기 때문에 믿는 것이다. 우리의 사회적인 상황성이 당연히 성경에 대한 이해를 왜곡하거나 제한할 수 있지만, 하나님이 세상과 우리에 대한 목적을 성취하시기 위해 성경을 사용하시는 것을 막지는 못한다. 그분의 말씀은 선지자 이사야가 선언했듯이 절대로 헛되이 그분에게 돌아가지 않는 것이다.

4장 지식사회학과 의심의 해석학

주

1 Karl Marx, "The German Ideology," in *The Portable Karl Marx*, ed. Eugene Kamenka (New York: Viking/Penguin, 1983), p. 169.

2 Karl Mannheim, *Ideology and Utopia: An Introduction to the Sociology of Knowledge* (London: Routledge and Kegan Paul, 1936).

3 Jose Miguez Bonino, *Doing Theology in a Revolutionary Situation* (Philadelphia: Fortress, 1975), pp. 17-18.

4 Letty Russell, "Introduction: Liberating the Word," in *Feminist Interpretation of the Bible*, ed. Letty M. Russell (Philadelphia: Westminster Press, 1985), p.

5 Rosemary Radford Ruether, "Feminist Interpretation: A Method of Correlation," in *Feminist Interpretation of the Bible*, ed. Letty M. Russell (Philadelphia: Westminster Press, 1985), p. 114.

6 James Cone, *A Black Theology of Liberation*, 2nd ed. (Maryknoll, N.Y.: Orbis, 1986), p. 45.

7 앞의 책, p, vii.

8 Elisabeth Schassler Fiorenza, "The Will to Choose or to Reject: Continuing Our Critical Work," in *Feminist Interpretation of the Bible*, ed. Letty M. Russell (Philadelphia: Westminster Press, 1985), p. 132.

9 Cone, *Black Theology of Liberation*, p. 9.

10 Rosemary Radford Ruether, "Feminist Interpretation: A Method of Correlation," in *Feminist Interpretation of the Bible*, ed. Letty M. Russell (Philadelphia: Westminster Press, 1985), p. 121.

12 Peter Collier and David Horowitz, *Destructive Generation: Second Thoughts About the Sixties* (New York: Summit, 1989), p. 313.

13 Peter Berger, *The Sacred Canopy: Elements of a Sociolgical Theory of Religion* (Garden City, N. Y. Anchor, 1969), p.181.

5장
해석학과 포스트모더니즘

신 헤르메스는 도적과 상인, 여행자의 수호신이다.
헤르메스는 교활하고 때로는 폭력적이다. 하여 그가 해석자의 수호자이기도 하다는 사실은 놀랄 일이 아니다.
해석자들의 기술과 그 철학의 규칙을 해석학이라고 부른다.
이 단어는 여러 세기 동안 순수하게 사용되다가 그 은밀한 의미가 드러났다.
어떤 이들에 의해 그것이 가장 진지한 철학적 질문,
즉 오래된 형이상학의 필연적 전복을 초래하는 수단으로 간주되기 때문이다.
프랭크 커 모드, 비밀의 기원

세상은 말씀의 부르심을 받았다
텅 빈 허공으로부터,
말씀으로 형체가 생기고 담으로 에워싸여졌다.
선과 원과 사각형,
진흙과 에메랄드로.
현혹하는 호흡이 낚아챘다.

또렷한 호흡이.

에드윈 뮤어, “짐승들”

주의 말씀을 열면 빛이 비치어 우둔한 사람들을 깨닫게 하나이다.

시편 119:130

최근 몇 년 동안 성서학 분야에서 모습을 드러낸 해석학은 세속적인 사고 세계에서 중요한 활동이 되었다. 해석학은 학문적 활동의 전 영역에 걸쳐서 그림자를 드리워 왔다. 거기에는 인문학, 사회과학, 나아가서는 순수한 사실의 (아마도) 보루, 즉 순수 과학이 포함된다.

해석학이 이처럼 새로운 중심이 되고 있다는 사실이 성경을 따라 살고자 하는 그리스도인들에게 무엇을 의미하는가? 그 질문에 대한 간단한 답은 없다. 그것은 우리 시대의 사고 지형을 통과하는 길고도 어려운 길의 끝에 놓여 있다. 이어지는 지면에서 우리는 하나님의 말씀이 이 같은 어려운 길을 밝혀주는 등불이자 빛임을 확신하고 그 길을 걷게 될 것이다. 그리고 마지막에는 우리가 순례하는 말씀의 빛에 대해서도 더 많은 것을 알게 될 것이다.

해석에 대한 이처럼 폭넓고 새로운 관심에 있어서, 해석학이라는 학문이 성경적 학문에 의해 여러 세기에 걸쳐서 연마됐다는 사실이 주목받게 되었다. 세속적 관심이 성경적 해석학에 암시적으로 공감하는 것을 보여주는 전형적인 예가 프랭크 커모드의 『비밀의 기원』 서문이다. 그것은 성경해석에 나타나는 유사한 문제에 비춰서 20세기 문학 해석의 몇 가지 문제를 탐구한다.

커모드는 이렇게 인정한다.

해석의 규칙과 이론—철학에 도용되기 전의 해석학—의 역사는 성경

> 석의와 밀접하게 연결된다. 석의가는 규칙과 정경을 만들고, 개선하고, 다른 종류의 해석학적 활동을 식별하고, 다음과 같은 질문을 포함하도록 전반적인 주제를 확장했다. 무엇이 해석을 가능하게 만들어 주는가? 기록과 해석 사이의 시간 경과가 그 과정에 어떤 영향을 주는가? 무엇이 행동을 기술하는 규칙의 영향을 받는가? 무엇이 해석자의 직관적 재능에 맡겨져야 하는가?[1]

커모드는 계속해서, 세속학문이 "더 고대에 속한 것들을 조사하는 과정에서 본질적인 것처럼 보인 경우를 제외하고는, 성경 비평에 많은 관심을 보이지 않은 사실을 인정한다.[2] 그는 이렇게 말한다. "이것은 몇 가지 이유로 인해 불행한 일이다. 첫째로, 가장 훌륭한 성경 연구의 학문적 질과 훈련이 여러 면에서 모범적이기에 충분할 정도로 수준이 높기 때문이다."[3]

처음에는, 성경해석학을 배우는 진지한 학생이 이러한 인식에 대해 약간 우쭐해질 수도 있다. 해석학의 르네상스가 도래한 것은 오랫동안 신실한 자들을 보호해온 도구와 기술의 가치를 뒤늦게 인식하게 된 결과가 아닌가?

그러나 해석학이 적용되고 있는 방식을 세심하게 관찰하는 과정에서 이러한 자부심은 무효가 되는 경향이 있다. 그리스도인들은 성경해석학을 어떤 본문의 진리를 명료하게 해주는 일련의 규칙이나 방법으로 간주해 왔다. 반면, 세속적인 해석학은 한때 해석학이 조명해 줄 것으로 기대했던 바로 그 진리의 실재와 객관성에 도전한다.

커모드가 세속 학문이 성경해석학에 오랫동안 무관심했던 사실을 후회하는 두 번째 이유는 진리의 객관성이 유연해졌음을 예증해 준다. 그는 해석학이라는 기독교 학문의 실행자들이 그리스도인들이었다는 명백한 사실을 지적한다. 그들의 해석의 기초는 (I. A. 리차즈에 의하면) "교리적 응집력"이다. 따라서, 성경의 진리는 어느 정도 비밀스러운, 핵심층에 이미 가입되지 않은 사람에겐 주어지지 않는다.

> 해석의 모든 작업에는 내부자들과 외부자들이 있다. 전자는 신비에 직접 접근할 수 있는 신비를 보유하거나 보유한다고 고백하는 자들이다. 반면에 후자는 시공간에 무작위로 흩어져 있으며, 선택된 자들로부터 배제된 자들이다. 그들은 내부자들의 인가되지 않은 신성화를 불신하거나 경멸한다. 그 신성화는 사실 그것이 부여하는 모든 기쁨에도 불구하고 절대적인 가치가 없을 것이다.[4]

커모드는 계속해서 다루기 힘든 예수님의 본문, 마가복음 4:11-12을 사용하여 자신의 주장을 예증한다. "이르시되 하나님 나라의 비밀을 너희에게는 주었으나 외인에게는 모든 것을 비유로 하나니 이는 그들로 보기는 보아도 알지 못하며 듣기는 들어도 깨닫지 못하게 하여 돌이켜 죄 사함을 얻지 못하게 하려 함이라 하시고."

커모드는 많은 사람이 한때 생각했던 것처럼, 진리가 객관적이거나 방법론적으로 접근할 수 있는 것이 아니라는 사실을 예증하기 위해 해석학을 사용하는 수많은 목소리 중의 하나일 뿐이다. 그의 접근법은 포스트모더니즘이라고 부르는 대규모의 20세기 현상의 일부다. 그 명칭은 매우 폭넓게 사용됐지만, "현대적"이라는 단어와 연관된 피해를 복구하려는 시도라는 중요한 보편적인 공통점을 확인시켜주는 장점을 지닌다.

베이컨, 데카르트, 뉴턴: 현대 이성의 세 근원

이 장에서 모더니즘을 개괄한다는 것은 거의 불가능한 일이다. 하지만 해석학적 포스트모더니즘이 의문시하는 부분은 바로 17세기 무렵 초점의 대상이 된 특정한 진리 개념이다. 그 모델의 중요한 세 설계자는 프랜시스 베이컨, 르네 데카르트, 아이작 뉴턴이다. 그들은 여러 면에서 진리에 대한 개념 형성에 도움을 주었다. 이러한 개념은 3세기가 넘도록 서구 사상에 최면을 걸었다. 그리고 우리는 이제 막 그 최면에서 깨어나고 있다.

프랜시스 베이컨은 자연에 대한 인간의 능력을 재확립하는 데 관심이 있었다. 거기에는 타당한 신학적 이유가 있었다. 그는 인간이 다스리도록 창조된 자연에 지나치게 휘둘리고 있다고 느끼고 있었다. 그는 불완전한 지식의 도구인 연역법에 그 책임을 돌렸다. (중세 스콜라주의가 입증하듯이) 연역법은 거미처럼 자신의 내부에서 방적한 매우 건조한 추측의 망에서 진리를 포착하려고 시도한 교만의 결과였다. 베이컨은 지식의 새 기관으로 귀납법을 제안했는데, 그 안에서는 겸손한 이성이 벌처럼, 사실이라는 꽃과 꽃 사이를 옮겨 다니면서 단맛과 빛을 모을 수 있게 될 것이었다. 자연을 통제하기 위해서, 우리는 우선 그것으로부터 배워야 한다. 베이컨이 상상했던 지식은 최초의 모든 개념이나 전제를 제쳐 두고, 단순히 사실들을 기록하는 것이다. 별개의 사실들이 함께 취해진 덩어리가 진리를 산출하고, 진리는 능력을 산출한다는 것이다.

(베이컨보다 젊은 동시대인이었던) 데카르트는 수학에서 발견한 종류의 확실성을 모든 지식에 대해서 확립하기를 바랐다. 그리고 그는 자명한 진리에 이를 때까지, 모든 것을 의심하기 시작했다. “나는 생각한다, 고로 나는 존재한다.” 이것은 그의 체계의 기반이 되었다. “방법서설”을 세우는 축이 되었던 것이다. (주로 그의 생각에 대한 반응이었던)현대 해석학을 이해하기 위해서, 우리는 데카르트적 방법의 다음과 같은 주요 특징을 고찰할 것이다. (1) 세상은 기계적인 인공물이다. 기계 법칙으로 묘사할 수 있는 물질구조이자 운동인 것이다. (2) 개별적 이성은 육체 내부로부

터 세상을 보고, 알고, 조종한다. (3) 이성은 "확장된 물질" 세계에서 (육체를 포함한)다른 모든 것과 다른 "생각하는 물질"이다. 이러한 이해는 완전히 객관적으로 세상을 알 수 있다는 오만하고도 외로운 초연함을 암시한다(데카르트의 입장은 기계 내의 유령으로 묘사되어 왔다). 그것은 일종의 신의 관점, "입장이 없는 관점"이다.

17세기 끝 무렵에 활동한 아이작 뉴턴은 운동법칙과 중력에 정확한 공식을 부여함으로써, 물질세계의 기계적 특성에 대한 데카르트의 확신을 확증해 주는 것처럼 보였다. 일종의 시계공이 만든 시계처럼 작동하는 별과 행성의 운행에 대한 그의 상상은 다음 세기에 대한 상상을 포착하여, 너무 잘 운행되어서 하나님의 간섭이 필요 없는 우주라는 이신론적 상상을 불러일으켰다. 신과 같은 인간의 이성은 우주의 법칙을 파악해서, 인간의 유익을 위해 사용하기에 완전히 충분했던 것이다.

베이컨, 데카르트, 뉴턴이 실제로 근대 이성의 건축가들인지 아니면 단순히 더 막대한 문화적 세력에 의해 형성된 어떤 것을 가장 잘 기술한 자들인지 아닌지는 해석학에 매료된 현재의 포스트모던적 현상이 이의를 제기하는 근대성의 세 가지 특징을 그들이 분명히 표현했다는 사실만큼 중요하지 않다. 베이컨은 사물을 그것이 알려질 수 있기 전에 부분으로 나누는 분할을 강조한다. 데카르트는 이성의 아는 것으로부터의 초연함이라는 이상을 강조한다. 뉴턴은 우주가 이성이 분별할 수 있는, 정확히 기술할 수 있는 법칙에 따라 작동하는 물질의 결과라는, 설득력 있는 기계론의 이미지를 제공한다. 근대성 전체를 알리는 이 세 가지 특징 모두가 내포하는 것은 지식이 힘이라는 확신이다.

현대의 거의 모든 학문이 해석학에 심취하는 현상은 절대 확실한 방법을 통하여 접근 가능한 명백한 진리를 주장한 이러한 초기의 변증가들에 대한 반응이다. 근대의 시작부터 이어져 온 그 자신감 있는 접근법들로부터 남아 있는 모든 것은 힘에 관한 관심이다. 예를 들어, 커모드는 앞서 인용한 서적의 서문에서, 이렇게 관찰하고 있다. "해석을 만드는 힘은 세상에서 생존하기 위한 필수 불가결한 도구다."[5]

진리를 힘으로 대체하다

한때, "앎"이라 일컬어진 일반적인 접근법으로서의 해석학을 가장 잘 표현한 현대의 옹호자는 철학자 리처드 로티다(그는 "신실용주의자"라고 일컬어지는 것을 편안하게 받아들인다). 1979년 출간된 저서 『철학과 자연의 거울』의 끝부분인, "인식론에서 해석학으로"라는 중요한 제목이 붙은 3장에서 로티는 해석의 우월성을 주장한다. 그는 인식론(무엇이 진실한가에 대한 연구)이 본질적으로 진리라는 것이 존재한다는 그릇된 개념에 근거한다고 주장한다. 그것은 우리의 마음의 거울에 나타난 표현들이 다소간에 정확하게 일치하는 진리에 불과한 것이다. (로티가 말한) 근대 전체를 통해서 인식론은 적절한 절차를 통해 진리에 호소할 수 있으며, 모든 차이가 (최소한 이론적으로) 해결될 수 있다는 그릇된 약속을 붙들어 왔다.

> 인식론의 지배적인 개념은 합리적이고, 완전히 인간적이 되고, 해야 할 일을 하기 위해서는 우리가 다른 인간들과 동의해야 할 필요가 있다는 것이다. 인식론을 구성하는 것은 타인들과의 공통점을 최대한으로 발견하는 것이다. 인식론이 구성될 수 있다는 추정은 그러한 공통점이 존재한다는 추정인 것이다.[6]

로티는 이렇게 말한다. 그러나 차이를 해결하는 기초가 되는 공통점을 탐구하는 것은 무익한 일이다. 공통점이 존재하지 않기 때문이다. 실재와의 대화에 속하는 "관련성"이나, 대화 자체의 "일관성"이라는 면에서도 공통점은 존재하지 않는다. 우리는 진리에 도달하려는 노력을 전적으로 포기하는 편이 나을 것이다. 따라서, 인식론의 죽음으로 남겨진 갭을 채우려는 시도, 즉 진리에 대한 추구는 존재하지 않아야 한다. 그는 우리가 만족해야 하는 것은 해석, 즉 해석학이라고 말한다(이러한 태도는 문학비평가 스탠리 피쉬의 저서 『나는 어떻게 염려하기를 그치고 해석 사랑하기를 배웠는가』에 잘 포착되어 있다). 로티의 말은 해석학과 인식론의 차이를 분명하게 밝혀준다.

> 해석학에서, 합리적이 된다는 것은 기꺼이 인식론을 멀리하는 것이다. 즉 대화에 기여하는 말을 해석하는 데 기준이 되는 특별한 일련의 조건들이 존재한다는 생각을 멀리하고, 대화 상대의 상투적인 어구를 스스로 해석하기보다는 기꺼이 받아들이는 것이다. 인식론에서, 합리적이라는 것은 동의가 가능해질 수 있도록 모든 대화에 기여하는 말을 해석하는 기준이 되는 일련의 조건들을 발견하는 것이다. 인식론에서 대화는 암시적 탐구다. 해석학에서, 탐구는 일상적인 대화다.[7]

로티는 말한다. 한마디로

> "해석에 대한 이러한 개념은 이해에 이른다는 것이 시범을 따르는 것보다는 한 사람과 익숙해지는 것과 비슷하다. 약간 후대의 작품에서, 로티는 신실용주의의 기치하에 자신의 사고를 확장한다. 그리고 그는 "언어를 주체와 객체 사이의 제3의 무언가가 아니고, 실재의 그림을 형성하기 위해 시도하는 매체도 아닌, 인간 행동의 일부"로 보고 있다. 이 관점에서, 문장을 말하는 행위는 사람들이 자기 환경에 대처하기 위해 행하는 일 중 하나인 것이다.[8]

아마도 로티는 우리가 해석학을 향하는 포스트모던주의자라고 칭해온 것의 기저가 되는 원칙을 가장 명쾌하게 주창한 철학자일 것이다. 그러나 그것이 문화 내에서 열매를 거두고 있는 많은 장소 중 일부를 살펴보기에 앞서, 우리는 몇 가지 다른 자료를 고려할 필요가 있다. 그것들은 함께 해석학이 현대 사고에 있어서 취한 특정한 이해하는 데 도움을 줄 것이다.

마틴 하이데거

(중요성에 있어서) 첫 번째는 마틴 하이데거다. 분량이 엄청나고, 어려운, 그의 『존재와 시간』은 논쟁의 여지는 있지만, 20세기 철학의 가장 영향력 있는 작품이다. 그 작품은 하이데거가 일생에 걸친 "형이상학 해체" 작업을 위해 가한 첫 번째 기습공격에 해당된다. 거기서 그는 소크라테스 이후의 철학적 전통 전체가 (그가 다자인, 즉 "거기-존재함"이라고 부르는) 인간 본성이라는 핵심 주제로부터, 존재하는 것(thing-in-being)에 관해 최종적인 계산적 판단을 내리는 방법을 추구하는 곁길로 빠졌다는 사실을 입증하고자 노력한다. 간과된 인간적 과제는, 존재—신비롭고 감춰진—가 모습을 드러내고 진리가 되는 공간을 창출하는 것이다(따라서 그는 진리를 의미하는 헬라어 단어 알레데이아 [*aletheia*, 상응 또는 일관성이 아니라, 알-레데이아, 즉 "비 은폐" 또는 "드러남"]의 원시적인 의미를 회복하려고 노력한다).

현대 신학에 엄청난 영향을 끼친, 간결하지만 강력한 해석의 특성에 대한 논의가 존재와 시간에 모습을 드러낸다. 그것은 하이데거와 마부르그의 동료, 루돌프 불트만, 그 후 하이데거의 학생, 한스 게오르그 가다머로 이어진다. 하이데거의 해석학 논의(『존재와 시간』 32장)는 "현상학적 조사 방법"(7장)에 대한 서론적 논의에 자리 잡고 있다. 하이데거의 생각—사실, 해석학이 전체적으로 인식론보다 우월하다는—은 현상학의 한 차원으로 간주될 수 있다(하이데거의 스승 에드먼드 후설에 기원을 둔 현상학은 체험에 대한 분석에 관심을 둔다).

하이데거는 앞서 요약한 바 있는 베이컨의 연역법, 데카르트의 객관성, 뉴턴의 메커니즘이라는 근대적인 지식의 방법을 회피하는 방식으로 현상학을 정의한다. 그는 ("전시하는"을 뜻하는 헬라어 *phaino*에서 유래한) 현상학이 "자체를 자체 내에서 보여주는 것"으로 가장 잘 이해될 수 있다고 제시한다. 그리고 레게인(*legein*)에서 온 로고스(*logos*)는 "보이도록 허락하는 것"으로 가장 잘 이해될 수 있다. 그러므로 현상학은 "자체가 자체로부터 자체를 보여주는 바로 그 방식으로 자체가 자체로 보이게 하는 것"이다.[9] 이 같은 터무니 없는 정의는 알려진 것을 "감시하는" 것이라 오히려 "그것이 나타나게 허용하는" 앎의 방식을 확립하는 것이다. 즉 그것은 어떤 방법을 부과하는 것이 아니라 인식의 대상이 말할 수 있도록 겸손하게 그것에 접근하는 방식을 의미한다.

하이데거는 해석학에 대한 나중의 논의에서 앎이라는 인간의 활동을 정의하려고 노력한다. 그것은 그와 동시에 이미 알려진 것을 시행하는 것이 아니다. 하이데거는 의미에 대한 모든 경험은 궁극적으로 인식의 대상이 아니라 인식주체에 중심을 둔다. 이것을 표현하는 그의 방식이 어려운 (하지만 피할 수 없는) 이유가 여기에 있다.

> 이해와 해석이 "거기"(하이데거는 여기서 다-자인, 즉 거기에 있는 존재[Da-sein, there-being]를 언급한다. 그것은 존재를 심문하는 존재 [Being] 내의 유일한 것, 즉 인간을 지칭하는 이름)에 있는 존재의 실존적인 상태를 구성하는 한, "의미"는 이해에 속하는 공개성이라는 형식적-존재론적 틀로서 이해되어야 한다. 의미는 다자인의 실존(하이데거가 다자

> 인의 존재에 필수적인 요소를 의미하기 위해 사용하는 용어)이다. 의미는 실체의 "배후"에 놓여 있거나 어디에선가 "중간 영역"으로 유동하는 실체에 부착된 소유물이 아닌 것이다. 다자인은 세계 내 존재의 공개성이 그 공개성 내에서 발견할 수 있는 실체들에 의해 "채워질" 수 있는 범위 내에서만 의미를 "가질 수" 있을 뿐이다. 그런 이유로 다자인만이 유의미하거나 무의미할 수 있다. 즉, 다자인 자신의 존재와 그 존재와 함께 드러난 실체가 이해 과정에서 전용되거나 비 이해로 격하된 채로 남아 있을 수 있는 것이다.[10]

악명 높을 정도로 어려운 하이데거의 언어는 영미의 분석 전통에 속하는 다수의 사상가로 하여금, 그가 이런 문장에서 아무것도 말하고 있지 않다는 결론을 내리게 만든다. 그러나 많은 사람이 그가 이 문구와 그 밖의 문구에서 말하고 있는 것으로 채택한 것은 의미가 사물 자체에 속한 소유물이 아니라 우리의 아는 방식이라는 것이다. 그와 동시에, 의미는 실체(본문)에 부과되는 것이 아니라 사물의 존재가 아는 사람과의 필수적인 대화 중에 드러나는 장 또는 지평이다.

하이데거는 이렇게 그려지는 해석의 순환성을 인식하고 환영한다.

> 결정적인 것은 그 원 밖으로 나가는 것이 아니라 바른 방식으로 그 안에 들어오는 것이다. 이 이해의 원은 어떤 무작위의 지식이 그 안에서 움직일 수 있는 궤도가 아니다. 그것은 다자인의 전 구조에 대한 표현이다. 그것은 악순환의 차원으로 축소돼서는 안 된다. 그리고 단순히 용인되는 원으로 축소되어서도 안 된다. 그 원 안에는 가장 원시적인 종류의, 지식의 긍정적 가능성이 감춰져 있다.[11]

해석이 불가피하게 순환적이라는 개념은 분명히 해석학에 있어서 새롭지는 않지만, 언제나 범주적인 모순으로 인식되어 왔다. 그러나 하이데거는 그 순환성을 해석의 핵심—해석을 지식의 중심에 둠에 따라서—에 두고 있는 것이다.

한스-게오르그 가다머

하이데거의 제자, 한스-게오르그 가다머가 이 핵심적 순환성을 이어받았다. 그의 저서 『진리와 방법』(문학동네)은 신해석학에 주요한 직접적인 영향을 끼쳐 왔다. 가다머의 사고에 핵심적인 두 가지 요소가 있다. 첫 번째는 그가 "편견에 대한 편견"이라고 부르는 것을 거부한다는 사실이다.[12] 그는 바로 앞서 고찰한 하이데거의 문구에서 도출하여, "이해는 불가피하게 편견을 포함한다"라고 단언한다. 그 편견은 없애서는 안 되고, 이해를 위한 기초로 명명되고 환영되어야 한다.

> 어떤 본문을 이해하고자 하는 사람은 그 본문이 자신에게 어떤 것을 말하도록 준비를 갖춰야 한다. 그것이 해석학적으로 훈련된 이성이 시작부터 본문의 새로운 특질에 민감해야 하는 이유다. 그러나 이런 종류의 민감함은 대상의 문제에 있어서 중립성이나 자아의 소멸을 포함하지 않는다. 반면에 그것은 자신의 전제와 편견을 의식적으로 동화하는 것을 포함한다.[13]

따라서, 가다머의 관점에서, 본문의 의미에 도달하기 위해서 적용할 수 있는 비인격적인 방법 같은 것은 존재하지 않는다. 의미는 해석자와의 관계에서 모습을 드러낸다. 그것은 더 이상 의미의 결정권자로서의 저자의 의도에만 호소할 수 없음을 의미한다(따라서 가다머는 절대적인 기준[이 사례에서는 저자의 의도]을 언급함으로써 의견 차이를 해결할 수 있는 수단이 되는 인식론을 거부하는 로티와 상응한다).

본문의 의미는 가끔만 아니라 항상 저자를 초월한다. 이해가 단순히 재생산적인 태도인 동시에 언제나 생산적인 태도이기도 한 이유가 바로 그것이다. 누군가가 이해할 때, 다른 누군가는 다르게 이해한다고 말하는 것으로 충분하다.[14] 따라서 가다머는 위에서 언급한 근대성의 세 가지 특징을 모두 거부한다. 즉 데카르트의 초연함, 베이컨의 분할, 뉴턴의 기계론. 본문은 적절한 법칙을 적용함을 통해서 해결해야 할 개별적인 문제로 축소시킴으로써 작업해야 할 대상이 아니다. 그것은 오히려 그 안에서 의미가 놀고 드러나야 할 일종의 장인 것이다. 이것은 가다머가 해석학에 기여한 두 번째 개념으로 이어진다. 그것은 의미를 "지평의 융합"으로서 이해하는 개념이다.[15]

독자는 자신의 세계의 지평에서 본문에 이르게 된다. 마찬가지로, 본문도 (저자의 지평이 아닌) 자체의 지평을 소유한다. 그 두 지평이 만나거나 융합될 때, 의미가 발생한다. 따라서, 한 본문의 의미는 저자의 의도(또는 다른 어떤 것)에 의해 고정되지만, 언제나 본문과 독자 사이의 대화 중에 모습을 드러낸다(다시금, 해석을 선호하는 중에 인식론을 거부하는 로티와의 유사성이 명백히 나타난다).

가다머는 의미를 저자의 의도로부터 풀어놓는 것이 상대주의와 의미의 전적인 불확정성에 이르는 문을 열어준다는 사실을 의식하고 있다. 그러한 상대주의에 반대하기 위하여, 그는 해석자와 저자를 연결해주는 전통의 동화를 주장한다. 시간의 갭은 심연이 아니라 우리에게 전달된 모든 것에 비추어, 관습과 전통의 연속성으로 채워진다.[16]

많은 사람은 (특히 허쉬가 『해석의 타당성』에서) 전통에 대한 이 같은 접근법이 상대주의를 대항하기 위한 보증으로 부적절하다고 주장해 왔다.

왜냐하면 본문에 대한 전통의 개념은 어떤 본문이 해석되어온 방법의 역사에 불과하기 때문이다. 모든 새로운 해석은 그 존재에 의하여 그 전통에 속하는 동시에 그것을 변경시킨다. 결과적으로, 전통은 안정적, 규범적인 개념으로 실제로 기능할 수 없다. 왜냐하면 그것은 사실 변하는, 서술적 개념이기 때문이다. 진정으로 안정적인 규범 없이, 우리는 원칙적으로 두 가지 상이한 해석 사이에서 타당한 선택을 내릴 수 없다. 그리고 텍스트는 특별한 어떤 것을 의미하지 않는다는 결과와 함께 내버려진다.[17]

가다머의 개념들이 그 이후로 사용된 방식은 허쉬가 옳다는 사실을 암시한다. 전통은 상대성을 방어하기에 적절하지 않다. 그러나 이러한 개념들이 어떻게 작용하는지를 보기 전에, 일부 다른 배경을 고려할 필요가 있다.

하이데거와 가다머의 사고는 "신해석학"의 가장 큰 철학적 요소를 제공한다. 그럼에도 불구하고, 대중문화에 등장한 대로의 그 운동은 하이데거와 가다머뿐 아니라 20세기의 사상가들(니체와 마르크스), 최근의 두 이론가(자크 데리다와 미셸 푸코), 해체주의로 알려진 문학 및 문화 비평이라는 어두운 운동에도 아주 많이 의존한다. 해석학에 대한 이러한 접근법의 기독교적 함의들을 평가하기에 앞서 그들의 생각 역시 점검해 보아야 한다.

프리드리히 니체

마크 테일러는 『이탈: 포스트모던 어떤 신학』이라는 제목이 붙은 혼란스러운 저서에서, "해체주의는 신의 죽음의 해석학이다"라고 선언한다. 그는 (그가 "포스트모더니즘의 위대한 예언자 중 하나"라고 부르는) 니체의 "신은 죽었다. 그리고 우리가 그를 죽였다"라는 선언의 중요성을 고찰한 후에 그렇게 진술한다. 테일러는 또한 W. B.예이츠의 위대한 시 "재림"의 첫 문장을 인용한다. 거기서 예이츠는 신이 "죽었다"라는 표현의 의미를 문화의 관점에서 신자조차도 단언해야 마땅한 의미와 동일시한다.

> 돌고 돌며 소용돌이는 점점 넓어진다.
> 매는 매를 부리는 사람이 부르는 소리를 듣지 못한다.
> 세계는 산산이 부서져 내린다. 중심은 버티지 못한다.
> 세계에 무정부 상태가 만연하다.

그리스도인들은 "신의 죽음"이라는 문구를 대할 때, 당연히 마음이 편치 않다. 그러나 우리는 사산아로 판명된 1960년대의 신의 죽음이라는 운동이 니체가 처음으로 우리 문화에 관해 분명하게 밝힌 중요한 요점을 모호하게 만들지 못하게 해야 한다. 문명은 더 이상 신의 영원한 실재에 (예이츠의 문구에서처럼) "중심"을 두지 않는다. 따라서 그것은 방황하며 표류한다. 단순히 나의 가치들이 되도록 가치들을 뒷받침해 줄 것이 아무것도 없다. 니체만이 19세기 후반에 낙관주의적 유럽 문명에서 상황의 심각성을 인식했다. 한 세기 후에 우리는 그가 의미한 바를 이해하기 시작하고 있다. 예를 들어, 사람들은 자기들의 가치 선택을 언급하고 있으며, 법정에서는 어떤 초월적인 기준 없이 낙태와 인간성의 본질 같은 복잡하게 얽히고설킨 문제들을 해결하고자 씨름하고 있다.

이러한 중대한 문제에 대한 니체의 해결책은 강자가 "선과 악을 초월하여" 담대하게 살아야 한다는 사실을 인식하는 것이었다. 이것은 사실상 그가 행동에 대한 자신 외부의 기준이라는 개념을 포기했음을 의미했다. 그에게는 "권력에의 의지" 외에는 남은 것이 아무것도 없었다. 따라서 초인(Ubermensch)는 자신의 가치를 창출하고 그것을 따라 살 수밖에 없었던 것이다.

니체는 자신의 말이 너무 일찍 임했다고 예측했으며, 사실상 우리 시대 전까지는 그 소리가 폭넓게 들려지지 않았다. 이제 그 소리는 들려진 바 되었고, 마르크스주의의 특정 주제들과 결속됨을 통해서 강력한 문화적 세력이 되었다.

카를 마르크스

마르크스주의의 핵심적인 개념은 종교와 철학—사실상 대부분의 인간 문화—이 경제적 관계라는 하부구조 위에 세워진 "상부구조"라는 것이다. 그러한 상부구조는 사실상 현실에 대한 해석이며, 마르크스의 해석에 따르면, 언제나 경제적 힘을 보유한 자들에 의해 통제된다. 종교는 인간의 아편이라는 유명한 마르크스주의의 경구는 이러한 분석을 반영한다. 주인이 자기 일꾼들이 잠깐이나마 고통에서 벗어날 수 있도록 아편을 제공함으로써 노예 상태를 유지하듯이, 죽음 이후의 복된 세상은 일꾼들이 자기들의 현재 상태를 바꾸지 못하게 막는 유익한 허구라고 마르크스는 말했던 것이다. 그러나 그는 종교만 공격한 것이 아니었다. 그는 세상을 이해하는 것보다는 바꾸는 것이 중요하다고 주장하면서, 행동을 지연시키는 모든 신학적 이해를 비판했다.

후대의 마르크스주의는 핵심적 권력자들의 통제하에 있는 모든 해석을 이렇게 이해하는 것이 유익한 도구임을 발견하게 되었다. 그것은 인간관계가 본질적으로 압제받는 자와 압제자 사이의 힘의 관계라는 추정에 기초한다. 따라서 마르크스주의적인 사고는 사람들이 자기들의 압제자를 규명하고, 그런 후에 그 압제를 영속화하는 현실에 대한 이야기, 해석, 그림들을 발견할 수 있게 도와주는 의식 함양을 강조해 왔다. 이런 관점에서, 압제받는 자는 압제자와 그에 수반하는 해석의 상부구조를 떨쳐버려야 하는 것이다.

해체주의 비평

처음보다 나중에 훨씬 더 넓은 영향력을 획득한 해체주의로 알려진 운동은, 학문적인 문학비평 내의 한 학파로 (그 명칭하에) 모습을 드러냈다. 일반적으로 문학비평은 비성경적 본문에 대한 세속적 해석학의 일종이다. 그리고 그것은 최소한 학문적인 분야였던 기간 내내 불확실한 기반 위에 서 있었다. 그것을 더 견고한 기초 위에 두려는 20세기의 한 시도를 구조주의라 부른다. 인류학과 심리학에 근거한 구조주의는 문학 작품들이 무의미함을 직면한 사람에게 의미를 제공하는 언어구조로 기능을 발휘했다고 주장했다. 그것은 토템 시스템이나 (예를 들어) 씨족 조직이 원시적인 사람들에게 혼란스러운 우주를 구조화하는 방식을 제공해 줄 수 있었던 것과 비교할 수 있다.

구조주의가 이러한 구조에 일종의 단일한 의미가 존재한다고 주장하지만, 후기구조주의나 해체주의 비평은 모든 본문은 다양한(사실상, 무한한) 의미를 보유하며, 모두가 서로를 해체하거나 부정한다고 주장한다. 조너선 컬러는 그 차이를 이렇게 분명히 밝힌다.

> 간단하게 표현해서, 구조주의자들은 언어학을 모델로 삼아 문학 작품들의 형식과 의미를 설명해 줄 "문법들"—요소들과 그 결합 가능성에 대한 조직적 목록—을 발전시킨다. 후기구조주의자들은 그 프로젝트가 본문 자체에 의하여 전복되는 방식을 조사한다. 구조주의자들은 조직적인 지식이 가능하다고 확신한다. 반면에 후기구조주의자들은

이러한 지식이 불가능함을 알 수 있을 뿐이라고 주장한다.[18]

자크 데리다

해체주의 비평의 가장 잘 알려진 수호자는 프랑스 철학자 자크 데리다다. 그의 시스템은 요약하기가 힘들고, 따라서 이해하기도 어렵다. 왜냐하면, 그 확신의 핵심적인 사항이 (예이츠의 문구에 나오는) "중심은 버티지 못한다", 즉 모든 단언, 모든 의미가 약화되고, 도전받고, "해체"될 수 있고, 되어야 하기 때문이다. (데리다의 말처럼) "초월적 의미라는 어떤 중심이 없다면, 모든 것은 담화(discourse)가 된다…즉, 그 안에 중심적 기의 또는 원래의 또는 초월적 기의가 결코 절대적으로 존재하지 않는 시스템이 되는 것이다…초월적 기의의 부재는 의미의 영역과 유희를 무한대로 확장한다."[19]

우리는 단지 대화, 담화, 언어의 유희와 함께 내버려진다. (가다머에게 중요한) "유희"라는 개념은 데리다의 또 다른 핵심 개념이다. 그는 절대적 또는 초월적 중심이라는 개념에 함축된 심각성을 약화시키기 위해 그 개념을 사용한다. 의미들을 명확하게 정의하려는 모든 시도를 피하거나(또는 전복시키는) 의미들의 "장"(a field)이 존재할 뿐이다. 즉 "우리는 유희를 초월적 (제한 없는 유희로서의) 기의의 부재라고 부를 수 있을 것이다."[20] 그것은 존재 신학과 존재의 형이상학 해체를 의미한다.

이처럼 데리다의 저술에는 이해를 좌절시키는 변덕스러운 내용이 상당 부분 존재한다. 그는 자신의 이론과 일치하는 내용을 (예를 들어) 한 열(a column)에서 단언하고, 병행하는 열에서 도전한다. 그는 자신의 소통을 포함한 어떤 소통도 하나의 단일한 의미를 가질 수 없다는 개념을 전달하려고 시도한다.[21]

의미를 피하는 유희성이라는 태도가 데리다의 특징이라면, 해체주의의 또 다른 주요한 이론가인 미셸 푸코는 훨씬 더 진지하다. 푸코는 모든 해석은 권력을 소유한 자들에 의해 제안된다는 마르크스주의의 본질적 개념을 "존재 신학" 또는 "존재의 형이상학"에 대한 거부에 결합시킨다. 이 사상가들에 따르면, 지식은 (그것이 언급하는 "존재"가 없으므로) 해석에 불과하다. 푸코는 지식은 언제나 권력을 사용한 결과이며, 어떤 종류의 투쟁이든지 항상 승리자의 구조라는 개념에 근거해서 전반적인 서구 문명을 분석하고 있다. 그는 이렇게 말한다. "진리는 그것을 산출하고, 유지하고, 결과적으로 포함하고, 확장시키는 권력구조와 순환적 관계 내에서 연결된다. 진리의 정권이 수립되는 것이다."[22]

푸코는 학교, 감옥, 정신병원, 회사, 가족 등 현대 생활을 조직하는 대부분의 기관을 검토한다. 그의 결론은 "범죄자", "도착자", "정신이상자" 같은 개념들은 명백히 객관적 실재를 묘사하는 것처럼 보임에도 불구하고, 언제나 권력을 행사하는 방식이라는 것이다. 그는 회사의 정책과 과정을 정당화하기 위해서, 사업상 일어나는 회계과정을 명백히 객관적이고 논쟁의 여지가 없는 이야기를 사용해서 설명하는 정교한 방식을 주목한다. 그리고 그와 동시에 형식적인 회계과정이 사업에 도입되고, 산술적으로 성적을 매기는 과정이 교육 전반에 걸쳐서 확산되는 현상에도 주목한다. 그러한 모든 측정—"보증할 수 있는 정신이상자"로부터 에세이 논술시험에 대한 백분위 성적—은 푸코에 따르면, 권력 획득을 목적으로 하는 해석이며, 따라서 필수적으로 또 다른 해석을 전복시키고 그것에 폭력을 가한다.

푸코는 사회, 정치기관에 대하여, 클로우즈비츠의 유명한 진술, "전쟁은 다른 수단에 의한 정치의 연장이다"를 "정치는 다른 수단에 의한 전쟁의 연장이다"로 도치시킨다.[23] 전쟁, 즉 권력의 폭력적 행사는 기본적인 인간관계다. 그리고, 그 밖의 사회기관—정치적, 가정적, 자선적—은 권력을 행사하는 변장된 방식인 것이다. 그 모든 기관은 중심 없는 경험의 흐름에 특정 "진리"에 대한 이해를 부과함에 따라 폭력을 행사한다. 푸코는 이렇게 진술한다.

우리는 이러한 기본적인 질문을 제기할 수밖에 없다. 권력은 단순히 전쟁과 같은 지배 형태가 아닌가? 따라서 우리는 모든 권력의 문제를 전쟁 관계라는 면에서 파악해야 하는 것 아닌가? 권력은 특정한 순간에 일종의 평화와 정부의 형태를 추정하는 일반적인 전쟁이 아닌가? 그렇다면, 평화는 전쟁의 한 형태이며, 정부는 그 전쟁을 벌이는 수단이 아닌가?[24]

구약: 기독교적 "해체주의"

우리는 성경해석학으로부터 아주 멀어진 것처럼 보일 수도 있다. 하지만 사실상 우리는 원점으로 돌아왔다. 우리는 프랭크 커모드가 성경해석 전통에 공감하고, 성경해석이 전통적으로 교회 내에서 실행되어 왔음을 인정한다는 사실에 주목함을 통하여 논의를 시작했다. 그러나 커모드는 성경해석의 교회적 지평이 언제나 통제와 권위의 형태였다고 이해한다. 푸코의 용어를 사용하자면, 성경해석, 즉 모든 성경해석과 모든 지식은 지식이 권력인 구조 내에서 발생한다. 커모드는 계속해서 존 홀랜더를 인용하여 특정한 한 사례를 지적한다. 홀랜더는 구약이라 일컬어지는 앞서 존재하지 않았던 토라라는 오래된 책에서 창출되는 새로운 형태의 해석학을 언급한다. 그 결과 커모드는 이렇게 진술한다.

여러 세기에 걸쳐서 산출되고, 고도로 발전된 종교와 문화의 기초를

> 형성하는 그 문헌 자체는 이제 후대 해석자들의 전 이해에 순응하는 경우에만 가치를 갖는다고 진술된다. 이러한 신참자들은 자신을 그 문헌의 타당한 해석자로 생각했던 모든 사람이 귀와 눈이 멀어서 듣거나 보지 못했던 어떤 신비한 상징에만 관심을 둔다.[25]

따라서 어떤 사람들의 눈에는, 구약과 신약의 정경 형성 자체가 푸코가 묘사하는 권력 행사를 반영한다. "유대-기독교" 전통이라는 문구와 대부분의 유대교 학자들이 그것에 대해 느끼는 불쾌감을 살펴보기만 해도, 그 "폭력"은 얼마든지 감지된다. 마이클 로달이 암시하듯이, (자기 신앙을 진지하게 생각하는 어떤 유대교 학자도 그 문구를 사용하지 않는)"유대-기독교" 전통이라는 문구는 이천 년 동안 영속화된 "이념적 폭력"을 나타낸다. 마음이 통하는 동화(assimilation)라는 겉모습 밑에는 교만한 대체가 도사리고 있는 것이다".[26]

이어지는 논의에서 살펴볼 것처럼, 해석은 진리가 아니라 성경 비평과 (푸코를 통한) 이론적 사회과학에 제한된 일종의 폭력을 산출한다는 주장도 없지 않다.

일부 해체주의적 해석

1. **"해방" 신학들**. 해체주의적 태도들이 다양한 해방신학에 내포되어 있다. 해방신학은 라틴 아메리카의 그리스도인들이 복음을 가난이라는 상황에 의식적으로 적용하려는 시도에서 유래되었다. 가난의 근원이라는 문제는 라틴 아메리카에서 특히 선명하게 드러난다. 문화적으로 기독교 지역에 극심한 빈부 차이가 존재하기 때문이다. 그럼에도 불구하고, 빈부의 차별 없이 동일한 성경에 충성을 맹세한다. 호세 미구에즈 보니노

(앞서 언급한 혁명적 상황에서 신학 하기라는 제목의 중요한 책의 저자)는 정치적 시위 때문에 투옥되었던 한 푸에르토리코 신학자의 사연을 언급한다. 그는 동료 재소자가 자기 말을 가로막자, 자기 행동이 기독교 신앙에 근거함을 입증하려고 시도한다. "들어보시오. 당신의 신앙은 아무 의미도 없소. 당신의 정치방침을 정당화할 수 있지만, 당신을 감옥에 가둔 자도 똑같은 진리에 호소해서, 똑같은 일을 할 수 있기 때문이오."[27]

이런 종류의 딜레마로부터 "현실이 본문이다", 즉 한 사람의 정치적·경제적 상황을 성경 이해를 위한 필수적인 지평으로 인식하는 해석 학파가 나타났다. 미구에즈 보니노는 이렇게 말한다. "우리에게 제공되는 모든 본문 해석은 (석의든 조직신학이든, 윤리적 해석이든 상관없이) 그것에서 비롯되는 실천(*praxis*)과 연관되어 조사되어야 한다."[28]

미구에즈 보니노는 마르크스와 프로이트를 "'의심의' 문제에 있어서 근대를 대표하는 두 사람의 달인"으로 확인한다. 그는 모든 형이상학적, 종교적 체제가 경제 관계라는 보다 근본적인 하부조직 위에 세워진 상부구조라는 마르크스주의 개념을 언급한다. 그는 계속 이렇게 논의를 이어간다.

우리는 부유한 세계로부터 임하는 신학적 해석을 의심 없이 받아들일 수 없다. 그러므로 우리는 그 해석이 어떤 종류의 프락시스를 지원하고, 반영하고, 합법화하는 지를 질문해야 한다. 예를 들어, 예수의 삶에 명백히 드러나는 정치적 주제와 함의들이 아주 최근까지도 자유주의 해석자들에게 그렇게 감춰졌던 이유가 무엇이란 말인가?[29]

미구에즈 보니노는 계속해서 성경적 메시지를 전적으로 상대화하는 데 대해서 경고한다. 그리고 객관적 해석을 위한 모든—역사적·문자적·전통-역사적, 언어학적 도구를 사용할 필요성을 강하게 주장한다."

그러나 해석의 기초가 이론이 아니라 프락시스라는 인식은 한 무리의 덜 신중한 해방신학자들이 통과할 수 있는 문을 열어준다. 그들은 타당한 해석에 이르기 전에 해석자의 의식이 고취될 필요가 있다는 생각을 공통으로 보유한다. 그리고 고취되어야 할 의식은 본인의 압제에 대한 의식이다. 성경은 은밀하게 해방을 위한 자원이 되었다. 하지만 그것은 (보통) 성경 외의 용어로 정의되는 폭력이다. 피터 버거는 "의식화" 접근법의 치명적인 결함을 이렇게 지적한다.

상황 비평을 시작하는 좋은 방법은 그것을 사회학적으로 구체화하는 것이다. 누구의 의식을 고취해야 하며, 그 고취하는 일을 행하는 이는 누구인가? "의식 고취"는 하층계급 주민을 겨냥한 더 높은 계층에 속한 개인들의 과제다. 의식을 고취할 대상은 후자가 아니라 전자인 것이다.[30]

버거는 (마르크스를 따르는) 푸코가 말한 내용이 필연적이고 불가피하다는 사실을 비판한다. 그에 따르면 우리의 해석이 산출하는 "진리들"은 언제나 누군가에게 혜택을 주는 반면에 다른 이들을 불편하게 한다. 진리는 어떤 본질이나 존재론적인 현존에 대한 침투가 아니라 권력을 얻는 수단, 대응 방식으로 이해된다.

라틴 아메리카의 해방신학은—그 뿌리가 전제하는 모든 위험에도 불구하고—진실하고 부인할 수 없는 압제를 다룬다. 해방신학의 기초가 되는 해석학의 약점은 압제받는 방식에 의문을 제기하도록 모든 사람을 일괄적으로 초청할 때, 더 명백히 드러난다. 따라서, 여성 해방은 라틴 아메리카 해방신학자들의 접근법(심지어 어휘까지)을 대부분 채택해 왔다. 예를 들어, 플로렌자는 『돌이 아니라 빵을』(대한기독교서회)에서, 여성들이 자신의 압제 상황을 명명함으로 시작한 후에, 해방에 이르는 수단을 발견하기 위해 성경에 의지해야 한다고 주장한다. 여성들이 압제받아 왔고, 받고 있음에는 의문의 여지가 없다. 그러나 그 압제의 성격은 종종 분명하지 않다(어쩌면 "압제"라는 라벨로 유익하게 이해되지 않을지도 모른다). 어쨌든, 압제는 이성애가 동성애자들이 해방되어야 하는 압제체제로 정의되는 동성애 신학에서 훨씬 더 명백해진다.

2. **"정치적으로 올바른" 언어.** 해방신학 운동은 "정치적으로 올바른" 언어를 요청하는 과정에서 그 논리적 결론에 이르게 된다. 최근 몇 년 동안, 사람들의 그룹을 묘사하는 데 사용되는 라벨이 때때로 사람들 자신에 의해 선택되지 않는다는 의식이 점점 늘어났다. 니그로, 유색인, 흑인이라는 단어들은 "니거"(nigger)라는 말을 다소간 감싸고 있다. 왜냐하면, (주장되기를) 그 라벨들은 꼬리표가 붙은 사람들이 아니라 권력을 보유한 사람들에 의해 적용되어 왔다. 따라서 현재 정치적으로 수용되는 문구는 "유색인"이다. 마찬가지로, 그리스도인, 유대인, 무슬림은 그 단어들이 초래할 가능성이 있는 편견으로부터 구조되어, "믿음의 사람들"로 분류된다. 불구, 장애, 또는 저능 같은 라벨과 연결된 상처는 "다른 능력을 갖춘" 같은 문구를 통해서 피할 수 있다. "여자들" 위에 드리워지는 "남자들"의 그림자는 "우민"(womyn, 성차별을 피한 새로운 철자) 등을 통해 제거될 수 있다. 최근 수십 년 동안 우리는 세상의 많은 지역이 세계적 담화 중에, 이전 식민지, 빈국, 미개발국, 개발도상국, 저개발국 제3세계와 제3분의 2세계 같은 라벨들을 신속하게 제거해 가고 있다.

이 모든 라벨이 추구하는 것은 해석을 함축하지 않는 이름이다. (주장되기로는) 해석은 특권층에 속한 사람들에 의해 부과되고, 언제나 왜곡된다. 그 해석은 그런 라벨이 붙은 대상이 반드시 진리로 부과된 실제의 모습에 따라 간주되어야 함을 함축한다. 그러나 그런 "진리"는 존재하지 않는다(여기서 우리는 존재의 형이상학을 거부하는 해체주의로 돌아가게 된다). 오직 사람들이 환경이나 서로에 대한 권력을 주장할 때 사용하는 끝없이 변하는 일련의 해석들이 존재하는 것이다.

3. **"핵심 커리큘럼"에 대한 저항.** "인식론적 특권"에 대항하는 이러한 전쟁이 벌어지는 싸움터 중 하나는 학식 있는 사람으로 간주되고자 하는 모든 사람이 반드시 알아야 하는 커리큘럼이라는 개념이다.[31] 모든 사람은 그 커리큘럼이 헬라와 라틴의 고전, 서구문화의 성경, 철학, 문학

및 과학 작품에서 도출되어야 한다는 데 동의했었다. 하지만 최근에 서구문화에는 존재론적으로 중심적인 것이 전혀 존재하지 않는다는 주장이 개진되었다. 결국 그것은 대개가 권력이 부여된 백인 남성의 산물이며, 따라서 권력구조에 의하여 부과된 새로운 하나의 해석에 불과하다는 것이다. 그렇다면 호머, 단테, 셰익스피어의 작품들이 나이지리아의 설화, 힌두 서사시 및 레즈비언 시가보다 선호되어야 할 이유가 무엇인가?

4. **과거에 대한 해석.** 놀랄 것 없이, 역사—전통적으로 고려된 대로의 역사—는 해석학에 집착해온 이 운동의 큰 비판의 대상이 되었다. 물론, 역사의 객관성에 질문을 던지는 것이 전혀 새로운 일은 아니다. 어떤 사람들은 여전히 역사를 해석되지 않은 사실들을 축적한 것에 지나지 않는다고 간주한다. 하지만, 역사가들은 언제나 역사를 선택적인 스토리텔링으로 인식해 왔다. 그러나 역사가는 (무의식적으로든 아니든 간에) 언제나 자신이 묘사하는 사건에 어떤 초월적 과정이나 방향, 따라서 (아무리 달성하기 힘들더라도) 그 이야기에 대한 진리의 형체가 내포되어 있다고 추정해 왔다. 내가 묘사해 온 운동은 다른 모든 것을 조종하는 하나의 진리 또는 역사가 존재한다는 개념을 급진적인 것으로 만들었다. 그것은 역사가 승자에 의해 기술되고, 따라서 모든 그룹이 반드시 자신의 역사를 창출해야 한다고 추정한다. 어떤 사례에서는, 그 목적이 새로 기술된 역사가 더 "진실"한 것이 아니라 더 유익함을 입증하는 것이다.

놀랄 것 없이, 이 운동은 인간사를 이해하는 데 관한 전적인 회의론으로 끝날 가능성이 크다. 박물관 관리 중에 일어난 어떤 위기를 묘사하는 것이 요점을 분명하게 보여준다. "해체 전문"이라는 표제하에, 한 대중적인 잡지가 지역 박물관의 전시 책임자가 전시물 전시법을 파악하는 데 따르는 새로운 문제를 설명한다.

그 라벨은 전시물에 관하여 실제로 무엇을 말하는가? 이유가 무엇인가? 그리고 누구의 음성을 사용할 것인가?

이것들은 전시 책임자가 본문의 권위를 (해체처럼) 반박하는 후기구조주의 비평이론을 수용하기 위해, 자신의 전시 관행을 조절함에 따라 제기하게 되는 질문이다. 어떤 본문을 말하는가? 오랫동안 박물관 전시의 표준 도구였던 조사 라벨과 설명 판을 포함하는 모든 본문이 포함된다.

해체주의 이론은 언어가, 포착하기 어려운 의미와 모호한 부호가 이동하는 구름과 같으므로(그리고 문화적 왜곡으로 가득 차 있으므로), 그 언어를 가지고 어떤 절대적인, 또는 일방적인 주제나 이야기를 확립하는 것은 불가능하다고 말한다. 모든 것은 유동이자 단편이다. 해체주의는 그와 유사하게 파괴적인 형태로, 박물관이 물질문화를 이용하고 해석하는 방식에 적용된다. 전시 책임자는 이렇게 설명한다. "포스트모더니즘의 개념은 하나의 단편이다. 진리는 존재하지 않으며, 정답도 존재하지 않는다."

5. **과학의 역사.** 그렇게 모습을 드러내는 그림에는 마땅히 설 자리가 없다. 확실성 대신, 우리는 "포착하기 어려운 의미와 모호한 부호가 이동하는 구름"을 발견하게 된다. 근대 대부분에서, 과학은 믿을 만하고 객관적인 의미의 출처로 간주되었다. 하지만 과학 역시도 최근 수십 년 동안 도전을 직면하게 되었다. 이 방면에서 가장 영향력 있는 작품이 토머스 쿤의 『과학혁명의 구조』(까치)다.[32] 쿤은 과학의 역사가 과학이 오랫동안 꾸준히, 지속적으로 진리를 펼쳐 왔다는 인상을 부여해 왔음을 지적한다. 우리는 선조들보다 더 많이 알고 있으며, 우리의 지식은 필연적으로 미래 과학이 세워질 기초가 되리라는 것이다. 쿤은 실제적인 과학의 진보는 매우 다르다고 주장한다. 과학의 진보는 그 내부에서 과학이 실행되는 일종의 패러다임을 제공하는 핵심 개념인 특정 해석학 또는 (예를 들어, 행성들의 중심이 지구라는) 해석체계 내에서 보통 전개된다. 그러나 쿤은

이러한 해석적 패러다임 내에서 발전되는 난점이나 변칙 때문에, 결국 그 패러다임은 전적으로 폐기되고, 대체되어야 한다고 말한다. 지구 중심에서 태양 중심의 행성 시스템으로 이동하는 것은 점진적인 발전이 아니라 또 다른 모델을 받아들이기 위해서 한 모델을 거부하는 일이었다.

쿤에 의하면, 그러한 혁명은 예외가 아니라 과학의 법칙이다. 우리가 반대로 생각하는 이유는 과학 교과서(그리고 그것이 포함하는 최소의 역사)가 과학 논쟁의 승자에 의해서 기록되기 때문이다. 쿤은 오래된 패러다임에 도전하는 사람은 거의 예외 없이 방어할 종신제직권, 저서, 명성이 없는 더 젊은 과학자라는 사실을 지적한다. 이처럼, 지식은 진리를 향한 점진적 진보가 아니라 "패러다임 전환"(쿤의 이 저서에 기원을 둔 아주 흔한 포스트모던 용어)의 문제인 것이다.

쿤의 개념은 사회과학에 엄청난 영향을 끼쳐 왔다(쿤이 설명하고자 했던 물리학에서는 그 정도는 아니었다. 이것은 우리가 다시 살피게 될 의미심장한 사실이다). 그의 분석은 과학 자체가 무한한 미지의 유동을 이해할 수 있게 해주는 주관적 구조물 중 하나에 불과함을 입증하는 데 사용되어 왔다.

리처드 로티는 과학을 특별한 특권이 부여된 지식 형태로 간주하지 않음을 분명히 밝힌다(우리는 그와 함께 포스트모던적 사고를 통과하는 이 여행을 시작했다). 그럼에도 불구하고, 그는 실증주의 유형의 모더니즘이 그 실수를 저지른 책임이 있음을 인정한다: 실증주의는 하나님을 과학의 개념(그리고 "과학철학"의 개념에서), 즉 우리가 우리 자신이 아닌 어떤 것도 접촉하지 않고, 어떤 묘사와도 관련되지 않은 벌거벗은 진리를 발견하는 문화의 일부라는 개념 안에 보존했다.[33] 로티는 그 대신에, 과학을 하나님이 한때 유지하셨던 장소를 채우는 우상으로 세우지 않는 신실증주의를 선호한다. 그것은 과학을 하나의 문학 장르, 또는 다른 식으로 표현하자면, 문학과 예술을 과학적 탐구와 동일한 입장에 있는 탐구로 본다.[34]

다시 말해서, (로티가 다른 것에서 표현하고 있듯이) "근대과학"은 (사물이 실제로 존재하는 방식)에 상응하기 때문에 대처할 수 있게 해주는 것이 아니다. 그것은 단지 있는 그대로 대처할 수 있게 해줄 뿐이다. 모든 학문은 동등한 지위를 갖는 것으로 간주된다. 모두가 우리가 힘을 행사하거나, 로티의 더 부드러운 언어를 사용할 경우, "대처"할 수 있게 도와주는 실재에 대한 해석에 근거하기 때문이다. 하지만 우리는 이 모든 포스트모던 사상가들이 "신의 눈"으로 본 진리에 대한 절대 관점을 제공해주는 어떤 방법이 존재한다는 근대적 개념을 포기한다는 사실을 언급해야 한다. 우리는 신적인 관점에 접근할 수 없으며, 우리의 다양한 묘사나 해석이 상응하는 어떤 진리도 존재하지 않는다.

> 물리학은 우주의 다양한 조각들에 대처하려고 노력하는 하나의 방식이다. 윤리는 다른 조각들에 대처하려고 노력하는 문제다. 수학은 물리학이 그 일을 하게 돕는다. 문학과 예술은 윤리가 자기 일을 하게 돕는다. 이러한 탐구 중 일부는 명제를, 일부는 내러티브를, 일부는 미술을 따라간다. 어떤 명제를 주장하고, 어떤 그림을 살펴보고, 어떤 내러티브를 듣고, 논평하고, 다시 말할 것인가에 대한 질문들은 모두 우리가 원하는 것을 얻는 데 도움을 주는 것이 어떤 것인가에 관한 질문인 것이다.[35]

따라서, 우리는 "인식론"에 우선해서 "해석학"을 향하는 포스트모더니즘의 근원과 영향에 대한 긴 조사의 마무리에 이르게 되었다. 그러나 가장 어려운 과제가 우리 앞에 놓여 있다. 그것은 해석 자체에 대한 이 같은 변화된 태도를 해석하는 것이다. 우리 그리스도인들에게 말씀과 본문에서 자신을 계시하신 하나님에 대한 헌신이 의미하는 바는 무엇인가? "옛적에 선지자들을 통하여 여러 부분과 여러 모양으로 우리 조상들에게 말씀하신 하나님이 이 모든 날 마지막에는 아들을 통하여 우리에게 말씀하셨으니 이 아들을 만유의 상속자로 세우시고 또 그로 말미암아 모든 세계를 지으셨느니라"(히 1:1-2).

포스트모던 해석학과 기독교 신앙

우리는 해석을 선호하는 포스트모더니즘의 주안점을 다음과 같이 요약할 수 있다.

1. 근대의 프로젝트는 정확하게 정의할 수 있는 방법으로 절대적, 객관적 지식을 탐구하는 오류를 범했다(사실상, 플라톤 이후로 철학 전통 전체가 오류를 범했다).

2. 우리는 이해가 잠정적, 개인적, 주관적, 임시적임을 인식할 필요가 있다. 우리는 사물을 신의 눈으로 보는 관점을 보유하고 있지 않으므로, 우리의 묘사가 반영할 수 있는 어떤 존재론적인 존재가 있었던 것처럼 말할 수 없다. 우리가 지식이라고 불러온 것은 사실상 변하는 해석의 장이라고 할 수 있다. 해석들은 필연적으로 서로 경쟁하고, 서로를 약화시킨다. 지식은 대응 방식이자, 일종의 대화에 불과한 것이다.

이렇게 절대적으로 의문을 품는 접근법은 과학철학을 포함한 (실제적 실천은 아니더라도) 모든 지적 분야에 영향을 미쳐 왔다. 그것이 성경에 대한 이해와 해석에 영향을 미치도록 방관해야 하는가?

이 시점에서, 이 운동이 특히 포스트모던 현상이라는 인식과 더불어 출발점을 돌이켜 보는 것이 도움이 된다. 그 인식은 이해에 대한 근대적 접근법의 과도함과 위험성에서 떠나기를 추구한다. 우리는 베이컨의 분할, 데카르트의 초연, 뉴턴의 기계론을 사물에 대한 근대적 접근법의 핵심 측면들을 특징짓는 방식으로 사용했다. 지식에 대한 이 같은 근대적인 태도들은 어떤 중요한 방식으로 성경해석을 왜곡해 왔는가?

그 태도들은 대부분의 근대적 사고와 마찬가지로, 성경해석학에도 분명히 존재해 왔다. 복음주의 대학원 졸업생들을 대상으로 성경적 주제들에 대해 실시한 평상적인 서면조사에서 이 세 가지 근대적 태도가 모두 반영된다. 그들은 면밀한 조사를 위해서 특정 단어나 문구처럼 언어의 아주 작은 측면을 선택하는 과정에서 귀납법을 선호할 가능성이 크다. 따라서 그들은 베이컨의 분할, 즉 이성의 "분할정복" 태도의 전형적인 예가 된다.

비슷하게, 성경에 관한 진지한 연구는 어떤 본문을 다른 모든 것과 연관하여 통달하는 데 관심을 가진다. 마치 다양한 문법적·구문론 법칙으로 설명할 대상이나 시스템이기나 한 것처럼 말이다. 우리는 본문을 마치 어떤 방법을 정확히 적용함으로 그 의미에 도달할 수 있는 별개의 부분들로 이뤄진 기계 시스템인 것처럼 다루는 경향이 있다. 그 본문은 다양한 법칙에 따라 나누고, 분석하고, 다시 짜 맞추는 작업의 대상이다. 따라서, 우리는 때때로 학문에 있어서 근대 이성의 기계화의 전형적인 예가 된다.

마지막으로, 우리는 석의적, 해석학적 조사 과정에서 우리 자신, 우리의 욕심과 편견을 참조하지 않는 과정에서, 보편적인 학문적 관행을 따를 가능성이 크다. 객관성과 진리를 결부시키는 과정에서, 개인적인 신념이나 확신을 참조함이 없이, 우리가 발견한 사실들을 수동적인 목소리로 서술할 가능성이 큰 것이다. 우리는 나라는 대명사를 사용하는 것조차 회피한다. 따라서 우리는 근대적 태도의 특징인 초연함의 전형적인 예가 되는 것이다.

물론, 이것은 과장이다. 하지만 여기서 언급된 경향들은 성경의 권위에 헌신적인 학교에서 20세기 후반에 석의나 해석학 강의를 수강한 사람이라면 누구든 인식하게 될 것이다. 우리는 말씀에 대한 존중을 근대 이성에 의하여 완벽해진 분석기술에 종속시킴을 통하여 가장 잘 표현할 수 있다는 결론에 이른 것처럼 보인다.

로저 런딘은 이러한 접근법의 모순을 매우 잘 표현하고 있다. 그는 삶의 기준이 되는 진리를 추구한 두 저자를 인용한다. 첫 번째는 『고백록』을 쓴 아우구스티누스다. 정열적이고, 헌신적이며, 고뇌에 찬 그는 성경을 펴서 자신의 회심을 초래한 하나님의 말씀을 발견하게 된다. 두 번째는 데카르트다. 무심하고, 차분하며, 초연한 그는 『제일 철학에 대한 성찰』에서 자신의 방법의 기초를 제시한다. 런딘은 이렇게 말한다. 우리는 "아우구스티누스처럼 살면서, 데카르트를 꿈꾼다."

> 데카르트 주의의 후손인 우리는 우리의 경험이 우리가 아우구스티누스처럼—진리를 찾고, 진리에 깊은 관심을 두고 있으며, 전통이 읽는 내용에 대한 이해를 중재해주는 공동체에 속한 사람처럼—읽는다고 지적해 주는 것처럼 보이지만, 이론 면에서는 데카르트처럼—성경, 소설, 또는 개인이나 그룹의 행동에 대한 해석이 전적으로 객관적이고 과학적인 문제일 수 있다고—행동하는 꿈을 꾼다.[36]

어쩌면 초연한 진리라는 이상이 우리의 해석학에 지나친 영향을 끼쳐 왔을지도 모른다. 그 이상에 따르면, 진리는 방법론적인 정확성과 함께, 단순히 부분들로부터 전체로 이동함을 통해서 도달하게 된다. 하지만 지식은 이보다 훨씬 더 많은 것을 포함한다. 따라서 우리는 인격체, 인식의 주체를 이해에 대한 이해로 되돌리려고 애쓰는 포스트모던 비평가들의 말에 귀를 기울일 필요가 있다.

포스트모던적 반응은 의미를 단순히 대응 전략으로 용해하고, 이런 이유로 모든 말이 동등하게 타당하다고 주장하는 과정에서 의미 배후의 모든 "존재"(presence)를 부인하는 면에서 도를 넘어섰다. 우리는 이미 그러한 결론을 불가피하게 만드는 특정한 논리적 문제를 암시해 왔다.

만일 모든 해석이 동등하게 타당하다면, 저자의 의도가 상관없다고 주장하는 (우리가 고찰해온 사람들이 그렇게 하듯이) 본문을 포함하는 어떤 본문도 오해하거나 잘못 해석할 방법이 없는 것이다.[37]

이 운동에 대한 가장 유익한 논의를 제공한 그리스도인 사상가 중 한 사람이 제임스 올뜨이스다. 그는 "냉담하고 불편한 해석학 또는 따뜻하고 흔들리는 해석학: 존 카푸토와의 대화"라는 제목의 소논문을 발표했다.[38] 올뜨이스는 카푸토가 포스트모던 해석학을 전용하는 동시에 비평하는 방향으로 나아가는 것으로 본다. 나는 포스트모더니즘에 의해 초래된 해석학적 문제의 해결을 지향하는 올뜨이스의 사고에 의존한다.

올뜨이스는 해체주의를 표현하는 (우리의 해석이 진리라는) 인식론적 위안에 대한 도전을 환영한다.

> 데리다에게, 주인 이야기(the master story), 주인 이름(master name), "존재의 형이상학", 전통은 존재하지 않는다. 이야기들, 이름들, 전통들이 존재할 뿐이다. 의미는 바람 속에 흩어진다(분해된다). 주인 이름을 연호하고 인간이 만든 안전한 섬을 구축함으로써 실체의 유동을 잠잠케 하려는 노력은 본질적으로 폭력적이다. 그러한 전체주의적인 움직임은 언제나 역사적으로 파괴와 고난, 공동 선택 또는 "타자"에 대한 지배 같은 폭넓은 자취를 남겨 왔다.[39]

확신이 넘친 나머지 진리를 인식론적 특권을 수호하는 무기로 바꾸는 모든 해석학에 대한 이러한 경고에 근거해서 진리를 보기 위해서는 온갖 종류의 종교전쟁, 제도, 마녀사냥의 폭력을 숙고해 보는 것만으로도 충분하다. 올뜨이스는 그 운동의 이러한 선지자적 차원에 그리스도인이 박수갈채를 보내야 한다고 제안한다.

> 개입된 근본적인 문제들은…하나님과 이웃 사랑에 따라 살아가는 기독교 공동체에게 핵심적이고 의미심장하다. 우리 시대와 역사 전반에 걸친 조직적 폭력, 소외되고, 압제당하고 목소리를 낼 수 없는 사람들의 현실은 반박할 수 없는 문제인 것이다.[40]

우리는 우리가 현실에 부과하는 진리의 구조가 진실로 많은 고통과 악의 근원이었음을 인식할 필요가 있다. 성경해석의 (종말론이든, 경제든, 아니면 교회 안 여자들의 역할이든) 어떤 특정한 문제를 놓고 벌어지는 다툼에 개입된 경험이 있는 그리스도인들은 증오가 스며들 수 있음을 안다. 그것은 우리가 다르게 해석하는 그 책(성경)이 궁극적인 권위임을 알기 때문에 더욱 그렇다. 우리는 권위적인 해석이 없는 권위적인 본문이 무슨 소용이 있느냐고 말한다. 그 질문은 충분한 타당성을 지닌다. 그러나 대부분의 권위적인 해석, 예를 들어 해체주의 해석은 다른 사람 또는 다른 해석에 일종의 폭력을 가하는 것으로 끝을 맺게 된다.

하지만 전혀 존재하지 않는 진리라는 "냉담한 진리"가 권위적인 해석의 유일한 대안인가? 카푸토의 맘에 내키지 않는 결론은, "구원의 메시지는 구원의 메시지가 존재하지 않는다는 것이다"라는 것이다. 그것은 하나님의 구원의 메시지라는 좋은 소식을 (인간의 해석을 수단으로) 경험한 사람이 받아들일 수 없는, 참으로 아주 냉담한 위안을 제공할 뿐이다.

올뚜이스는 그 논의를 신학적 용어로 번역함으로써, 그 딜레마에서 벗어날 수 있는 길을 지적해 준다. 그는 내가 앞서 제시한 요약에서 적당히 얼버무린 복잡한 사실을 지적함으로써 그 길을 제시한다. 이 논의에서 나는 (로티의 해석적 차이를 해결하는 무오한 방식인 인식론의 면에서) 마치 가다머와 데리다가 인식론에 대한 폭넓은 포스트모던 비평의 대표자들인 것처럼 언급했다. 그것은 사실이지만, 그들은 또한 상당히 의견을 달리한다.[41] 데리다는 가다머가 전통에 근거하여 "지평의 융합"에 호소함으로써, 자신의 생각이 내포하는 충분한 함의들로부터 후퇴한다고 비난한다. 그는 그를 "옷장 전문가"로, 그의 철학은 "비밀 기초주의"라고 부른다. (데리다에 동의하여) 카푸토는 (올뚜이스가 표현하듯이) "전통"이 대부분 승자의 이야기라는 이유로 전통에 호소하는 가다머를 거부한다.

데리다는 이 길을 가는 동안 여러 번 마주친 바 있는, 변동하고 상충하는 해석의 중심점이 없는 장을 "전통" 대신 제시한다. 다시 한번, 올뚜이스는 해체주의의 고상한 도덕적 이상을 이렇게 웅변적으로 묘사한다.

> 해체주의는 모든 권력 집중—군국주의, 인종차별, 성차별, 학계 등(이 논의에서 우리는 "신학"을 덧붙이고 싶다)—과 (어디서 발견되든지 상관없이) 모든 전체주의적 비전을 공격한다. 존재의 형이상학의 모든 현현은 겉모습에 불과한 것으로 특권을 박탈하고 노출시킬 필요가 있다. 그 이름으로 소수자들이 배제되기 때문이다.[42]

허쉬가 지적하듯이, 가다머는 모든 본문과의 접촉이 지니는 고유성을 너무 지나치게 강조한다(위의 가다머에 대한 논의에 나타나는 그의 진술을 보라). 가다머는 그 결과로 전통이 해석적 차이를 해결하도록 제공할 수 있는 모든 도움을 효과적으로 박탈한다. 따라서, 데리다의 철저한 해체주의는 의미는 언제나 해석자와 본문 사이의 "유희"에서 유발된다는 가다머의 개념을 끊임없이 적용하는 것처럼 보인다. 전통적인 해석학과 인식론의 관점에서, 가다머와 데리다는 매우 근접한다. 그럼에도 불구하고, 그들 사이에서 인식된 차이들은 그 문제의 신학적 형태를 볼 수 있도록 도와준다.

"가다머-데리다의 접촉"에 있어서 중요한 요점은 그것이 명백히 양립할 수 없는 두 가지 이상을 강조한다는 것이다. 한편으로, (옳건 그르건) 가다머와 연관된 것은 (올뚜이스의 문구인) "깊은 일원화된 진리"라는 이상이다. 다른 한편으로, 데리다와 해체주의와 연관된 것은 다양한 진리, 즉 "근거 없는 유희의…과정에서 연이어 전개되는 감각"이라는 이상이다.

올뚜이스는 탁월한 통찰과 함께, 창조와 인간 상태에 관한 두 가지 신학적 진리가 이 논쟁 중에 감춰져 있다고 암시한다. 우리는 그것을 앎에 대한 현대적 확신과 그 확신에 대한 포스트모던적 질문 사이의 논쟁 전체에 일반화시킬 수 있다. 올뚜이스는 진리와 결정 가능성의 근본적인 근원을 강조하는 것은 "창조가 통합된 말씀/하나님의 영에 의해 존재하고 유지된다는 기독교적 단언을 이용하는 것"이라고 말한다.[43] 그러나 인간들은 성경과 창조에 계시된 이러한 초월적인 하나님의 일원화된 말씀에 다양하고, 불완전하고, 사악하게 반응한다. 올뚜이스는 이렇게 언급한다. "가다머는 창조의 책임 구조에 나타나는 무너짐과 분열을 경시하고, 최소화하는 경향이 있다(나는 "진리"에 도달하는 데 대한 근대의 전반적인 확신을 덧붙이고 싶다)."[44]

반면에, 해체주의 접근법—사실상, 포스트모던 주의자는 의미의 막연한 흐름을 전반적으로 강조한다—은 "다양성과 차이를 강조한다. 데리다는 진리가 자기 안에 있다고 선언하는 모든 시스템과 그 축복받은 소유물에 전쟁을 선포한다. 불확실성의 심연이…의미의 전체주의적인 존재와 그 압제의 가마솥보다 나은 것이다."[45]

여기에는 탁월한 지혜가 있는 것처럼 보인다. (자신감 있는 복음주의적 해석학이 근거하는) 이해에 대한 근대적 접근법은 17세기에 출현한 과학에 대한 자신감에 근거한다. 베이컨, 데카르트, 뉴턴이 그 자신감의 본보기다. 충분할 정도로 자주 인식되지 못하는 사실은 근대의 과학 프로젝트 전체가 결국 창조에 관한 인식 가능성에 대한 새로워진 자신감에 근거한다는 것이다. 근대 과학—사실, 근대성 자체—은 다수의 사고가들이 최근 몇 해 동안 지적해 왔듯이, 기독교적인 근거를 보유한다. 과학은 일종의 전형적인 지식 형태로 간주되어 왔다(사실, 과학이 지식을 의미한다).

이 지식은 진실하고, 어떤 진정한 것과 접촉하고 있으며, (쿤이 암시하듯이) 임의로 변하는 패러다임에 불과한 것이 아니다. 이 사실은 지식이 빠르고 되돌릴 수 없게 성장한다는 사실과 그 지식이 기술이라고 부르는 것에 적용될 때 미치는 엄청난 영향력에 분명히 드러난다.

반면에, 우리는 우리가 소유하고 선악 간에 사용해 온 지식을 분명히 과대평가해 왔다. (데리다와 카푸토를 따라) 우리가 창조에 대한 지식을 사용해 온 역사는 올뚜이스가 타락, 악, 파멸, 왜곡으로 언급하는 것으로 가득 차 있다. 창조와 계시에 나타난 (감춰져 있을 수도 있지만) 하나님의 말씀의 확실성에 대한 우리의 반응은 하나님이 주신 자유와 하나님 자신의 창의성과 비교함을 통해서만 이해될 수 있는 종류의 창의성(감히 그렇게 말할 수 있다면)에 근거하고 있다. 이 자유와 창의성은 하나님의 선물이다. 그러나 그 결과 중 하나가 죄라는 사실을 기억할 필요가 있다. 로티가 인식론이라고 부르는 것은 하나님이 자신을 선포하시는 창조에 근거한다. 따라서 그 인식론의 기저를 이루는 의미에 대한 그의 자신감은 타당한 것이다. 반면에, 우리 자신의 시스템과 해석 과정에서 하나님의 의미를 교정하려는 시도를 철저하게 의심하는 것 역시 타당한 일이다. 그것은 너무나 자주 우리가 자유로부터 만들어낸 결과다. 그리고 그 결과는 너무나 자주 죄성과 왜곡으로 나타난다. 다시 올뚜이스가 데리다의 특징을 잘 보여주는 파르미콘(*pharmikon*) 주해에 대해 언급한 내용에 귀를 기울여 보자. 파르미콘은 치료제 또는 독이 될 수 있다. 올뚜이스는 이렇게 말한다. 이러한 모호성은 "의미의 기본적인 결정 불가능성이나 불확정성을 입증할 필요가 없다. 오히려 깊은 차원에서, 그것은 하나님 앞에서 피조된 삶의 근본적인 본질을 반영할 수 있다. 하나님의 창조적인 말씀을 믿고 따른다면, 어떤 것은 치료책(축복과 샬롬)이 될 수 있지만, 그렇지 않을 경우, 같은 것이 독(저주와 부조화)이 될 수 있는 것이다."[46]

두 가지 위대한 신학적 진리가 해석학에 대한 이 같은 복잡한 논의를 통해 조명되고 예증된다. 첫 번째는 창조의 진리다. 땅은 주님의 것이다. 그리고 창조의 존재 자체와 그 광대함과 복잡함은 하나님의 능력과 신실하심에 대한 증거다. 즉 창조가 존재한다는 사실 자체가 하나님의 "말씀의 능력"에 대한 증거인 것이다. 그 말씀으로 말미암아 창조가 존재하게 된 것이다. 또한 창조가 질서 있고 웅변적이라는 사실은 (우리의 조사에 직면하여 침묵을 지키지 않기 때문에) 하나님의 신실하심에 대한 증거다. 우리의 조사와 해석에 열려 있는 창조는 그것들에 순응하지 않는다. 오히려, 우리는 우리의 해석을 창조에 순응시켜야 한다. 그것은 프랜시스 베이컨이 매우 분명하게 깨달았던 사실이다. 근대성이 과학의 성공에 뿌리를 두고 있으며, 과학이 창조의 진실성에 뿌리를 두고 있다는 것은 놀라운 일이 아니다. 우리의 해석에 단순히 순응하지 않을 실재를 무언으로 증거하는 근대 전체의 배후에는 창조 질서에 대한 우리의 해석을 거부하거나 확인하는 창조의 능력이 서 있는 것이다. 로티와 그 밖의 사람들에 의해 평준화된 "존재의 형이상학"에 대한 비평들은 창조가 마치 실재하는 것처럼 고갈될 줄 모르는 창조와의 대화 중에 진행되는 과학을 전혀 접촉하지 않는다. 과학은 진리가 단순히 "아무것도" 아닌 것을 향한 인간의 투사가 아니라는 진리를 지속적으로 상기시켜 준다. 그것은 무언가에 대한 반응이다.

두 번째 진리는 (해체주의가 그렇게 하기 때문에 함께 다뤄질 필요가 있음에도 불구하고)사실 신학 용어로 두 가지 진리들이다. 그다음에, 우리는 그 진리들을 신중히 구분해야 한다. 그렇게 함을 통해서만 이제까지 다뤄온 포스트모던주의 해석학이라는 폭넓은 운동 전체에 충분히 성경적으로 반응할 수 있기 때문이다.

우리는 인간의 자유와 창의성에 대한 사실을 언급하고 있다. 그리스도인들은 니체에서 데리다에 이르는 해체주의자들과 자유에 대한 단언을 공유한다. 그러나 우리는 인간의 자유가 본질적으로 폭력적이라는 개념은 공유하지 않는다. 그들에게 "존재한다"라는 것은 필수적으로 모든 해석이 서로의 해석을 방해하고 해체하기 위해 "경쟁하는 것"을 의미한다. 거기에는 진리가 존재하지 않는다. 모두를 대항하는 해석적 전쟁만이 존재할 뿐이다.

성경적 관점에서, 우리는 자유를 곡해하거나 왜곡해서 자기중심적이고 자기를 추구하는 세상 내의 구조로 변형시키는 두 번째 사실에 관해서 언급함 없이는 인간의 자유와 창의성에 관해 언급할 수 없다. 다른 식으로 표현하면, 인간의 자유라는 진리는 창조라는 더 큰 진리와 그 안에서 창조주에 대한 우리의 책임을 다해야 한다는 인식 없이 단언되는 순간에 왜곡이 되는 것이다.

우리는 자유 또는 창의성이라는 사실을 축소해서는 안 된다. 20세기의 "하위 창조"의 위대한 대가인 J. R. R.톨킨엔은 우리의 상황을 이렇게 잘 묘사하고 있다.

> 이제는 오랫동안 소원해졌지만
> 인간은 완전히 길을 잃은 것도, 완전히 변한 것도 아니다.
> 수치를 당할 수도 있지만, 아직은 아니다.
> 한때 소유했던 주권의 해진 천을 여전히 유지하고 있다.
> 인간, 하위 창조자, 반사된 빛,
> 그를 통하여 단일한 백색이 쪼개져서 많은 색조가 되어,
> 마음에서 마음으로 움직이는
> 살아 있는 형상 안에 끊임없이 결합된다.
> 우리가 요정과 고블린들과 함께,
> 세상의 모든 작은 구멍을 채울지라도,
> 암흑과 빛으로부터
> 신들과 그들의 집을

감히 세우고,

용의 씨를 뿌렸을지라도,

그것은 이용되든 오용되든 우리의 권리였다

그 권리는 쇠퇴하지 않았으니,

우리는 우리가 만들어진 법칙을 따라 여전히 만들고 있다.[47]

사실, 여기에 자수성가한 우리의 세상이 끝없이 움직이고 재결합하고 있다는 해체주의 개념이 자리 잡고 있다. 거기에는 그러한 창의력이 "우리가 만들어진 법칙에 따라 여전히 만들고 있"는 우리의 본성과 권리의 일부라는 개념이 포함된다. 그러나 톨키엔의 말에 그의 핵심적인 인식이 나타난다. 그 인식은 포스트모던 주의 해석학에는 나타나지 않는다. 그것은 우리가 소원(estrangement)과 수치의 상태에서 그 권리를 행사한다는 것이다. 인간의 창의성은 하부 창조에 불과하다. 그 하부 창조는 모든 자유에도 불구하고, 여전히 창조의 제한 안에서 수행되는 창조적 행위다. 이 제한 중의 하나는 다른 사람들과 그들의 의도가 존재한다는 것이다. 우리는 그러한 의도에 무지한 채로 우리의 창조와 해석을 만들어낼 수 없다. 우리의 하위 창조와 해석이 (다시 톨킨엔의 문구에서처럼) "이용되거나 오용될 수" 있기 때문이다. 해체주의자들은 우리가 하위 창조한 말을 다른 사람들의 말을 부수는 기회로 이용하는 경향이 있음을 인식한다. 그러나 그들은 그런 후에, 우리의 하위 창조들이 종속적이 되는 "창조"는 존재하지 않는다는 일종의 허무주의적인 절망이라는 결론에 이르고 있다.

자연과학에 대한 고찰은 우리에게 많은 것을 이야기해 줄 수 있다. 나는 이미 (사회과학자와 인문학에 속한 사람과 대치되는) 자연과학자들이 자기들의 설명과 궁극적으로 무관하다는 쿤의 선언에 큰 영향을 받지 않는다는 사실을 주목한 바 있다. 왜냐하면 그들은 패러다임의 전환이 확실히 가능한데도, 자기들을 초월하고 자기들의 해석에 전혀 뜻을 굽히지 않을 신비로운, 자기를 드러내는 실재와 대화하고 있음을 의식하는 것처럼 보이기 때문이다.

여기서 마이클 폴라니의 심오한 분석은 (쿤과 로티 같은) 과학을 상대화하는 논의를 살펴보아야 할 배경을 제공한다. 폴라니의 작업은 엄청나게 중요하다. 알려지기 위해 존재하는 어떤 것의 "존재"를 부인하지 않은 채로, 앎의 개인적, 주관적, 창의적, 공동체적 차원의 중심성을 인정하기 때문이다. 폴라니는 지식이 해석이라는 사실을 인식한다. 그러나 그는 그것이 드러나지 않은 실재에 대한 해석이라는 사실을 포기하지 않는다. 위대한 저서 『개인적 지식』(문예출판사)에서, 그는 근대성의 기초 중 최소한 한 가지를 거부한다는 사실을 분명히 밝힌다.

> 나는 과학적 초연함이라는 이상을 거부함으로 시작한다. 정밀한 과학에서, 이 그릇된 이상은 사실상 과학자들이 그것을 무시하기 때문에 어쩌면 해롭지 않을지도 모른다. 그러나 우리는 그 이상이 생물학, 심리학, 사회학에 파괴적인 영향을 미치며, 과학의 영역을 훨씬 넘어서는 우리의 전반적인 전망을 왜곡한다는 사실을 알게 될 것이다. 나는 더 없이 일반적으로, 대안적인 지식이라는 이상을 확립하기를 원한다.[48]

초연함이 지식의 기초라는 개념을 거부하는 그는 포스트모더니즘과 제휴한다. 그러나 그는 객관적인 창조의 실재를 부인하는 포스트모던 주의의 치명적인 단계를 밟지 않는다. 그러나 그것은 주관적으로 파악되어야 한다. 폴라니는 이해에 속한 모든 행동에 대한 인식주체의 "인격적 참여"를 긍정한다. 그는 계속해서 이렇게 언급한다.

> 그러나 이것이 우리의 이해를 주관적으로 만들지는 않는다. 이해는 임

의적인 행동이나 수동적인 경험이 아니라 보편적인 타당성을 주장하는 책임 있는 행위다. 그러한 앎은 사실 감춰진 실재와의 접촉을 확립한다는 면에서 객관적이다. 그리고 그 접촉은 아직 알려지지 않은 (그리고 아마도 아직 파악되지 않은) 중간 범위에 속하는 참된 함의를 예상하는 상태로 정의된다. 개인적인 것과 객관적인 것의 융합을 인격적 지식으로 묘사하는 것은 합리적인 일인 것처럼 보인다.[49]

가다머처럼, 폴라니는 이해가 존재하기 위해서는 개인적인 지평과 알려진 것의 "융합"이 반드시 일어나야 함을 인식한다. 그러나 폴라니는 훨씬 더 자신감이 넘친다. 왜냐하면, 창조의 수여성(givenness)을 보다 확고하게 지각하기 때문이다. 그것은 객관성, 즉 그 다른 지평 내의 실재를 의미한다.

여기서 제시되는 요점은 앎 또는 해석 행위 중에 나타나는 겸손이다. 이것은 앎의 가능성을 부정하는 수준까지 이르는 겸손은 아니다. 해석은 언제나 잠정적이고, 개정이 가능해야 한다. 인격적 지식의 후반부에서 폴라니는 이렇게 말한다.

우리는 왜 우리의 사고하는 삶과 그 지침을 우리의 개념에 맡기는가?(여기서 폴라니는 "개념"을 "해석"과 같은 의미로 사용한다.) 우리가 개념의 분명한 합리성이 그것이 한 측면을 파악한, 실재의 영역과 접촉하고 있다는 사실에 기인한다고 믿기 때문이다. 이것이 우리가 어떤 개념을 형성할 때, 우리 안에 작동 중인 피그말리온이 자신의 창조로부터 항상 지침을 추구할 준비가 되어 있는 이유다. 하지만, 그것은 자신과 실재와의 접촉에 의존하면서 그 지침을 받아들이는 동안에도 자신의 창조를 재형성할 준비를 갖추고 있다.[50]

여기서 모습을 드러내는 것은 잠정적이고 인격적이지만, 그 인격적 중심에 대해서 필수적으로 덜 타당하지 않은 지식에 대한 그림이다. 그 지식은 인식주체를 항상 초월하게 될 실재를 겸손하게 탐사한다. 폴라니는 그러한 지식이 종교적인 형태를 띤다는 사실을 인식한다. 그리고 그는 "믿지 않는 한, 이해할 수 없다"라고 말한 아우구스티누스와 "나는 이해하기 위해 믿는다"라고 말한 안셀무스 같은 기독교 사상가들의 입장과 그 지식이 유사하다는 사실에 주목한다. 폴라니의 생각에 많은 영향을 받은 기독교인 철학자가 제리 길이다. 의미심장하게 "어두운 유리를 통해 보는 데 대해서" 라는 제목이 붙은 인식론에 대한 영구에서, 길은 폴라니를 따라, 모든 지식은 "중재된 지식"이라고 주장한다. 우리는 결코 직접적으로 알지 못한다. 우리는 암묵적이고 내재된 인간의 중심으로부터 자체를 드러내는 동시에 감추는 실재를 향해 안다. 우리는 어떤 것을 이해하는 "신의 눈"을 소유하고 있지 않다. 그러나, 어떤 절대(분자구조, 어떤 본문, 또는 하나님 자신의 의미)에 대한 우리의 지식은 비록 언제나 중재되고, 언제나 우리 자신의 믿음이나 확신을 통해 접근됨에도 불구하고 충분할 수 있다. 길은 이것이 모든 지식의 형상임에도 불구하고, 특히 그리스도인에 의해 분별될 수 있어야 한다고 암시한다. 왜냐하면 그것이 "성육신적인 인식론"이기 때문이다. 거기서는 중재자가 충분하지만 포괄적이지 않은 방식으로 진리를 계시한다. 예수 그리스도는 우리가 그것을 통해 실재를 보는 유리, 즉 우리가 그 안에서 하나님을 경험하는 매체이신 것이다.[51]

우리는 해체주의 해석학의 절망적인 "유희"뿐 아니라 현대 인식론의 자신감 넘치는 확실성을 피하는 이해 방식을 보기 시작한다. 그것은 모든 이해가 믿음과 함께 시작됨을 인식한다. 믿음은 진리를 향한 길을 막기는커녕, 그것에 이르는 문을 열어준다. 그것은 인간의 자유와 창의성을 확인하는 동시에, 그러한 자유로운 활동이 우리에게 부여된 창조의 제한 안에서 실천되어야 함을 인정하는 이해의 길이다. 이러한 제한은 나무나 별의 특수성이든, 다른 인간의 말이나 하나님의 말씀이든 간에, 더 이상 줄일 수 없는 특수성이라는 스캔들에서 우리를 만나게 된다. 이러한 설득력 있는 특수성은 우리 외부에서 그 진실성을 보유하지만, 우리의 이해, 해석이 소리를 발하는 때를 기다린다.

이 소논문에서 고려된 다수의 포스트모던 사상가들은 하이데거의 사고에 의지해 왔다. 이 소논문의 앞부분에서 우리는 해석의 필수적인 순환성에 대한 그의 긍정과 의미가 다자인, 인간 본성에 의존한다는 그의 인식을 직면했다. 가다머, 로티, 다리다 같은 후대의 사상가들은 이것이 주관적, 걷잡을 수 없는 해석, 타인들의 해석에 의해서만 제한되는 세상에서의 끝없는 "대응"을 의미하는 것으로 해석해 왔다. 그러나 이것은 하이데거의 통찰의 가장 중요한 측면을 간과하고 있다. 그것은 성경적인 통찰에 현저하게 가깝다. 우리의 앎의 모든 주관성은 언제나 우리와 다르고, 주는 동시에 거두는 (우리가 "창조"라고 부르게 될) "존재"의 실재에 의해 제한되고 채워진다. 우리의 과제는 존재가 출현하고, "존재의 목자"(a shepherd of being)가 되는 공간을 창출하는 것이다. 하이데거는 그가 "사물에 대한 초연함"과 "신비에 대한 개방성"이라고 부르는 종류의 경외를 호소한다.[52] 그는 타산적인 사고에 반하여 "중재적인" 사고에 찬성하는 주장을 펼친다. 그가 언급하는 타산적인 사고가 포스트모던주의자들이 반발하는, 권력을 추구하는 종류의 조작을 의미한다는 것은 분명한 사실이다.

> 타산적인 사고는 계산한다. 그것은 항상 새롭고, 항상 더 유망하며, 그와 동시에, 더 경제적인 가능성을 계산한다. 타산적인 사고는 절대 멈추지 않고, 결코 자체를 징수하지 않는다. 타산적인 사고는 중재적인 지식이 아니다. 그것은 존재하는 모든 것을 지배하는 의미를 묵상하지

않는다.[53]

이제 세상은 타산적인 사고의 공격, 즉 더 이상 아무것도 저항할 수 없다고 믿어지는 공격에 개방된 목표로 나타난다. 자연은 거대한 주유소, 즉 현대 기술과 산업의 에너지 근원이 된다.[54]

하이데거가 타산적인 사고에 대해서 한 말은 발전소의 에너지든, 광산 또는 본문의 진리든 상관없이, 단순히 우리가 원하는 것을 얻는 적절한 방법을 적용할 수 있다고 추정하는 모든 생각에 대한 경고로 우뚝 서 있다.

하이데거가 자신의 모든 후기 작업에서 다양한 방식으로 스케치하고 있는 대안은 진리(*aletheia*), 비은폐성으로서의 진리에 대한 초기 논의로 암시된다. 이러한 진리의 그림에서 어떤 것이 드러난다. 그 진리는 묵상하는 이성이 정중하게 접근하지 않는 한 감춰진 채로 남아있게 될 것이다. 하이데거는 그 정중한 접근법을 다양한 방식과 표현으로 묘사한다. 그러나 그 모두에 기본적인 것은 동시에 기다림이기도 한 일종의 행동이다. "인간들은 듣는 한에 있어서 말한다." 그들은 침묵의 부름에 귀를 기울인다.…그 부름을 알지 못할 때조차도. 이렇게 듣고 수용하면서 말하는 것은 대응하는 것이다.[55]

하이데거가 "사물이 나타나게 하는" 종류의 사고에 대해서 그리고 있는 그림에 자주 나타나는 이미지는 숲속의 트인 공간 또는 길이다. 생각한다는 것은 숲이 나타나는 주위에 트인 공간 또는 길, 열린 공간을 만드는 것이다. 이것은 어떤 것의 진리에 이르는 인간의 활동을 보여 주는 그림인 것처럼 보인다.

전체로서의 존재 중에 열린 장소가 나타난다. 트인 공간, 빛남…이 존재한다.…그 빛남은 존재하는 모든 것을 둘러싼다.…존재하는 것은 이

> 트인 공간에서 빛나는 것의 내부와 외부에 서 있는 경우에만 존재로서 존재할 수 있다. 오직 이러한 트인 공간만이 우리 인간에게 우리 자신이 아닌 존재들에게 이르는 통로와 우리 자신인 존재에 대한 접근을 허락하고 보장해 준다.[56]

우리의 방법으로 사물을 압도하지 않고, 우리가 그 진리를 끌어내는 데 행사하는 본질적 역할을 무시하지도 않는 사물에 대한 접근법을 묘사하려고 시도할 때, 하이데거가 사용하는 언어는 그 자체가 이해하기 어렵다. 나는 그가 해석에 관해서 많은 것을 가르쳐줄 수 있는 어떤 패턴을 스케치하고 있다고 의심하게 된다. 그는 해석자의 본질적 활동을 인식하는 동시에, 해석된 의미를 존중한다. 따라서, 그는 방법을 통한 의미에 대해서 자신이 넘치는 현대의 기술자들을 묵인하지 않고, 단순히 우리의 주관성의 의미뿐 아니라 해석에서 발견되는 실제 의미가 존재한다는 사실을 (너무도 많은 포스트모던주의자가 그렇게 하듯이) 부인하지도 않는다.

나는 이미 의미에 대한 이러한 비조작적인 접근법이 고린도전서 13:12에서 암시되고 있음을 제시했다. 우리가 이제는 거울로 보는 것같이 희미하나. 그것은 고린도후서 4:7에서도 암시된다. "우리가 이 보배를 질그릇에 가졌으니". 질그릇은 오류를 범하기 쉬운 인간을 암시하지만, 그럼에도 불구하고 보배를 담고 있다. 우리는 하나님의 말과 말씀에 정중한 접근법을 취하기 위해 하이데거에 호소할 필요가 없다(그가 그 방향으로 가는 데 도움을 줄 수 있음에도 불구하고).

우리는 그러한 접근법이 매우 잘 알려진 시편 19편에도 잘 개괄되어 있음을 보게 된다. 그것은 현대의 산술적인 확신과 권위적인 말이나 의미가 존재하지 않는 데 대한 일종의 절망 사이에서 추적하려고 노력해 온 길을 놀랍게 확인해 준다. 그 시편의 요점은 서로에 대한 언급 없이 일반적으로 인용되는 친숙한 구절들에 있는 것이 아니라 시작과 끝에

서로에게 발해지는 빛에 있다. 그것들은 그다지 잘 알려지지 않은 시편의 중간 부분을 사용하여 그 빛을 발한다. 전체 시편의 열쇠는 번역자들이 수 세기에 걸쳐 의견 일치에 이르지 못하게 만든 시작 부분에 나타나는 역설에 있다.

이 시편의 시작과 끝은 전체 성경에서는 아니더라도 시편 전체에서 가장 빈번히 인용되는 구절 중 하나다. 하늘이 하나님의 영광을 선포하고(1절). 나의 반석이시요 나의 구속자이신 여호와여 내 입의 말과 마음의 묵상이 주님 앞에 열납되기를 원하나이다(14절). 이 두 구절은 별로 관련이 없는 것처럼 보이고, 해석과 진리에 관한 현대의 사고를 통과하는 지극히 고통스러운 길에도 더 적게 관련된 것처럼 보인다.

그 시편의 시작과 끝 모두는 이 연구 전체에 걸친 관심사였던 말과 그 의미에 관련된다. 그 시편을 여는 절들은 훨씬 더 깊은 연결을 보여준다. 그러나 우선 그 시편이 번역자 중에 나타나는 문제와 심각한 의견의 불일치를 드러낸다는 사실을 대하게 된다. 여기에 처음 네 절이 있다.

> 하늘이 하나님의 영광을 선포하고 궁창이 그의 손으로 하신 일을 나타내는도다 날은 날에게 말하고 밤은 밤에게 지식을 전하니 언어도 없고 말씀도 없으며 들리는 소리도 없으나 그의 소리가 온 땅에 통하고 그의 말씀이 세상 끝까지 이르도다 하나님이 해를 위하여 하늘에 장막을 베푸셨도다.

시편 기자는 (하늘에서 보인 것처럼) 창조가 창조주의 영광을 선포할 뿐 아니라 말로도 그렇게 한다고 말한다. 창조는 지식을 선포한다. (중세에 신앙적으로 많은 열매를 맺고, 17세기 이후로는 과학적으로 열매를 맺은 개념인) 창조는 일종의 본문이다. 그러나 3절에 나오는 표현론의 평범한 의미는 너무나 독특해서 NIV를 포함한 많은 본역본이 그것을 회피한다. 대신 그들은 각주에 평범한 뜻을 제시한다. “하늘은 아무 말도 없고 말들도 없다. 그것들로부터 아무 소리도 들리지 않는다.”

그 번역가들에 동감하는 것은 쉬운 일이다. 바로 앞 절에서 선포하고, 나타내고, 말한다고 언급된 하늘이 지금은 말도, 언어도, 소리도 없다는 진술이 어떤 의미를 가질 수 있겠는가? 억지로 약간이라도 의미를 부여한 해석을 본문에 싣고 부조리해 보이는 문자적 해석을 각주에 포함하는 편이 나을 것이다.

현대의 다른 번역자들은 그렇게 소심하지 않다. 예루살렘 성경은 그 모순을 똑바로 직시하고, 3절을 이렇게 번역한다. “어떤 말도 없고, 언어도 없으며/들을 수 있는 어떤 소리도 없으나.” 그 딜레마는 새로운 것이 아니다. 흠정역은 이렇게 번역한다. “소리가 들리지 않는 곳에는, 말이나 언어도 없다.” 그러나 성공회 기도서에 나오는 약간 이전의 역본은 더 대담하고, 문자적인 접근법을 취한다. 말도 언어도 없다: 하늘의 음성은 들려질 수 없다.”

3절을 더 쉽게 번역하는 것은 그 본문을 현대적인 질서 개념에 상응하는 어떤 것으로 만들려는 바람을 보여준다. 그러나 지혜는 너무 빨리 해결하려고 시도하지 말고 그 모순을 내버려 두라고 제안한다. 그 본문 전체를 숙고하는 것이 명백한 모순을 해결해준다. 그리고 그렇게 하는 과정에서 말씀이든 아니면 세상이든 상관없이, 모든 본문에 대한 해석의 본질에 대해 놀랍도록 선명한 그림이 드러나게 된다.

시편 19편은 (태양에 대한 생생한 비유적 표현 후에) 너무나 전개가 돌연한 나머지, 일부 주석가들이 (풍요함보다 명확성을 애호하는 현대적 특성을 보여주는 또 다른 증거) 두 시편이 여기서 덧붙여졌다고 암시해온 변화와 함께 계속 이어진다. 7-13절은 토라, 즉 말씀에 포함된 하나님의 계시에 대한 확대된 묵상이다. “여호와의 율법은 완전하여 영혼을 소성시키며”. “여호와의 계명은 순결하여 눈을 밝게 하시도다”. 시편 기자는 하나님의 말씀에 대한 자신의 기쁨을 표현한다. “그 말씀은 금 곧 많은 순금보다 더 사모할 것이며 꿀과 송이꿀보다 더 달다”. 그리고 그는 말씀이 묵상할 뿐 아니라 반응하고, 순종할 대상이며, 그 결과로 하나님 자신의 말씀과 생각을 알려준다는 사실을 인식한다.

그런 후에 잘 알려진 결론이 이어진다.

> 나의 반석이시요 나의 구속자이신 여호와여
> 내 입의 말과 마음의 묵상이
> 주님 앞에 열납되기를 원하나이다.

우리는 시편이 시작된 말, 언어, 지혜로 다시 돌아오게 된다. 그러나 이번에는 인간이 중심이 되고, 말이나 언어도 포함된다. 여기서 내포된 사실은 하늘이 말이 없다는 의미가 그것에 적절하게 열려 있는 사람의 말로 표현되지 않는 한, 사실 말이 없다는 것이다. 그리고 하늘에 마음을 열 수 있는 (하이데거가 “존재 내의 트인 공간”이라고 부르는 것을 창출할 수 있는) 유일한 길은 하나님의 율법과 규례와 계명을 즐거워하는 것이다.

계시된 하나님의 말씀을 그렇게 기뻐하고 경외하는 사람의 말 안에서만, 하나님의 말씀이 참으로 말이 되는 것이다.

이것이 우리의 모든 해석이 취할 수 있는 패턴이다. 본문들은 참으로 의미를 보유하며, 저자의 의도를 반영한다. 그러나 그것들은 우리의 말, 단어, 언어(창조주 자신에게서 거저 주신 창의성이라는 선물을 사용하는 것)가 될 때까지 말을 할 수 없다.

창조에 나타난 하나님의 불분명한 말씀은 계시에 나타난 하나님의 분명한 말씀에 근거함을 통해서만 이해될 수 있다. 더 일반적으로 표현하자면, 본문의 의미는 실제한다. (로티 등과는 대조적으로) “존재의 형이상학”이 존재하는 것이다. 그러나 본문은 타당한 인간의 존재, 즉 하나님의 계시에 거함에 의해 형성되는 존재와 접근법 없이는 말을 할 수 없다. 잠언1:7은 이렇게 말씀한다. "여호와를 경외하는 것이 지식의 근본이거늘 미련한 자는 지혜와 훈계를 멸시하느니라." 이것은 아마도 방법론의 지나치게 자신만만한 현대적 적용과 절망적인 제한이 없는 창의적 해석 두 가지 모두에 대한 가장 명백한 답변을 담은 진술일 것이다.

5장 해석학과 포스트모더니즘

주

1 Frank Kermode, *The Genesis of Secrecy: On the Interpretation of Narrative* (Cambridge, Mass.: Harvard University Press, 1979), p. vii.

2 앞의 책.

3 앞의 책, p. viii.

4 앞의 책, p. xi.

5 앞의 책.

6 Richard Rorty, *Philosophy and the Mirror of Nature* (Princeton, N.J.: Princeton University Press, 1979), p. 316.

7 앞의 책, p. 318

8 Richard Rorty, *Consequences of Pragmatism* (Minneapolis: University of Minnesota Press, 1982), p. xviii.

9 Martin Heidegger, *Being and Time*, trans. John Macquarrie and Edward Robinson (New York: Harper & Row, 1962), p. 58

10 앞의 책, p. 193.

11 앞의 책, p. 195.

12 Hans-Georg Gadamer, *Truth and Method* (New York: Seabury, 1975), p. 239.

13 앞의 책, p. 238.

14 앞의 책, p. 264.

15 그 개념은 성경해석학에 대한 하이데거와 가다머의 사고의 함의들을 포괄적이고, 바른 안목으로 분류하고 있는 앤터니 티슬턴의 두 지평이라는 제목의 근원이다. Anthony Thiselton, *The Two Horizons: New Testament Hermeneutics and Philosophical Description* (Grand Rapids, Mich,: Eerdmans, 1980).

16 Gadamer, *Truth and Method*, pp. 264-65.

17 E. D. Hirsch, *Validity in Interpretation* (New Haven: Yale University Press, 1967), pp. 25051.

18 Jonathan Culler, *On Destruction* (New Haven: Yale University Press, 1967), p. 22.

19 'Jacques Derrida, *Writing and Difference*, trans. Alan Bass (Chicago: University of Chicago Press, 1978), p. 280.

20 Jaques Derrida, *Of Grammatology*, trans. Gayatri Chakravorty Spivak (Baltimore: Johns Hopkins University Press, 1976), p. 50.

21 물론, 아니요 라고 말하는 것이 특별한 의미를 보유할 수 있다는 깊은 역설이 존재한다. "사실"이라면, 그것은 어떤 것도 말할(또는 의미할) 가능성을 제거하고, 우리를 침묵으로 축소시킨다. 아주 약간의 농담조로 그는 오해를 받았다고 주장하는 공언한 (데리다를 포함하는) 파괴주의자의 예는 많다. Ellis, *Against Deconstruction*. 특히, 데리다와 존 서얼(John Searle) 사이의 악명 높은 논쟁을 보라. 엘리스는 이렇게 말한다. "이처럼 데리다는 자신의 잘못된 진술을 적절한 진술과 대체할 필요가 있다고 느낄 때(p. 14), 다른 사람들이 그렇게 하듯이, 이 입장(독자가 저자의 의도를 파악하려 해서는 안 된다는 입장)을 포기하고 있다."

22 Michel Foucault, "Truth and Power," *in Power Knowledge: Selected Interviews and Other Writings, 1972-1977*, ed. Colin Gordon (New York: Pantheon, 1980), p. 133.

23 앞의 책, p. 123.

24 앞의 책.

25 Frank Kermode, *The Genesis of Secrecy: On the Interpretation of Narrative* (Cantbridge: Harvard University Press, 1979), p. 18.

26 Michael E. Lodahl, "Jews and Christians in a Conflict of Interpretation," in *Christian Scholar's Review* 19, no. 4(1990): 334.

27 100 Miguez Bonin, *Doing Theology in a Revolutionary Situation* (Philadelphia: Fortress, 1975), pp. 88-89.

28 앞의 책, p. 91.

29 앞의 책.

30 Peter Berger, *Pyramids of Sacrifice: Political Ethics and Social Change* (New York: Basic Books, 1974)

31 남녀 포괄 용어 운동은 정치적으로 그 역시 우리의 대명사조차도 세상이 권력으로 좌우된다는 이해가 영속화한다는 전제에 근거한, 정당한 언어 운동의 가장 성공적인 측면이다.

32 Thomas.s Kuhn, *The Structure of Scientific Revolutions* (Chicago: University of Chicago Press, 1962).

33 Rory, *Consequences of Pragmatism*, p. xiii

34 앞의 책.

35 앞의 책.

36 Roger Funding, "Our Hermetical Inheritance," in Roger Funding, Anthony Tinseltown and Clarence Washout, *The Responsibility of Therapeutics* (Grand Rapids, Mich.: Herdsman, 1985), p. 6.

37 이런 식의 논쟁을 약간 길게 담은 두 작품은 다음과 같다. Hirsch, *Validity in Interpretation*, John M. Ellis, Against Deconstruction (Princeton, N.J.: Princeton University Press, 1989). 허쉬의 책에는 가다머와 엘리스를 직접적으로 다룬 부록이 있다. 엘리스는 데리다에 의해 예시된 훨씬 더 급진적인 입장을 취한다. 허쉬와 엘리스 두 사람 모두 누군가가 소통을 목적으로 한 단어를 말하거나 쓰자마자, 그는 이해받고자 하는 의도, 즉 포스트모던주의자가 부인하고 싶은 "존재"인 의도를 보유하게 된다고 강력하게 주장한다.

38 James Olthuis, "A Cold and Comfortless Hermeneutic or a Warm and Trembling Hermeneutic: A Conversation with John D. Caputo," *Christian Scholar's Review 19*, no. 4 (1990): 345-62.

39 앞의 책, p. 345.

40 앞의 책, p. 346.

41 올뚜이스는 그 의견 충돌을 "가다머-데리다 만남"이라고 표현한다. 그것은 다음 책에 요약되어 있다(이는 1981년의 두 사람 사이의 논쟁에 근거한다). *Dialogue and Deconstruction: The Gadamer-Derrida Encounter, ed.* Diane P. Michelfelder and Richard E. Palmer (New York: State University of New York Press, 1989).

42 Olthuis, "Cold and Comfortless," p. 351.

43 앞의 책, p. 352.

44 앞의 책.

45 앞의 책.

46 앞의 책, p. 353.

47 J. R. R. Tolkien, "On Fairy-Stories," in *Essays Presented to Charles Williams, ed.* C. S. Lewis (Grand Rapids, Mich.: Eerdmans, 1966), pp. 71-72.

48 Michael Polanyi, *Personal Knowledge: Towards a Post-critical Philosophy* (Chicago University of Chicago Press, 1958), p. vii.

49 앞의 책, p. viii.

50 앞의 책, p. 104.

51 Jerry Gill, "Om Seeing Through a Glass, Darky", *Christian Scholar's Review* 5, mo. 3 (1976).

52 Martin Heidegger, "Memorial Address" in *Discourse ion Thinking*, trans. John Anderson and Hans Freud (New York: Harper & Row, 1966), p. 55. "해방"은 독일어 Gelassemheit를 번역한 것인데, 역자는 주에서 (마이스터 에카르트 같은) "독일의 신비주의자들이 세상을 돌아보지 않고 하나님께 자신을 내드리는 의미에서 사용되었다"라고 밝힌다.

53 앞의 책, p. 46.

54 앞의 책, p. 50.

55 Martin Heidegger, "Language," in *Poetry, Language, Thought*, trans. Albert Hofstadter (New York: Harper & Row, 1971), p. 209.

56 Martin Heidegger, "The Origin of the Work of Art," in *Poetry, Language. Thought*, p. 53.

6장
영성과 성경 읽기

헬라인들에게, 헤르메스는 신성한 전령자였다. 사람들은 그가 의사소통의 수단으로 언어를 발명했다고 믿었다. 이런 배경에서, 루스드라의 청중들이 바울에게 새 이름을 부여했던 것이다. "바울은 그 중에 말하는 자이므로 헤르메스라 하더라"(행 14:12).

헬라어 헤르메니아(*hermenia*)는 의사소통을 의미한다. 필로는 모세를 하나님의 "헤르메뉴에트"(해석자, *hermenuet*)로 불렀다. 고린도 교회에서 누군가가 방언으로 이야기할 때, 헤르메뉴테스(*hermeneutes*) 즉 전달자 또는 해석자가 필요했다(고전 14:27). 빌립은 다른 문화, 언어, 종교 출신인, 이디오피아 내시를 위해서, 선지자 이사야의 예언을 해설해 주는 해석자 역할을 한다. "빌립이 입을 열어 이 글에서 시작하여 예수를 가르쳐 복음을 전하니"(행 8:35). 따라서 번역, 해석, 세계관과 역사 사이의 간격에 다리를 놓는 것은 모두 해석학적 표현이다. 성경 낭독은 설교와 가르침과 함께 디모데에게 주어진 선물이었다(딤전 4:13). 예수님 자신이 나사렛 회당에서 성경을 낭독하고 해석하셨다(눅 4:16). 같은 방식으로 사도들의 서신을 받고, 낭독하는 것이 초기 교회가 사도들의 서신을 다루는 관습이었던 것처럼 보인다(골 4:16, 살전 5:27을 보라). 이 장의 의도는 독서(또는 읽기)의 의미를 탐구하고, 읽는 행위가 번역하고, 의도를 해석하고, 문화적 간격을 연결하는 것을 넘어선다는 사실을 주장하는 것이다.

우리는 말씀의 우월성을 당연하게 받아들이는가?

구전되고, 기록된 후에, 사람들의 삶과 행동을 형성할 수 있는 어떤 것으로 이해된 "말씀"은 이스라엘의 삶에 핵심적이었다. 히브리어는 고대 저술에 사용된 언어 중에서 가장 광범위한 형태를 지녔다.[1] "하나님이 친히 쓰신"(출 31:18) 율법은 야훼의 계명이자 뜻이었다. "이 율법의 모든 말씀을 그 위에 기록하라"(신 27:3; 출 34:27도 보라). 그런 후에 율법은 모세에 의해 백성들에게 낭독되었으며(출 24:7; 31:10-11), 후에 여호수아(수 8:8, 34)와 요시야(왕하 23:2)에 의해서도 낭독되었다.

더욱이, 성경이 야훼의 창조 사역에 대해 확증하는 사실은, 그것이 "그분의 능력의 말씀으로" 형성되었다는 것이다. 창조의 신적 행위는 일관성 있게 말씀에 의한 창조(크레아티오 페르 베르붐)로 언급된다(창 1:3, 6, 9-11, 14, 20, 24, 26, 시 33:8; 148:5; 렘 10:12; 잠 3:19; 8:27; 히 11:3).[2]

세상이 그로 말미암아 창조된 말씀은, 동시에 하나님과 함께하신 말씀이며, 곧 하나님이시다(요 1:1). 그것은 육신이 되신 말씀이다(요 1:14). 성경을 읽는 사람은, 하나님이 자신의 말씀 중에 부여하신 하나님의 자기 계시임을 믿는 고유한 전통에 속한다. 그는 또한 인격적이신 하나님의 의사소통에 귀를 기울이는 전통에 속한다. 이러한 강조에 핵심이 되는 것은 하나님의 인격성이다. 성경 문헌이 언어에 기초한다는 관점에서 볼 때, 율법과 역사는 인간의 모든 경험과 행동을 하나님과 인간의 관계

—과거, 현재, 미래—에 대한 기록으로 수용하려는 노력으로 간주된다. 그리스도인의 삶 가운데 성경적 믿음과 실천을 형성함에 있어서, 독서와 해석학이 그처럼 핵심적인 역할을 행사해 온 것은 당연한 일인 것이다.

우리는 종교적인 언어가 보편적으로 중요하다는 사실을 당연하게 받아들일수 없다. 불교와 도교 같은 동양의 형이상학에서, 인간의 영혼은 언어의 구조를 초월해서, 깊어지는 침묵의 영역으로 올라가는 것으로 그려진다. 관조적인 행위의 가장 높고 순수한 경지는 언어가 배후에 남겨지는 영원한 침묵이다. 논리와 선적인 시간 개념 역시 과거, 현재, 미래가 동시적으로 하나가 됨으로써 배후에 남겨지게 되는 것이다. 언어는 그것들을 계속 구분하는 인위적인 구조로 인식된다. 따라서 동양의 성자는 세속적 활동에 대한 유혹뿐 아니라 언어로부터도 물러난다. 이렇게 철저하게 언어를 불신하는 것은 인격적이신 하나님이 부재하신 결과로 초래된다. 히브리 성경의 석의에 근거한 이스라엘의 종교 문화와 그리스도인들을 위해서 신약에 선포된 복음에 대한 믿음은 이것과 얼마나 다른가!

17세기의 세속 정신의 상승 이후로 서구에서도 언어의 퇴보가 일어났다. 오늘날 다수의 대중문화 비평가들은 "말의 퇴보"를 개탄한다. 청년문화의 특징인 단절된 문장과 단속언어(음절마다 분리해서 말하는 언어—역자주)는 철저하게 텔레비전의 영향을 받은 결과다. 기술을 향하는 성향뿐 아니라, 시에 나타나는 불협화음과 음악에 나타나는 무조성(음조의 중심이나 핵심이 없는 곡의 형태—역자주), 광고에 나타나는 언어의 남용은 루이스 멈포드로 하여금 "현대는 언어를 악화시키는 것이 전공이다"라고 고발하게 만들었다.[3] 마셜 맥루한은 "매체는 메시지"라고 단언했다. 허버트 마르쿠제는 일반적인 표어와 구호를 습관적으로 사용하는 것은 사실에 기반을 둔 주장을 스스로 타당성을 지닌 동어반복으로 변환하는 효과가 있다고 주장했다. 그런 동어반복은 사용되는 용어에 돌려지는 의미 덕분에 진실일 뿐이다. 한편, 조지 오웰은 자신의 저서 『1984』에서 언어의 부패는 결국 사회의 부패로 이어지는 사고의 부패를 초래한다는 자신의 확신을 표현했다. 서구의 세속화는 의사소통의 죽음을 초래한다는 것이다. 알베르 카뮈는 그것을 『반항하는 인간』에서 이렇게 표현한다.

> 모든 모호성, 모든 오해는 죽음에 이르게 한다; 명백한 언어와 단순한 말이 죽음으로부터의 유일한 구원이다. 모든 비극의 정점은 그 영웅들의 귀먹음에 있다…현실에서처럼, 무대에서도 독백이 죽음에 선행한다. 따라서 오로지 압제자에게 반대하기 위한 운동으로 생명을 탄원하고, 예속과 거짓과 공포에 맞서 싸우기 시작한다. 그리고 순식간에 이러한 세 가지 고통이 즉시 인간들 사이의 침묵의 원인이라고 단언한다. 그 고통은 인간들이 서로를 이해하기 어렵게 만들고, 그들을 허무주의(자기들의 운명과 씨름하는 인간의 오랜 공모)로부터 구원해 줄 수 있는 유일한 가치 안에서 자신을 재발견하지 못하게 막는다.[4]

위기의 시대에 일어나는 조직적인 언어의 쇠퇴는, 가장 필요할 때 대화를 막는다. 그리고 그 결과로 우리 시대의 날로 늘어가는 복잡성에 대처하는 데 필수적인 일치된 행동을 달성하는 데 따르는 어려움에 일조하고 있다.[5]

침묵 때문에 인간성이 소멸되는 새로운 암흑시대가 우리에게 도래할 수도 있다. 뉴턴과 라이프니츠가 17세기에 미적분학을 개발한 이후로, 지식의 넓은 영역이 수학, 특히 화학, 분자 화학, 생화학 및 기타 과학들의 방식과 절차에 점진적으로 굴종하게 되었다. 소위 사회과학들은 모방형태의 오류를 따라 점점 더 수학 언어에 휩쓸리고 있다. 말의 영역은 점진적으로 압축되는 과정에서 비언어적 소통 형태에 자리를 내주고 있다. 이것은 더 전문화된 형태의 기술적 의사소통으로 보호되는 지식이 계속해서 더 분열되는 파멸에 이르게 한다. 그리고 그 결과로 점점 더 적은 사람들이 서로를 이해할 수 있게 되는 것이다.

신학도 여기서 제외되지 않는다. 데이비드 트레이시는 신학적 다원주의를 명쾌하게 옹호하는 과정에서, 신학적 페르소나가 세속사회, 학계, 교회라는 상이한 공공기관과 의사소통을 하듯이, 상이한 의사소통을 실천할 것을 신학에 요청하고 있다. 이 세 공공기관은 "모든 사람에게 모든 것이 되는" 원칙에 대한 세 가지 상이한 사고방식을 대표한다.[6]

이론적 논쟁과 더불어 해석학적 논쟁을 학구적으로 연구하는 학자들은 "성경 읽기" 행위에 적용할 것이 거의 없는 것처럼 보인다. 오히려, 세속 정신을 따르는 문학비평이 성경해석학에 적용되고 있다. 학문에 대한 이론의 관계는 정치에 대한 권력의 관계와 같다. 추상적 개념의 전문화가 오늘날의 해석학 논쟁 중에 빠르게 확산되고 있다. 반면에, 실제적인 성경 읽기는 모든 학문적 대화에서 간과되고 있다. 영국의 문학비평가 헬렌 가드너는 불필요한 전문가주의의 성장과 더불어 해석학을 지배하는 것처럼 보이는 것이 "횃불"보다는 "왕홀"이라는 사실을 몇 년 전에 관찰했다(비평이 비평가의 권위에 지배된다는 의미다—역자주).[7] 즉 증가하는 분열 또는 다원주의와 전문가주의, 그리고 일반적인 언어의 퇴화와 더불어 우리는 더 이상 어떻게 읽어야 하는지를 거의 알 수 없는 지경에 이르게 된 것이다.

독자 반응 비평

하지만 읽는 행위는 앤터니 티슬턴이 "두 지평"이라고 부르는 해석학에 대한 접근을 통해 이런 위협에서 구조될 수 있다.[8] 쉽게 표현하면, 그 지평들은 독자와 저자의 지평이다. 이 지평들은 각 사람이 다른 사람의 배경을 대화 중에 발견하듯이, 읽는 과정에서 융합된다. 예수님은 청중을 가르치시는 과정(특히 비유들)에서, 그들이 하나님 나라의 영역으로 들어올 수 있도록 그들의 세계 안으로 들어가신다. 그 결과로 공통적인 이해가 가능해진 것이다.

최근 이십 년 동안 문학비평에 속한 철학자들은 비평가가 어떤 작품을 읽는 것 자체가 창의적인 기술이라고 주장해 왔다. "읽는 행위"에 대한 현상학은 독자의 동기와 이해를 조사하는 복잡한 과정에서 기호학이 해석학을 대치하는 것처럼 보이는 포스트모던 해석학으로 이어졌다.[9] 읽는 행위는 점점 더 수사적 행동으로 정의된다. 그것은 본문을 읽고 이해하는 데 무엇이 개입되는지에 대해서 근본적으로 더 복잡하게 상상하는 것을 암시한다. 특히 프랑스의 일부 비평가들은 해석학을 초월하려고 애쓰고 있다.

해석학은 "근대" 학파에 남아있든, 아니면 포스트모던 학파로 옮겨갔든 상관없이, 단순히 본문을 해석하는 과제다. 그 문제를 다루는 중요한 논문에서, 리처드 팔머는 현대 해석학의 두 가지 추세를 구분한다.[10] 첫 번째 추세는, 언어를 세상에 존재하는 방식으로 보고, 언어를 실재 해석에 불가피한 매체로 만드는 하이데거와 가다머 같은 학자들에게 빚을 지고 있다. 기록된 말에는, 그것이 읽힐 때, 세상이 그것을 언어로 만들도록 일깨우는 힘이 있다. 따라서 독자는 자기 이해를 포함하는 행위를 통해서, 읽은 내용을 자기 것으로 만든다. 폴 리쾨르는 그 차용 행위가 "어떤 해석공동체"의 사전 처리 과정에 의한 주관주의로부터 보호된다고 주장한다. 그 결과로, 그 차용된 의미가 해석자가 속한 신앙공동체에 독단적인 것이 되지 않는 것이다. "해석학의 전체 이론은 본문 자체에 대한 작업에 속하는 일련의 해석을 통한 이러한 해석 차용을 중재하는 과정에 있다."[11]

현대 독자의 주관성을 그 출발점으로 삼기를 거부하는 포스트모던적인 사고의 두 번째 파도가 있다. 그런 사고의 초점은 본문 해석을 가능케 하는 관습, 제도, 언어구조 자체에 있다. 그것은 해석에 대한 비인격적인 접근법이다. 프랑스의 포스트모던주의자들인 자크 데리다와 미셸 푸코가 "지식"을 통한 지배와 과학적 통제를 특징으로 하는 입장을 대표한다.

키르케고르가 첫 번째 파도의 조상이라 한다면, 비평가들의 두 번째 파도의 길을 연 사람은 니체다.[12] 니체에게는 하나님이 죽었기 때문에, 진리는 신적인 이성을 차용하거나 지식이 하나님의 뜻과 조화를 이루게 함을 통해서 달성될 수 없다. "실재"와 "진리"는 절대적인 것들이 아니다. 전반적인 "앎"의 체제는 "해석"이라고 부르는 것이 가장 적합하다. 그것이 "날조되고", "가공되기" 때문이다. 최초 또는 원초적인 "앎"이 존재하지 않기 때문에, 바닥에 남는 것은 더 깊은 권력에의 의지로 동기가 부여된 단순한 환상에 불과하다. 따라서, 주관성은 주의해야 할 분열된 권력의 중심으로 단순하게 해석되는 것이다. 고정점이 없으므로, 과정과 비판에도 아무 제한이 없다. 그것은 마치 유리창을 통해서 경치를 감탄하며 바라보는 것과 같다. 그 사람은 결국 모든 것(창, 풍경, 바위의 구조, 벌거벗고 아무 의미가 없는 전체적인 지질학적 영역)을 바라보는 끝없는 과정에서 자신을 볼 뿐이다.

이러한 부정적 성향은 데리다, 폴 드 맨, 에드워드 사이드의 "부정적 해석학"을 하이데거, 가다머, 리쾨르의 존재론적 또는 반성적 해석학으로부터 구별하고, 분리해준다. 후자는 해석자보다 본문에 분명한 우선순위를 부여한다. 이것은 하나님 자신의 계시로 알려진 성경을 해석할 때 지극히 중요하다. 이 접근법은 성경을 "권력에의 의지"라는 빈 공간에서 보지 않고, 읽는 행위를 개인적 맥락에 배치한다.

이 읽는 행위는 해석을 위한 여건을 조성하는 상이한 역사적 시기, 문화, 민감성에 따라 상이하게 해석되어 왔다. 그러한 여건에는 다음과 같은 것들이 포함된다. 지배적인 광범위한 관습을 따라 읽는 행위를 어떻게 보는가? 실재에 대한 지배적 관점, 또는 진리가 무엇인가와 아는 방식에 대한 형이상학적 세계관, 어떤 문헌이 어떤 내용이며 어떻게 독자를 도와주는지에 대한 관점과 이용, 권위 있고 판단하고 교정하고 촉구하는 본문에 부여된 지위 등에서. 그러한 이슈들은 해석이 무엇이고, 독자에게 영향을 끼치고 도전을 가하는 면에서 어떤 목적을 보유하는지에 대한 독자의 견해를 형성한다. 해석학을 단순히 본문을 언급하는 것으로 보는 것은 안이한 일이다. 그와 동시에, 해석학은 해석을 위한 전제조건에도 관여한다. 따라서, 독자들의 역할, 즉 본문에 관여하는 그들의 도덕적 의무는 타당한 문학 비평이 유효하기 위해 매우 중요하다. 그러나 포스트모던의 부정적 해석학에서, 독자는 쫓겨나고 중심에서 밀려난다. 그 결과로 "독자 반응"이 무의미한 활동이 되는 것이다.

읽는 것은 전문가들이 이론화할 수 있는 단순한 행위가 아니다. 그것은 또한 역사를 통한 사회적 성취와 연관된 예술이기도 하다. 읽는 것은 시간을 통해 해석의 역사로 연구될 수 있는 사회적 관습이었다(여전히 그렇다). 이제 이런 문제들로 주위를 돌려 보자.

요한복음에 나타난 모범적 삶을 위한 읽기

사도 요한이 복음서를 기록하고 있었던 1세기 끝자락에 살았던 독자(유대인, 그리스도인 또는 이방인)에게, 독자가 된다는 것은 단 하나의 근거에 의존했다. 그것은 고전 또는 사실상 신약에 노출되는 것이었다. 왜냐하면 그러한 노출이 모범적인 인간을 산출했기 때문이다. A. J. 페스투저는 독서가 "가공되지 않은 인간성을 윤리적인 동시에 심미적인, 이중의 훈련을 통해 형성함으로써 모범적인 존재를 산출할 것"으로 추정되었다고 주장한다.[13] 서적들의 목적은 인격체를 산출하는 것이었다. 다른 모든 목적은 조금은 터무니없는 것이었다. 한 인간으로 말하고 행하는 능력은 최고를 모방하고, 최악을 피할 것을 요구했다.

앙리-이레니 마로우는 이것을 "파이데이아의 문명"이라고 불렀다.[14] 나중에 사도 바울이 성도, 즉 "우리 마음에 썼고 뭇사람이 알고 읽는, 그리스도의 편지"라고 칭했던 사람들이 나타났다(고후 3:2). 피터 브라운은 고대 후기 문화의 특성 중 하나가 모범이었다는 사실을 인식했다. "더 일반적인 실체보다 개인들에게서 모범을 찾는 것이 압도적인 경향이었다. 거대한 정치적 실험으로 어질러진 과거에도 불구하고, 어떤 상황도 개개의 남녀 영웅이 행사한 것과 같은 모범적인 힘을 절대로 행사할 수 없었다.[15]

파이데이아의 문화가 전달된 세대와 개인의 태도 사이에는 강렬한 유대가 존재했다. 캘리포니아 공과대학이나 소르본 대학 같은 국제적인 교육기관에 가서 공부한 학생은 전혀 없었다. 학생은 언제나 개인을 찾아갔다. 신약의 배경에서는, 바울이나 아볼로, 또는 사실 그리스도를 찾아간 것이다. 서적들 역시 개인을 형성하고, 발전시켰다. 그 밖의 모든 추상적 동기는 말도 안 되는 것이었다. 고전들은 사람들을 고전적으로 만드는 목적으로 읽혔다. 베르너 예거는 이렇게 관찰한다. "영속적이고 가장 인상적인 형태로 인간의 삶의 최고규범을 포함하는 한 문학은 파이데이아다." 따라서 니사의 그레고리우스는 성경을 기독교적 파이데이아로 해석했다.[16]

우리는 고전적인 배경에서 요한복음을 읽는다. 요한은 독자들이 믿음의 긍정적인 모범처럼 되도록 격려할 목적으로 인물들을 묘사하는 데 초점을 맞췄다. 그는 독자들이 부적절한 반응을 보이는 사람들에게 연민을 느끼기를 바랐다. 그리고 예수 그리스도를 거부하는 인물을 통해서는 부정적인 독자를 정죄하고자 했다. 요한이 예수님의 말씀을 듣고, 그분을 알고, 그분께 순종하기를 배울 수 있는 모범이 되는 인물들을 병치한 것은 요한복음에서 탁월한 역할을 하고 있다.

이것은 사도의 의도를 믿는 것이다. 그것은 듣는 것을 믿는 것과 통합하는 것, 즉 선언자 예수님을 신뢰하는 것이다. 그리고 그 목적은 탁월한 모범이 되시는 세상의 구세주 안에서, 그리스도 예수 안에 살도록 인간의 삶이 철저하게 변화되는 것이다. 이것이 요한의 메시지에서, 성경 독자가 된다는 것이 함축하는 바이다. 따라서, 성경해석학은 "예수님이 사랑하셨던 제자"가 기술한 대로, 화자(the Speaker)와 더불어 참여적인 삶을 사는 것으로 간주된다. 그것은 이론적 또는 추상적 진리가 아니라 진실로 "나는 길이요 진리요 생명이라"라고 주장하신 분을 믿거나 신뢰하는 것, 그 안에 남아있거나 거하는 것이다. 요한복음은 관계에 관한, 즉 예수님 자신의 인격인 진리에 관한 것이다. 모범의 고전적 의미에서, 예수님은 육신이 되신 말씀, 하나님의 진리가 계시로 구현된 말씀이신 자신이 가르치시는 바를 구현하신다.

다른 복음서보다 요한복음에서, 예수님은 개개의 인격체인 나다나엘, 니고데모, 우물가의 여인, 나면서 소경 된 사람, (나사로가 부활하기 전의) 마르다, (부활절 아침의) 막달라 마리아, (부활 때에) 의심하는 도마와 베드로와 말씀을 나누시는 것으로 묘사된다. 각 사람은 진리이신 예수님과 인격적인 만남을 가진다. 또한 자기 해방을 체험한다. 파괴적인 긴장과 자기 집착에서 벗어나는 것이다. 자기 의존이 무엇을 의미하든 간에, 그리스도 안의 진리는 계시하는 동시에 해방을 초래한다. 그것은 직업적 신분(니고데모), 전통적 행동(우물가의 여인), 개인적 약점(눈먼 청년), 증거 부족(마르다와 도마), 중독적 행동(베드로)과 상관없이 적용된다.

이와 대조적으로, 요한복음의 "유대인들"은 믿지도 않고, 스스로가 해방되기를 허용하지도 않는 사람들로 이뤄진다. 현대의 비평적 학문이 추정하듯이, 요한복음은 예루살렘이 함락되고 성전이 파괴된 후인 1세기 말엽에 최종형태로 기록되었다. 그때 유대인들이 직면한 신학적 문제는 이러한 재난에 대처하는 방법을 발견하고, 성전과 약속의 땅이 부재한 상태에서 자기들의 "유대인 됨"을 재해석하는 것이었다. 권력투쟁에 대한 열심당의 정치적 해석은 마사다 함락(주후 73-74)과 바 코크바 반란(주후 132-35)의 실패로 저지되었다.

요하난 벤 자카이의 영향 아래, 랍비의 방식에 의해 토라에 대한 헌신과 결합된 유대교 형태가 야브네에서 발전되었다. 그것은 나중에 미쉬나, 탈무드, 그리고 그 밖의 랍비의 저술로 발전되었다. 헤겔이 지적했듯이, 강력한 문화적 헬라화 과정을 통해서 토라가 추상화되었다. 유대인들이 예수 그리스도 자신이 하나님의 말씀이신 것을 전적으로 거부하는 과정에서, 마치 토라는 하나님 자신과 경쟁하는 것처럼 보였다.

여기서 기독교 신앙은 철저히 유대교와 분리되었다. 그리고 요한복음은 그리스도가 중심이 되지 않는 성경 사용을 강하게 비판하는 것으로 해석될 수 있다. 토라가 모세를 통해서 부여된 반면에, "은혜와 진리"는 예수 그리스도를 통해서 임하게 되었다(요 1:1). 참으로, 예수님은 모세와 선지자들이 언급했던 분이시다(요 1:45). 요한복음에서, 이 실재를 거부한 것이 "유대인들"을 예수님의 적대자로 만들었다. 반면에, 다른 복음서들에서는 서기관들과 바리새인들 같은 지도자들만이 그렇게 한다. 유대인들이 그분의 가르침을 반대한 내용을 서술하는 과정(요 6:20) 또는 나중에 나오는 요한의 고난 내러티브에서 "유대인들의 두려움"이 예수님을 반대한 주제로 두드러지게 드러난다.

요한은 성경 읽기라는 이러한 핵심 문제를 다루는 과정에서, 논쟁의 각 편에 줄지어 서 있는 증인들, 진리가 무엇인가에 대한 질문, 증인들의 신빙성이 포함된 법정 주제와 같은 다양한 문학적 장치를 사용하고 있다. 해석자는 성경을 어떻게 해석하고, 그 해석에 비추어 사는가? 예수님을 만난 몇 사람은 그러한 논쟁을 통해서 편견에 사로잡혔던 자신의 이해에서 해방되었다. "유대인들"이 예수님 자신을 부인함에 따라, 그분이 계시하신 광범위한 진리를 거부하는 배경이 바로 이러한 대면이었던 것이다.

해석학적 문제는 진리가 어디 있느냐는 것이다. 진리는 토라 배후의 전통 또는 구전에 있는가 아니면 전통주의와 기득의 상속받은 권세에 있는가? 진리는 오히려 "성육신하신 말씀", "하늘로부터 들려온 음성"에 있는 것이 아닌가? 세례 요한과 다른 이들이 복음에 부여하는 증거와 상관없이, 전체 복음이 축으로 삼는 예수 그리스도가 최고의 증거가 아닌가? 성경 전체에서 기록된, 그리스도의 인격적 임재에 의해 변화된 존재가 "모범적 읽기"가 의미하는 모든 것이다. 본문과 성경의 지면을 초월하여, 우리는 예수 그리스도의 인격을 통하여 도전받고 변화되는 것이다.

고대 후기의 파이데이아 문화에서, 서적들은 고결한 인격체와 타당한 행실을 산출하는 것을 목적으로 존재했다. 그런 문화에서, 사람들은 가장 깊은 도전과 더불어 요한복음을 읽었을 것이다. 읽은 내용이 삶, 태도, 행동의 철저한 변화로 표현될 것이라고 기대되었기 때문이다. 파울리누스는 그의 주인의 가르침에 이렇게 반응할 수 있었다. "*Vivedo corde, mente complectar pia, ubique praesentem mihi,*" 즉 저는 어디서나 내게 나타나는 옛사람들을 마음으로 보고, 정신으로 받아들일 것입니다."[17] 그렇다면 그리스도인 독자는 말씀에 나타난 그리스도의 계시에서 무엇을 보아야 하는가?

사막 교부들의 성경 사용

초기 기독교는 고대 이집트 문화라는 복잡한 세계에서, 4세기 동안 헬라화된 도시들로부터 시골 지역으로 확산되었다. 사막 교부들의 독특한 문화는 역시 독특한 해석학을 유발했다. 대다수의 그리스도인은 여전히 문맹인 채로 전통적인 구전문화 내에 살고 있었다. 하지만, 그 지도자 중 다수는 기독교 변증학을 기록으로 남기는 새로운 전통을 구축한 대단히 교양 있는 사람들이었다.

로빈 레인 폭스는 "이교도 문화와 기독교 사이의 근본적인 차이 중 하나는 구전문화에 속한 신화에서 추출된 구절과 기록된 본문에 확고히 근거한 구절에 대한 추측에 관한 것이었다"라는 의견을 제시했다.[18] 하지만 이것은 부분적인 사실에 불과하다. 초기 기독교의 사막 전통 역시 구전문화에 깊이 기반했기 때문이다. 사막 교부들의 어록 안으로 들어가는 것은 제자가 요청한 말을 들으려고 대화 안으로 들어가는 것과 같다. 이 어록은 (아마도 콥틱어로 쓰인) 일상생활에 근거한 이야기, 비유, 말을 수집한 것이다. 그것은 사막 수도자들의 교육에 심오한 영향을 끼쳤다. "아바, 제게 한 말씀을 주소서"라는 말은 다바르(*dabar*)라는 히브리 구전과 동일한 효과를 보유한다. 거기서 그 말씀은 사고와 삶뿐 아니라 행동과 행위를 함축한다. 그것이 가능했던 것은 그 말씀이 성령으로 주어진 하나님의 말씀이기 때문이다. 그런 경우, 그 말씀은 우리가 처한 상황에서 개인적인 구원을 제공해 준다.

"아바"는 이러한 어록에서 이중 기술을 소유하는 것으로 인식된다. 그는 성경의 해석자가 될 뿐 아니라 마음을 분별하고 읽을 수 있을 정도로 지혜롭다. 두 기술 모두는 개인적인 체험에 근거한다. 그럴 때, 그가 제시하는 말은 사실 분별력이 있는 말이 된다. 그것은 제자의 살아 있는 말씀과의 만남에 대한 내러티브를 분별과 적용으로 새로워진 내러티브로 만들어 준다. 이처럼 강렬하게 개인적인 구전을 바탕으로, 사막 교부의 주요한 어록들이 6세기에 이르러 형성되고 기록되었다. 그 어록들은 작은 파편만이 번역되었을 뿐이다. 그것은 현대 학문이 수집해서 비교해야 할 필요가 있는 광대한 새 영역을 제시한다.

성경은 기록하는 문화에서 우리가 길들여진 압축된 본문이 아니라 구전과 서면 전통 사이의 상호작용 중에 분산된 형태로 이러한 어록에 배치되어 있다. 그런데 그것은 베네딕타 워드가 설명하듯이, "사막의 저술이 기록된 언어는 성경 묵상에 의해 형성된 나머지, 언제 인용이 끝나고, 언제 언급이 시작되는지를 구분하기가 거의 불가능하다."[19] 따라서 성경 본문을 직접 인용한 부분이 명백히 부족해 보이는 것은 성경이 미미하게 사용된 증거가 아니라 오히려 그 반대를 보여 주는 증거다. 본문이 가시적, 정신적으로 사용되기보다는, 철저하게 마음속으로 동화된 증거인 것이다.

따라서 장로들의 말과 성경 본문은 두 권위에 대한 순종을 담은 살아 있는 통일체로 연결되었다. 성경 자체가 공적 모임이나 집회에서 주일마다 암송된 반면에, 시편의 이중 암송은 날마다 개인적으로 실행되었다. 그것은 "잠자기 전과 후에 시편을 찬미하고, 성경의 규례들을 암송하라"라는 안토니의 명령을 따른 것이었다.[20] 일부 공동체에서 율법주의적으로 암송하는 관습이 확립됨에 따라서, 공적, 개인적 독서나 암송을 시행하는 법을 놓고 긴장이 유발되었다. 일반적으로 인식된 것은 명목적이고 피상적인 관행이 발전되지 않도록, 모든 것을 겸손한 자세로 시행해야 한다는 사실이었다. 하지만 깊고, 겸손한 열린 마음으로 말씀을 읽을 때, 마음의 분별력이 늘어나고, 개인적인 기쁨을 누리며, 사회적인 연민을 느끼게 되는 결과가 나타날 수 있었다.

침묵과 독거가 특징인 사막에서의 삶에는 유혹이나 마귀의 공격이 따르기 마련인데, 말씀을 반추하는 묵상이 그것을 효과적으로 방어하는 수단으로 널리 인식되고 있었다. 심리적·영적 우울은 이러한 영혼의 내면적인 환경에 보편적인 질병이었다. 아바 모세는 인간의 마음을 개울물로 방향이 틀어진 지형지물에 비교한다.

> 마음 역시 현재의 삶의 시련을 통해 온갖 측면에서 쏟아부어지는 유

> 혹의 홍수에 몰려간다. 그리고 그 결과로 생각의 흐름에서 벗어날 수 없다. 하지만…만일…끊임없이 성경에 대한 묵상을 회상하고 영적인 것들에 대한 기억을 일으킨다면…분명히 이로부터 영적인 생각이 일어나며, 우리가 묵상해온 것에 마음이 거하게 된다.[21]

성경은 수도사들이 자기들의 내적 두려움 안에서 상황과 깊은 연관을 갖기에 충분할 정도로 큼직하고, 솟아오르는 어떤 열망보다도 더 높을 뿐 아니라 모든 외적 시험을 포함할 정도로 넓다. 분명히 그들은 그들의 삶과 공동체를 공적으로뿐 아니라 가장 친밀하게 연결해 주는 성경을 귀중히 여겼다.

마을 생활에서는 말이 해를 끼치고 파괴적인 방식으로 유포되는 반면에, 사막에서는 말이 소리로 증폭된다. 수도사들은 말이 오용되는 것은 아닌지 깊은 의심을 품었다. 꾸밈없고 순수하게 말하기 위해서는 정결한 마음이 요구되었다. 침묵을 지키는 것은 말의 모호성을 정리하고, 하나님의 말씀이 암송될 때 순종을 추구하도록 도와준다. 침묵을 실천하는 사람은 성경을 인용하거나 그것에 관해 추측하기를 꺼리게 된다. 이것이 거룩한 땅이기 때문이다. 교부들은 모범적이든, 은유적이든, 윤리적이든 간에 상관없이 성경에 실제적인 접근으로 접근했으며, 그것이 그들의 특징이었다. 그들은 해석의 일관성을 독창성보다 더 중시했다. 그들은 천 년 동안의 모범적인 가르침을 영리한 학문보다 믿음의 전달에 있어서 더 중요하게 여겼다. 더욱이 본문과의 친밀함은 믿음의 모범인 그 인물들과의 친밀함과 연관된다. 성경 속의 성도들은 그러한 독자들에게 자신의 가장 은밀한 감정과 더불어 친밀함을 공유하는 날마다의 동료들인 것이다.

오리게네스의 사변적인 신학은 사막 교부들에게 극도로 인기가 없었지만 그들이 성경을 알레고리적으로 사용했는 것은 일반적이었다. 그러나 그것은 언제나 윤리적인 타당성과 용도에 의해 통제되었다. 따라서 하나님의 사랑이 사막 해석학의 핵심이었다. 그들의 공동체는 계명에 순종하기를 배우고, 수덕주의에 요구되는 높은 사랑의 대가를 받아들이고, 분노를 극복하고, 판단하지 않고, 연민의 실천으로 짐을 나눠 지고, 심약한 자들을 격려하기를 배우는 사랑의 학교였다. 이러한 전통에 속하는 내적 인간이 소유한 지혜롭게 분별하는 영성은 거친 환경에서 주목할 정도로 부드러운 영혼을 초래하였다. 그것은 자신이 하나님의 말씀 아래, 타자 앞에, 그리고 그와 함께하는 존재라는 조용하지만 강력한 의식을 부여했던 것이다.[22]

렉시오 디비나와 중세 수도원 독자

교회사 전반에 걸쳐서, 교회의 역사적 상황은 해석학의 강조점 변화에 상당한 영향을 끼쳐 왔다. 2세기 동안과 그 후에 일어난 종말론에 대한 강렬한 관심은 4세기의 기독론과 이어진 삼위일체 교리에 초점을 내주게 되었다. 오리겐은 모든 성경에 나타나는 그리스도의 중심성에 관심을 두도록 인도했다. 오리겐은 한 히브리인 교사로부터, "주 예수 그리스도와 성령을 통하지 않는 한, 누구도 만물의 시작과 끝을 이해할 수 없다"라는 전통을 배웠다.[23] 그에게는, 성경에 대한 문자적 해석을 초월하여, "영적" 의미, 즉 하나님의 말씀을 마음에 수집하는 차원이 존재했다. 문자적 또는 문법적, 역사적 의미와 구별되는 영적 의미는 세 차원의 의미로 세분되었다. (1) 기본적으로 기독론적 해석인 알레고리 또는 유형론적 의미, (2) 말씀 앞에서 사는데 필요한 도덕적 교정을 제공해 주는 도덕적 또는 교훈적 의미, (3) 성경의 성취에 관한 신비적, 예언적 의미.

수도원 운동의 확산에 따라, 조직의 규칙이 파코미우스, 그 후의 바

실리우스과 베네딕투스의 기록된 본문으로 이어졌다. 이런 과정은 제자들의 소그룹보다 더 큰 공동체들을 통해서 전개되었다. 사막의 수덕주의 운동과 그 후의 수도원 주의의 성장에 따라, "기록된 말씀"이 성인의 카리스마적 권위보다 더 접근하기 쉬운 대안으로 이용되었다.[24]

수도원 생활은 매일 두 시간에서 다섯 시간 동안 성경과 다른 경건 서적을 읽는 하나의 렉시오가 되었다. 이 렉시오는 디비나가 추가되어, "거룩한 독서"로 정의되었다. 수도사들이 우선적으로 읽은 것은 하나님의 말씀, 즉 성경 본문이었다. 둘째로, 성경 본문을 읽는 태도, 즉 늘 기도하고 생활 중에 천천히 반추하는 태도가 강조되었다. 셋째로, 그 목적은 영적 성장과 삶의 변화였다. 이런 식으로, 성경 읽기는 영적 성장을 위해 필수 불가결한 것이었다.[25] 렉시오 디비나는 "거룩한 독서", "기도하는 독서", "묵상적인 독서", "영적 독서"등으로 다양하게 번역되어 왔다. 그것은 수도사들이 전 생애에 걸쳐서 하나님 앞에서 삶 전체로 대화를 나누는 중에, 몸으로, 즉 입술로 중얼거리고, 마음으로 묵상하며, 이성으로 암기함을 통하여 실천되었다.

렉시오 디비나는 12세기 수도원주의 형태인 시토 수도회와 카르투지오 수도회에서 정점에 달한다. 그것은 어떤 교훈을 가르치거나 성경을 비평적으로 연구하는 대신에 기도를 가르치고, 하나님의 말씀을 섬기는데 전인을 포함시켰다. 그것은 독자로 하여금 반응하고 신뢰하는 중에, 차분한 마음으로, 편안하고 사려 깊게 하나님을 생각하는 사고방식을 창출하였다. 따라서, 어떤 것을 암기하고, 그 결과로 내적인 삶 전체를 노출하는 것은 능동적으로 읽거나 들은 것을 내면화할 수 있게 해 주었다. 그리고 그 결과로 독자가 오늘날 개인적인 감정적 중독이라고 부를 수 있는 것으로부터 자유로워질 수 있었던 것이다.

시편들은 성경 자체의 요약으로 초점이 맞춰졌다. 복음서들도 자주 암송되었다. 관상적 삶을 다루는 서신인 수도사들의 사다리에서 카투시

안 귀고 2세는 중세의 렉시오 디비나의 열매를 분명하게 표현하고 있다.

> 읽기는 세심하게, 힘을 다하여 성경을 연구하는 것이다. 묵상은 자신의 이성의 도움을 힘입어, 감춰진 진리에 대한 지식을 추구하기 위하여 열심히 마음을 적용하는 것이다. 기도는 악을 물리치고 선을 얻기 위하여, 경건하게 하나님을 향하여 마음을 드리는 것이다. 관상은 영원한 달콤함이 주는 기쁨을 맛볼 수 있도록, 마음이 하나님을 향해 고양되고, 자체를 초월하여 유지되는 것이다.

그는 계속해서 이렇게 덧붙인다.

> 읽기는 복된 삶의 달콤함을 추구하고, 묵상은 그것을 지각하며, 기도는 그것을 구하고, 관상은 그것을 맛본다. 말하자면, 읽기는 음식을 전부 입에 넣고, 묵상은 그것을 씹어 부수고, 기도는 그 향기를 추출한다. 그리고 관상은 기쁨과 생기를 주는 달콤함 자체인 것이다.[26]

그러고 나서, 그는 살아 있는 말씀에 헌신된 사람이 되는 이러한 네 가지 단계를 더 상세하게 설명하고 있다. 우리는 진정한 관상가가 될 수 없게 방해하는 "피할 수 없는 불가피한 일, 활동적 삶의 선행, 인간의 연약함과 세상의 어리석음" 같은 장애물들을 극복하기 위해 고투한다.[27]

12세기에 이르게 되면, 이렇게 정교화된 형태의 성경 읽기에 대한 논쟁적인 분위기가 나타나기도 한다. 보헤리스의 아눌드는 이렇게 언급한다. "그들은 지혜(*sapientia*)보다 지식(*scientia*)을 추구해서는 안 된다."[28] 반면에, 클레르보의 베르나르는 "이 말씀을 자세하게 설명하기 위해서는, 그것을 연구하기보다는 마음을 그 안에 스며들게 해야 한다." 베르나르가 과도한 신학적 사변과 논쟁적 성경 사용에 대해서 경고하게 만든 것은 아벨라드의 방식이 전형적으로 보여주는, 스콜라주의의 발흥이었다. 베르나르 같은 관상가에게는, 독서가 심미적인 경험보다 훨씬 더 수덕적인 것이 되었다. 단순히 자연인의 감각을 자극하기보다는 그리스도를 향한 사랑과 열정을 자극하는 읽기가 된 것이다.

성 빅토르 휴는 성경 읽기에 대한 글, 디다스칼리온(*the Didascalion*)에서, 적절하게 성경을 읽는 영광스러운 능력은 독자로부터 이러한 종류의 영적인 반응을 끌어내는 것이다. 그것은 역사 내의 하나님의 행위를 표현하는 면에서, 단어뿐 아니라 관련된 사건이나 사물도 의미를 보유하기 때문이다.[29]

약 16세기가 넘도록, 렉시오 디비나는 주목할 정도로 오래 지속되고 제도화된 전통을 바탕으로 독자를 변화시킬 수 있음을 스스로 증명해온 것이다. 베르나르는 이렇게 관찰했다. 초심자나 숙련된 자나 할 것 없이 모두가 혜택을 입을 수 있는 것은 이 거룩한 독서의 바다에서는 어린 양이 노를 젓고, 코끼리가 헤엄을 칠 수 있기 때문이다.[30]

종교개혁의 문법적 해석과 성령이 인도하시는 읽기

중세 후기에 대학에서 일어난 성경 본문을 해석하는 분위기가 문법적 해석에 대한 초점으로 이어졌다. 존 위클리프는 성경 자체의 논리와 구조가 해석의 기본 규칙을 형성하는 경우에만, 성경해석이 진리를 향해 나아갈 수 있다고 명확하게 주장했다. 단순히 렉시오 디비나를 실천하거나 권위 있는 내용을 암송하는 것으로는 그 해석을 대체할 수 없었다. 『거룩한 성경의 진리』에서 위클리프는 "그리스도인은 성경의 권위 아래서, 성경 자체가 선포하는 성경의 형태를 따라, 성경 말씀을 언급해야 한다"라고 주장했다.[31] 성경의 내적 음성에 대한 반응이 독자에게 요구되는 것이다.

이러한 영적 이해에 대한 반응이 다음과 같은 라틴어 문구에 인용된 사중의미에 나타나는 중세 해석학에서 발전되었다.

> 글자는 행한 것을 가르치고, 알레고리는 믿을 것을 가르치며,
> 도덕은 행할 것을 가르치고, 신비는 향할 것을 가르친다.

문자 그대로의 의미 또는 문자적 의미는 사실, 행위, 사건을 언급한다. 알레고리적 의미는 무엇을 믿어야 하는지(그것을 교회의 삶에 적용하는 것)를 언급한다. 도덕적 또는 유형론적 의미는 교회적 또는 알레고리적 의미와 구별하여, 개별적 그리스도인의 삶을 위한 본문의 의미를 언급한다. 신비적 의미는 개별적 그리스도인의 신비적 삶과 하나님 나라의 종말론적 사건을 다룬다. 이러한 상세한 설명에도 불구하고, 13세기의 가장 위대한 중세 주석가, 파리의 교수이자 프란체스코 수도사였던 리라의 니콜라스는 시편 해석에 있어서, 유대교 랍비 라시에게 지나치게 의존한다는 이유로 루터의 비판을 받았다. 그는 "글자"의 장막을 뚫고, 어떻게 본문의 "영적 의미"를 발견할 수 있느냐고 묻는다.

이것이 루터를 곤란에 처하게 한 질문이었다. 토마스 아퀴나스처럼, 리라의 니콜라스도 본문의 이중적인 문자적 의미를 받아들였다. 첫 번째는 인간 저자가 의도한 의미, 두 번째는 신적인 저자가 의도한 의미였다.[32] 루터는 시편에 대한 강의 제목을 "다윗의 시편에 대한 예수 그리스도의 서문"으로 삼았다. 그렇게 함으로써, 그는 기독론적인 초점을 통해서 두 번째 문자적 의미를 고조시켰다. 1519년 이후에 이뤄진 시편에 대한 두 번째 강의 시리즈(첫 번째 강의는 1513-1515년에 이뤄졌다)에서, 루터는 신비적인 의미는 무시하고, 해석 과정의 기독론적 강조를 "문자적" 해석으로 간주할 것을 요청했다. 알레고리 역시 본문 자체에서 비유적

언어로 사용되는 경우를 제외하고는 폐지되어야 했다. 사실, 루터는 자신의 창세기 주석에서 모든 알레고리적 해석은 본문의 역사적, 문자적 의미에 근거해야 한다고 주장했던 것이다.

루터는 본문의 문자적 해석과 더불어, 이제 압도적으로 중요해진 도덕적 의미를 강조하게 되었다. 또는 "무엇이든지 전에 기록한 것은, 우리에게 교훈을 주려고 한 것"이라는 로마서 15:4을 인용하면서, 그가 성경의 "기본적인 의미"라고 불렀던 것, 즉 우리의 영혼을 위한 도덕적 교훈을 강조한 것이다. 그것은 복음의 이야기에 포함되는 그리스도인의 이야기를 의미한다. "그리스도와 함께 살고 죽는 것"이 성경 독자의 핵심적인 목표가 되는 것이다. 나의 동료 클라우스 보크뮤엘이 시편 98:4에 대해 설명할 때 지적하곤 했듯이, 사실 루터는 자신의 알레고리를 도출한다. 그는 고대 이스라엘인들이 두 종류의 부는 악기를 사용했다고 주장했다. 하나는 고난과 고통의 때에 불었던 양각, 나머지 하나는 축제의 때에 불었던 나팔이었다.[33] 이 악기들은 두 종류의 설교, 즉 율법과 복음을 반영한다. 그것은 율법 아래 죽는 우리가 복음 아래서 다시 살 수 있음을 의미한다. 이런 이유로, 중세 성경 읽기의 4중적인 체계는 루터에 의해 문자적 의미와 도덕적 또는 영적 의미로 축소되게 된 것이다. 이것은 성경해석 행위와 개인적인 동화(assimilation)의 최소한 절반이 독자의 마음과 생각에 일어나는 하나님의 영의 역사를 반영함을 의미한다.

많은 현대적 성경 비평과 달리, 루터는 본문이 저자에게 의미하는 바와 지금 독자에게 의미하는 바를 예리하게 구별하기를 꺼렸다. 그는 말씀이 독자를 자신의 시간 내에서 자유롭게 해주고, 따라서 모든 역사적 배경에 적용될 가능성이 무궁무진할 것이라고 예상했다. 그는 오늘날 널리 퍼져 있는 역사비평법을 강조하기보다는 성경 독자에 대한 도덕적 요구에 초점을 맞췄다. 첫째로 요구된 것은 겸손이었다. 그는 이렇게 관찰했다.

> 성경은 우리의 힘이나 마음의 능력 안에 있지 않다. 따라서, 성경 연구에서 우리는 어떤 면에서도, 결코 우리 자신의 이해(즉, 우리의 지적 능력)를 의존하지 말아야 한다. 오히려 우리는 겸손해져서 그분이 그 이해를 우리에게 가져다주시도록 기도해야 한다. 그것이 겸손한 자들에게만 주어지기 때문이다. 예리하게 사색하는 사람들이 많지만, 모두 헛될 뿐이다. 여호와를 경외하는 것이 이해의 열쇠다. 그리고 여호와를 더 경외할수록, 이해도 더 커지는 것이다.[34]

둘째로, 루터는 이성이 아니라 영성 면에서, 성경의 본문과 마음이 통해야 할 필요성을 언급한다. 그는 이렇게 주장한다. "동일한 정신을 음미하고 보유하지 않는 한, 누구도 영적 저술을 읽을 때, 다른 사람을 이해할 수 없다."[35] 그가 이해한 이러한 상응의 법칙은 두 가지 추가적인 측면, 즉 애착과 실천에도 연관된다. 그가 말하는 애착은 자신의 마음이 전달되고 있는 것을 받아들일 수 있도록 외적으로 읽는 것을 내적으로 느끼기를 바라는 능력과 욕구를 의미한다. 받아들여진 메시지가 실천에 옮겨지도록 독자의 전 존재를 움직이는 것은 성령이시다.

셋째로, 말씀으로 이해한 바는 이제 실천될 필요가 있다. 루터는 또한 이렇게 관찰했다.

> 행위가 말보다 더 많은 이해를 낳는다. 성경을 삶과 도덕에 실천하지 않는 자는 아주 빨리 성경을 오용하게 된다. 그가 오류에 빠지는 것은 성경을 자신의 지식에 따라 측정하기 때문이다. 그러나, 성경을 설명하고 이해하는 것은 행위와 실천이다.[36]

넷째로, 루터는 성경의 해석과 이해를 열린 결말로 본다. 성경은 무한한 의미를 지닌다. 그리고 성경은 새 삶이 올 때까지 성경 독자에게 무한한 계시의 가능성을 지니게 될 것이다. 그러므로 루터는 성경 읽기에 내포된 성도의 교제의 중요성을 고려하여, 가능성 있는 다른 해석에 매우 열린 마음을 가지고 있었다. 자신이 주석을 위한 정확한 도구를 부여한다고 믿기보다는, 자신의 설교에서 해석되고 있는 본문의 엇갈린 해석에 문을 열어놓았던 것이다.

개혁신앙의 경향은 루터주의자든 칼뱅주의자든 상관없이, 설교를 성경 읽기를 위한 일차적인 수단으로 선호한 것이었다. 그것은 때로 가정에서 성경을 읽는 독자에게 해를 끼치는 결과를 초래했다. 처음에 이것은 평범한 교회 출석자의 삶의 개혁을 대변하지 않은, 신속한 교리 개혁을 초래하였다. 경건주의자들은 보통 사람들의 가정에서 개혁이 더 추진될 필요가 있음을 깨닫고 있었다.

『경건한 열망』에서 필립 스패너는 "단순히 말씀을 설교하는 것보다 더 많은 것이 필요하다"고 말한다.[37] 그와 동시에 개인적인 독서를 격려해야 했던 것이다. 그래서 그는 참석한 사람들이 고려 중인 구절을 어떻게 이해하는지를 표현하는 것이 허용되는 일상적인 성경 수업을 확립할 것을 강력히 권고한다. 안수받은 제사장직은 만인 제사장직이 작동할 수 있도록 격려하지 않는 한, 그 사역이 효과적일 수 없다. 그리고 이것은 가족과 친구들이 함께 모여 공부하는 가정 성경 모임이 있을 때 가장 효과적이다.[38]

그 후 아우구스트 헤르만 프랑케는 진정한 교화를 목적으로 성경을 읽는 법을 다룬 짧은 소개서를 제공하였다. 그는 여덟 가지 요점을 이렇게 지적하였다. 성실하게 읽어라. 순수한 마음으로 읽어라. 경건한 자세로 하나님의 말씀에 접근하라. 기도하는 마음으로 읽어라. 여유롭게 말씀을 묵상하라. 기도로 읽기를 마치도록 하라. 십자가에 비추어 읽어라. 이해가 영적으로 계몽될 수 있도록 부활하신 그리스도와 함께 부활한 것처럼 읽어라.[39] 프랑케는 서기관과 바리새인들도 성경을 읽은 사실을 언급한 후에, 지식이 풍부하고 유식한 것처럼 보이는 데 자부심을 느끼거나 자기 영광을 구하는 것 같은 그릇된 동기로 성경을 읽지 말라고 지적했다.

청교도주의는 성경 운동으로 제대로 일컬어져 왔다. 존 오웬 같은 사람들은 교회와 연관되고, 유능한 설교자들이 가르친 성경해석을 강조하였다. 그러나 존 로저스 같은 다른 사람들은 개인적인 묵상의 배경에서 이뤄지는 개인적인 성경 읽기를 더 강조했다. 로저스는 끊임없는 성경 읽기 없이는, 그리스도인의 삶이 손상되기 쉽다는 사실을 관찰했다. 성경이 "교훈과 책망과 바르게 함과 의로 교육하기에 유익하"기 때문이다.[40]

리처드 백스터는 그의 『기독교 생활지침』에서 이렇게 권면한다. "개인적으로 성경을 많이 읽고 묵상하라, 그러면 당신은 공적으로 설교되는 내용을 더 잘 이해할 수 있고, 교리가 하나님께 속한 것인지를 시험할 수 있게 될 것이다."[41] 이렇게 성경 읽기의 방향을 설교의 핵심적인 중요성에 맞추는 것은 백스터가 다음과 같이 권고하면서 성경 읽기보다는 성경 듣기를 다루는 이유를 설명해 준다. "가능한 한 가장 신빙성 있고, 생동감 있고, 진지한 설교자 아래 살도록 하라." 그런 후에 그는 성경 독자가 되는 데 관한 교훈을 덧붙인다. "성경을 흔하고 무심한 마음가짐으로 보통 책처럼 읽지 말고, 저자인 하나님을 두려워하고 사랑하는 마음으로 읽도록 하라."[42] 청교도들은 잘 배우고 순종하는 정신을 가지고, 경건하고 겸손하게 성경을 읽어야 한다고 가르쳤다. 하지만 청교도 설교자들은 가정이나 개인적 성경 읽기보다는 더 중요하게는 공적 해석에 초점을 맞췄다.

18세기에 증진된 이신론과 합리주의는 성경 비평이 다른 모든 문헌의 본문을 다루는 것과 다르지 않다고 생각했다. 칼 바르트는 그러한 경향에 대해서 이렇게 관찰했다.

> 성경은 모든 인간과 모든 시대가 제기하는 질문에 합당한 답을 제공한다. 우리는 언제나 우리가 찾는 한도 내에서 답을 찾게 될 것이다. 높고도 거룩한 내용을 찾는다면 높고도 거룩한 내용을, 일시적이고 "역사적"인 내용을 찾는다며 일시적이고 역사적인 내용을 찾게 되는 것이다. "성경 안에 무엇이 있는가?"라는 질문은 그와 반대되는 "그렇다면, 당신은 무엇을 찾고 있으며, 그렇게 대담하게 찾는 당신은 누구인가"라는 당혹스러운 질문으로 전환된다…역사나 이야기를 찾는 사람은 잠시 후 성경에서 조간신문이나 다른 책으로 즐겁게 옮겨갈 것이다. 성경의 내용을 형성하는 것은 하나님에 관한 인간의 바른 생각이 아니라 인간에 관한 하나님의 바른 생각이다. 성경은 우리가 하나님과 어떻게 대화해야 하는가가 아니라 그분이 우리에게 말씀하시는 바를 말해 주는 것이다.[43]

그렇다! 성경해석학에 대한 학문적 논의 전체는 궁극적으로 이 문제를 직면하는 것이다. 그것은 자기 영광이 목적인가 아니면 모든 것을 가능케 하시는 하나님의 영광이 목적인가?

성경 읽기의 영적 갱신을 향하여

계몽주의를 따라서 해석에 대한 역사비평적 방법의 무류성이 단언되었다. 그 당시, 옥스퍼드의 왕립 교수였던 벤저민 조웻은 1859년에 이렇게 단언했다. "성경은 하나의 의미, 즉 선지자나 복음서 기자가 최초의 청자를 대상으로 처음으로 말하거나 기록했을 때 염두에 두었던 의미를 보유한다."[44] 따라서 성경을 다른 모든 책처럼 해석할 수 있으며, 공경의 대상이었던 모든 전통을 무시해야 한다는 것이었다. 조웻은 이렇게 말한다. "해석의 진정한 용도는 해석을 제거하고, 우리를 저자와 함께 홀로 내버려 두는 것이다."[45]

그러나 조웻은 이렇게 하는 데 따르게 될 큰 어려움을 예견하지 못했다. 추후의 많은 주석가들도 기술적 해석 과정이 "성경 읽기"와 동일하지 않다는 간단한 사실을 깨닫지 못했다. 후자는 단순히 본문의 명백한 의미를 끌어내거나, 원래 저자가 의도한 의미로 돌아가려고 시도하는 것보다 더 포괄적이다. 중세의 주석에서 전통적으로 인정되었던 해석의 네 단계는 루터에 의해서 두 단계로 축소되었다. 역사 문자적, 영적 단계가 그것이다. 그런데 이제는 단순히 한 단계, 역사비평적 차원만이 존재하게 된 것이다. 이것은 하나님의 말씀을 연구하는 한 가지 접근법을 절대적인 것(정말 우상이다)으로 만들게 된다. 이는 명백히 잘못된 일이다.

이것이 아돌프 슐라터와 페터 스툴마허 같은 독일 신학자들이 여전히 씨름하는 부분이다. 슐래터는 자신의 믿음, 학문, 가르침이 전적으로 분리될 수 없다는 사실을 발견하게 되었다. 그리스도에 대한 헌신을 유지하는 동시에 성경 비평을 사용하는 것은 "성경과의 관계에서 고통"을 초래하였다. 그리스도와 그분의 말씀에 대한 개인적인 믿음과 성경적인 학문에 동등하게 충실하기가 힘이 들었던 것이다.[46]

다음 세대에, 튜빙겐에서 그의 뒤를 따른 페터 스툴마허는 "성경 본문을 수용하는 해석학"을 추구하는 과정에서 동일한 고통을 직면하게 된다. 그는 이 문구를 통해서, 역사비평을 유일하게 "과학적으로 정당화된 과정"으로 유지하려는 의도를 표현한다. 그와 동시에, 그는 교회와 진리의 근원이 되는 성경의 우월성에 봉사하는 교회의 믿음을 옹호할 필요성을 인식한다. 따라서, 그는 현대적 판단과 성경의 권위라는 두 경전을 동시에 섬기고 있다. 따라서, 그것은 세속적 학문 세계 또는 신실한 자들의 성경 영역 중에서 어느 것도 섬기지 않는 세속적 묵상으로 남게 되는 것이다.[47]

이러한 현대의 갈등을 직면한 우리는 사도의 말씀을 떠올리게 된다. "율법 조문은 죽이는 것이요 영은 살리는 것이니라"(고후 3:6). 이 말씀은 어거스틴을 따라, (죄인에게 그가 줄 수 없는 것을 요구하는)율법을 (은혜로 주어진 복음 때문에 살리는) 성령으로부터 구분함으로써 해석되어야 하는가? 아니면 "조문"은 내러티브인 성경 본문이 이야기책 수준의 의미로 해석되는 반면에, 영은 루터와 그 이전의 중세교회가 일련의 심오한 영적 해석으로 인식한 더 깊은 신학적 의미로 해석되어야 하는가?

현대의 주석가는 중세의 주석가가 전혀 의식하지 못한 훨씬 더 과격한 방식으로, 본문에서 저자가 의도한 의미만을 받아들인다. 그것은 거의 현대의 주석가가 원저자가 기록하거나 말할 때 알고 있었던 것보다, 실제로 더 잘 알고 있는 것처럼 들린다. 어쩌면, 중세의 기자는 성경이 조문과 영을 동시에 포함한다고 보는 면에서, 오늘날 우리가 인정하는 것보다 훨씬 더 균형 잡힌 관점을 갖고 있었을 것이다. 따라서 데이비드 스타인메츠는 대담하게 중세의 이론을 옹호한다. "중세의 성경 본문의 다중적 의미 이론은 확실한 결함에도 불구하고, 그것이 사실이기 때문에 번성했다. 반면에 현대의 단일 의미 이론은 입증이 가능한 모든 미덕에도 불구하고 실패했던 것이다."[48]

유사한 관점에서, 동료 브루스 월키도 이해의 "단계들"로 돌아갈 것을 옹호한다. 그러나 그는 철저하기보다는 선택적으로 그렇게 한다. 그것은 사실 현대의 어떤 독자라도 할 수 있는 일에 불과하다.[49] 그러한 교부적, 중세적 해석은 아마도 다음과 같은 말씀으로 타당하게 요약될 수 있을 것이다. "이에 모세와 모든 선지자의 글로 시작하여 모든 성경에 쓴 바 자기에 관한 것을 자세히 설명하시니라"(눅 24:27). 그것은 그리스도의 신비를 하늘에서 성취될 삶뿐 아니라 지상의 교회와 모든 그리스도인의 삶에 확장해서 보는 형태의 독법이다. 이것은 논리와 기술에 속하는 해석학이라기보다는 믿음과 그리스도 안의 그 성취에 속하는 해석학이다. 그러한 접근법은 복음을 따라, 즉 성경 독자로서 읽는 바에 따라 살아가기 위해 노력하는 자세를 표현한다. 이것은 단순히 본문의 명백한 해석을 추구하는 것보다 훨씬 더 많은 것을 내포한다. 현대의 성경 비평은 원저자의 원래 의도에 근거한 의미의 명료성과 해석의 정확성을 추구한다. 그러나 문자적 의미조차도 의미의 단계들을 보유한다. 하나님이 인간을 다루시는 방식이 다양하고, 사실 신비롭기 때문이다.

현대적 성경 비평의 너무나 많은 실수는 다섯 부분으로 정리될 수 있을 것 같다. (1) 전문직 종사자들이 평신도 성경 독자를 너무 지나치게 지배한다. (2) 성경 읽기를 단순히 본문 해석으로 제한한다. (3) 문학 장르를 개인의 삶에 적용하는 대신, 그 자체에 초점을 맞춘다. (4) 위대한 문학이 위대한 독자를, 분명히 경건하고 독실한 신자를 요구한다는 사실을 잊는다. (5) 과거에 존재했던 성경 독자들의 문화가 부재한다.

이 문제들을 확대해 보자. 첫째로, 평신도의 성경 읽기가 전문화된 주석과 해석학에 의해 지배되고 있다는 것은 명백한 사회적 현실이다. 전문화된 교육이 많은 젊은 신학생들의 성경 읽기를 향한 기도 생활과 경건한 태도를 얼마나 파괴해 왔는가? 전적으로 자유롭게 학문적으로 사변하는 학자들이 성경의 권위를 공격하는 소리를 평신도들이 얼마나 자주 들어왔는가? 자크 엘륄은 약간 풍자적으로 "해석학은 계시 없이 계시를 해석하는 사업이다"라고 언급했다.[50] 기독교적인 석의 작업은 필수적인 영적 활동으로 간주되어야 한다. 예수님 자신이 서기관과 바리새인들을 정죄하지 않으셨는가? "예수께서 이르시되 너희가 성경도 하나님의 능력도 알지 못하므로 오해함이 아니냐"(막 12:24). 하나님의 영을 따라, 하나님의 말씀에 주의를 기울임이 없이는 제대로 성경은 성경을 이해할 수 없는 것이다.

그것은 동료 클라우스 보크무엘이 유작 『말씀하시는 하나님에게 귀 기울이기』에서 너무나도 도전적으로 묘사한 자세다. 그는 성경 전체가 자기 백성에 대한 하나님의 말씀에 대한 기록임을 관찰한다.[51] 순종하는 자세로 하나님께 귀를 기울일 때, 신자인 우리가 성경을 통해서 우리의 삶에 관해서 확신하는 바를 전문가주의가 소멸시키지 못하도록 가차 없이 막아야 한다. 전문가주의는 실천보다는 이론, 개인적 행동보다는 추상적 지식에 뿌리를 두고 있다. 우리는 학문적 작업을 필요로 한다. 하지만 그것은 전문적으로 학계의 생각을 염려하기보다는 목회적으로 교회의 복지를 지향해야 한다. 기독교 학문의 진정한 목표는 질문하기보다는 확인하고, 단순한 방관자가 되기보다는 진리의 증인이 되는 것이다. 그리고 범주적으로 추측하기보다는 그리스도인의 삶의 규범을 강화하는 것이다. 이 모든 논의는 성경적 학문을 다루는 전문가 조합이 자신의 "학문적 유익"에 흡수되기보다는 그리스도인의 삶의 본질을 육성해야 한다는 사실을 단언하기 위한 것이다.

두 번째로, 최근 수십 년 동안, 성경적 권위의 특성, 무류성의 문제, 성경의 영감에 관한 질문, 해석학의 세부 사항을 논의하는 데 많은 에너지가 소진됐지만, 성경 읽기를 실제로 함양하는 작업은 대체로 간과되어 왔다. 그와 동시에 간과되고 있는 것은 그리스도인의 전반적인 삶이 성경적 학문의 해석보다도 훨씬 더 포괄적인 문제라는 사실이다. 내가 성경을 읽는 이유가 무엇인가? 날마다 더 인격적으로 하나님을 알기를 바라는 것은 내가 그리스도인이기 때문이 아닌가? 하나님의 말씀을 따라 살고 있다는 확신 없이, 진보하고 전진하는 것이 가능한가? 그리고 그리스도인으로서, 끊임없는 기도와 묵상 없이 어떻게 성경을 알 수 있는가? 사도들이 기도와 말씀의 사역에 전념했듯이(행 6:4), 우리는 일상생활에서 성경의 진리와 분위기에 공감할 필요가 있다. 그 대신에, 현대성서학적은 때때로 성경적 신앙의 성격과 일치하지 않는 익숙함과 냉담한 호기심을 가지고 그 주제를 취급한다. 그렇다면, 시편 119편의 묵상가처럼 되는 의미를 숙고해 보는 것은 좋은 일이다. 그것은 하나님의 말씀에 너무나 몰두한 나머지, 삶의 모든 감정, 태도, 상황이 전적으로 하나님의 임재와 말씀에 중심을 둔 토라 인격체(a Torah person)가 되는 것이다. 디트리히 본회퍼는 1935년에 칼 바르트에게 보낸 서신에서 이렇게 기록했다. "진지한 젊은 신학자들이 우리에게 제기해야 할 종류의 질문은,'어떻게 기도하기를 배울 수 있습니까?', '어떻게 성경 읽기를 배울 수 있습니까?'와 같은 것들입니다. 우리는 이들을 도울 수 있든지, 아니면 전혀 도울 수 없든지 둘 중 하나일 것입니다. 이런 문제는 전혀 당연시할 수 없습니다."[52] 그러나 우리는 여전히 우리가 성경 독자라는 사실을 당연시한다. 세속사회에서 이 사실을 의식하는 것은 사실, 우리가 인정하기보다 훨씬 더 어려운 일이다. 성경 읽기는 영적인 삶의 변화에 대하여, 기꺼이 직면하고 싶은 것보다 훨씬 더 큰 도전을 가한다.

세 번째로, 현대의 성경적 학문은 성경의 문학 장르에 많은 주의를 기울여 왔다. 고든 피와 더글러스 스튜어트는 『성경을 어떻게 읽을 것인가』에서 성경의 다양한 장르를 유익하게 소개한다. 그들은 "우리는 다양한 성경 장르에 대한 논의를 서신서들과 더불어 시작한다."고 말한다.[53] 아마도 우리의 사고방식에 가장 가까운 장르인 서신서부터 시작한 후에 상이한 종류의 구약 내러티브를 계속 연구하는 것은 현명한 일일 것이다. 그러고 나서, 복음서의 비유들을 그 독특한 해석학적 과제, 즉 그것들이 좀처럼 해석될 필요가 없다는 인식과 함께 검토하게 된다. 지혜문학, 시편, 선지서, 계시록은 시와 소설을 구별하는 데 필요한 문학적 이해가 요구되는 독특한 장르를 각자 보유한다. 이러한 접근법은 성경의 상이한 장르를 지적인 방식으로 설명할 수 있도록 도와준다. 그런 후에, 더 깊은 숙고를 통해서 이 장르들을 영적 성장에 따르는 시험, 영적 성장의 상이한 단계, 그리고 우리가 공유하는 개인적 경험의 감정 범위와 연관시킬 수 있게 될 것이다.

역사적으로, 시편 묵상은 성경적 삶의 갱신을 초래해 왔다. 그것은 마틴 루터에게 일어난 일이었다. 디트리히 본회퍼도 시편 119편을 묵상한 결과로 갱신을 체험했다. 하나님의 말씀의 범위와 충만함을 기리는 시편 119편은 독자의 묵상을 유도한다. 따라서 시편 119편을 날마다 한 절씩 묵상하고, 이 시편의 22개의 스탠자(4행 이상의 각운이 있는 시구—역자주) 중 하나를 주마다 묵상하는 것은 성경 독자를 성경 묵상의 정신과 리듬 안으로 반년 동안 인도해 줄 것이다.[54] 그런 후에, 다른 시편을 읽으면, 애통에서 찬양과 감사로, 그런 후에 휴식과 더 깊은 신뢰로 옮겨 감에 따라, 모든 범위에 걸친 감정이 하나님 앞에서 표현된다는 사실을 깨닫게 될 것이다. 독실한 마음은 이렇게 자기를 표현하는 기회를 얻게 된다. 그리고 그 결과로 더 이상 오해와 외로움에 남아있을 필요가 없어지는 것이다. 다윗은 자신의 폭넓은 삶의 경험을 통해서, 전 범위에 걸친 감정을 하나님 앞에서 표현한다. 그리고 우리가 공유할 수 있도록 그 안으로 초대하고 있는 것이다.

최근의 학문에서, 개인적 스토리텔링으로서의 내러티브가 자기 이해를 형성하고 도덕성을 기르는 데 도움을 주는 방식으로 많은 주목을 받아왔다. 이것은 윤리를 윤리학자들의 일반화된 이론들로 보는 것이 아니라 개별 내러티브들의 맥락에서 윤리를 이해하는 환영할 만한 변화다. 성경은 그러한 개인적인 이야기로 채워져 있다. 따라서 이것은 성경 독자의 개인적 필요에 잘 맞아떨어지는 장르다. 복음서 비유를 읽는 사람에게 요구되는 도덕적 반응 또한 성경 독자가 연관을 맺고 반응해야 하는 과제다. 각 유형의 장르에 적절히 반응하는 성경 읽기는 성령이 독자 안에서 생명을 촉진하는 특질을 보유한다. 성경 기자가 글을 쓰도록 감동하신 하나님의 영은 독자가 그들이 쓴 내용을 읽고 반응하도록 감동하시는 성령과 동일한 분이신 것이다. C. S.루이스는 이렇게 지적한다. "문학으로 성경을 읽는 사람들은 성경을 읽지 않는다. 성경의 종교적인 주장들이 다시 인정되지 않는 한, 내 생각에, 그 문학적 주장들에게는

'입으로만 떠드는 영예'만이 부여될 것이며, 그나마 점점 줄어들게 될 것이다."[55]

네 번째로, 위대한 문학은 위대한 독자를 요구한다는 것은 잘 알려진 경구다. 모티머 아들러는 그의 신선한 작품, 어떻게 책을 읽을 것인가에서 잘 읽는데 필요한 단계들을 밝히고 있다 가장 중요한 것은 그 단계들이 우리의 마음이 자유로워지고 행복하게 사는 데 요구되는 단계들이기도 하다는 사실이다. 분명히 생각하도록 훈련된 마음은 자유롭게 생각하도록 훈련된 마음이기도 하다. 아들러는 몇 가지 필수적인 단계를 제시한다. 저자의 말을 이해하는 단계(어의적 연구), 저자의 주장을 발견하고 파악하는 단계(논리적 연구), 그리고 해결될 필요가 있는 문제를 발견하는 단계가 그것이다.[56] 성경 독자에게는 얼마나 더 많은 단계가 요구되겠는가! 사도 바울이 이렇게 표현하듯이 말이다. "오직 이것을 기록함은 너희로 예수께서 하나님의 아들 그리스도이심을 믿게 하려 함이요 또 너희로 믿고 그 이름을 힘입어 생명을 얻게 하려 함이니라"(요 20:31). 성경 독자가 되는 것은 그리스도인이 되는 것을 포함한다. 그리고 그리스도인이 되는 것은 사도가 "그리스도 안"의 존재로 표현하는 삶에 속한 깊고 충만한 복을 포함한다. 그리스도인이 되는 것에 속한 모든 덕과 은혜는 하나님의 말씀의 독자로 성장하는 데 필수적이다. 고전문학이 모범적인 독서로 촉진된 것이 사실이라면, 우리의 가치, 욕구, 삶의 방식의 변화를 도덕적, 개인적으로 도전하는 성경 읽기는 얼마나 더 촉진되어야 마땅하겠는가?

마지막으로, 우리는 이렇게 질문해야 한다. 우리는 중세의 렉시오 디비나 같은 성경 읽기 문화, 또는 초기 교회처럼 모범적인 읽기(독법)를 보유하고 있는가? 성경 공부 그룹과 교회의 친교에 참여하는 것은 영적 성장을 위한 소중한 자산이다. 하지만 대부분의 교회는 삶의 변화보다는 유용한 정보 제공에 더 관심을 두는 경향이 있다. 찰스 시므온 같은 개신교 설교자들은 때때로 보기 드문 열정을 가지고 성경을 중심으로 자신의 모든 생각과 삶을 정돈하려고 노력했다. 하지만 철저하게 하나님의 말씀을 방향과 동기의 근거로 삼는 평신도 성경 독자를 생각한다는 것은 드문 일이다. 평생 성경을 공부한 학생이었던 시므온은 이렇게 단언할 수 있었다.

> 온 우주에서 진리의 성경과 비교될 수 있는 것은 아무것도 없다.…어떤 것도 그렇게 마음을 풍요롭게 하고, 영혼에 유익을 줄 수 없는 것이다. 성경을 마음에 간직하는 것은 날마다 행하는 가장 즐거운 일이 되어야 한다. 하루라도 기억과 정신뿐 아니라 마음과 영혼의 창고에 뭔가를 더하지 않을 수가 없는 것이다.[57]

시므온은 깊은 열정을 가지고 기도하고 성경을 읽기 위해서 날마다 새벽 네 시에 일어나서 엄격한 계획에 따라 성경을 연구했다. 하지만 그런 모범은 찾아보기 드물다. 혹시 그런 모범이 있는 경우에도 회중이나 다른 성경 독자가 모방할 수 있는 어떤 체계를 제공해 주지는 않는다.

우리 시대에, 교회는 로마제국이 몰락하는 중에 발전된 수도원주의나, 현대 세계를 인도한 종교개혁 같은 필수적인 역할을 할 갱신과 개혁을 필요로 한다. 성경 읽기는 현 기독교 개혁에 동기를 부여하는 면에서 어떤 역할을 할 것인가?

첫 번째로, 성경 읽기는 하나님이 퇴색된 것처럼 보이는 세속 세계에 하나님의 계시가 발휘할 수 있는 초월적 능력을 새롭게 의식할 것을 요구한다. 에리히 아우어바흐는 그의 탁월한 연구 『미메시스』에서 이렇게 지적한다. "성경 내러티브의 본문…은 자체의 내용에 근거한 해석을 대단히 필요로 한다. 그리고 절대적 권위를 가지고 있다는 주장은 더욱 같은 방향으로 그 필요를 강화한다."[58] 중세에는 이렇게 하는 것이 비교적 용이했다. 그러나 근대에 나타난 비판 정신의 자각이 그것을 훨씬 더 어렵게 만들었다. 이제 필요한 것은 성경 내러티브와 세속 내러티브, 실은 고전문학 사이의 분리를 더 예리하게 만드는 것이다. 성경은 인도하고 약속하시는 단일하신 하나님이 주장하시는 주권을 인정할 것을 독자에게 계속 요구한다. 그리고 신적 저작권을 주장하는 성경에 도덕적으로 반응할 것을 요청한다. 보편 역사에 대한 성경의 주장은 이런 사실들과 함께 세속 또는 고전 학문의 요소들과 전적으로 대조된다. 독특한 성경의 세계는 우리 시대에 재확인될 필요가 있는 것이다.

우리는 그렇게 하는 방법에 대해서 질문할 수 있다. 우리는 하나님의 실재를 우리의 삶 가운데 단언할 때, 이미 회심의 필요성을 깨닫게 된다. 성경의 능력은 우리가 그 말씀에 귀를 기울이기 위해 우리 자신을 개방하게 만드는 데 있다. 성경은 회개하고 돌아서서, 자연스럽게 마음이 끌렸던 방향과 대조적으로 살 것을 명한다. 칼 바르트가 표현했듯이, 회심은 감각의 타고난 성향을 받아들이기보다는 잠에서 깨어, 일어나 하나님을 따르는 것과 같다. 성경을 직면한 우리는 또한 회심이 내면과 외면 모두, 즉 전인을 포괄한다는 사실을 발견하게 된다. 성경과의 만남은 또한 언제나 거룩한 삶을 추구할 것을 요구한다. 그것은 감정적, 지적, 의지적으로 우리를 강권하는 생명의 운동이다. 다른 어떤 문헌도 성경과 동일하게 통전적인 동시에 변화를 초래하는 능력과 권위를 보유할 수 없는 것이다.

하나님의 말씀은 회심과 더불어 개인적인 자유를 창출한다. 성경은 종교적인 정서에 자동으로 참여하게 만드는 코란이나 율법주의와 다르다. 성경을 감동하신 하나님의 영은 성경을 조명하기도 하신다. 우리는 석의, 비평, 분석, 다른 학문의 최근의 통찰 등을 사용하여, 가능한 모든 방식으로 하나님의 말씀과 씨름할 필요가 있다. 그럼에도 불구하고, 우리는 여전히 성경의 메시지를 하나님이 우리 마음에 주시는 것으로 경건하게 받아들여, 계속 읽어야 한다. 이 모든 접근법은 말씀이 우리를 자유롭게 하실 수 있도록, 하나님의 영광을 추구해야 한다. 엘륄은 이렇게 경고했다.

> 비평은 하나님께 아무런 영광도 돌리지 않고, 단순히 하나님에 대한 재미없는 이론을 제시하고, 아무런 자유도 제시하지 않는 변증의 기계가 되어서는 안 된다. 그리스도 안의 자유에 근거한 비평은 하나님의 계시에 대한 더 나은 석의로 이어진다. 즉 그분의 영광과 주님께 드리는 예배에 더 어울리게 되는 것이다.[59]

그렇게 성경 본문에 근거한 자유는 결코 다른 사람들의 자유를 파괴하지 않는다. 그것은 언제나 사랑의 표현일 것이며, 따라서 다른 사람들의 삶에 하나님의 사랑을 가져다줄 것이기 때문이다. 이것이 가장 중요한 부분이다. 나는 그리스도 안에서 자유롭기 때문에, 하나님의 말씀을 다른 사람들과 함께 즐기고 공유한다. 그리고 그 결과로 하나님의 말씀에 대한 반응으로 그분께 영광을 돌리고, 그 말씀을 따라 삶으로써 다른 사람들과 함께 사랑을 나누게 되는 것이다.

우리는 하나님의 말씀이 우리의 인간성을 풍요롭게 한다는 사실을 회심과 개인적인 자유에 추가해야 한다. 한스 우르 폰 발타사르가 이렇게 관찰했듯이 말이다.

> 인간은 말씀을 듣는 자로 창조되는 존재이며, 오직 그 말씀에 상응하여 충만한 위엄에 이르게 된다. 그는 하나님의 마음 안에서 대화의 상대로 잉태되었다. 그의 마음 깊은 곳에는 준비성, 조심성, 예민함, 자발성이 존재한다. 그것은 훨씬 더 큰 존재에게 복종하고, 깊은 진리가 승리하게 하고, 지속되는 사랑의 발 앞에 손을 내려놓기 위한 것이다.[60]

하지만 폰 발타사르는 더 나아가, 개신교는 신적 계시에 대한 의식과 더불어, 말씀 해석에 있어서 강한 입장을 취한 반면에, 가톨릭은 그렇게 말씀을 듣는 데 부족했음을 관찰한다. 따라서 두 전통 모두 태도의 반전이 필요하다. 개신교는 마리아가 그랬듯이, 관상의 정신에 근거해서, 더 전적으로 마음을 열고 말씀을 받아들여야 한다. 반면에, 가톨릭은 더 깊은 이해의 관점에서 충실하게 말씀에 주의를 기울여야 한다.[61] 우리는 말씀을 관상하는 사람이 되지 않고서는 우리의 개인적인 삶이 감정적, 인식적으로 중독적이고 자유롭지 못한 채로 남아있게 되리라는 사실을 깨달아야 한다. 그러므로 우리는 그런 사실을 깨닫게 됨에 따라서, 하나님의 말씀 앞에서 관상적인 자세의 능력과 내용 두 가지 모두를 심화할 필요가 있는 것이다. 우리는 우리가 우리의 존재의 진리, 우리 자신이 아니라 하나님의 진리를 향하게 되는 것은 말씀 앞에서 관상하는 중에 일어나는 일이다. 그 결과로 우리는 믿음과 순종 안에서, 그분의 진리를 따라 더 풍성하게 살 수 있게 되는 것이다. 말씀 앞에서 관상하는 행위는 학자 또는 성경 탐구자가 아니라 또다시 전인의 행위다.

그렇다면, 성경 읽기 행위는 석의와 해석학에 관한 기술을 배우고 식견을 가지는 것보다 훨씬 더 많은 것을 포함한다. 그것은 진리의 길에서 지적, 정서적으로 영감을 받을 수 있도록 우리를 개방해준다.[62] 하나님의 말씀은 그리스도인의 삶의 성장 수단이다. 그 초점이 그리스도이기 때문에, 우리는 그분의 말씀을 따라 살아감에 따라 그분을 친밀하게 알게 된다. 성경은 삶에 실제로 적용할 수 있는 구체적인 가르침과 더불어 기독교 제자도가 무엇인지를 경험하고 알 수 있도록 가르쳐준다. 그리고 성경은 복음을 실천하는 삶을 위한 원칙과 규범들을 제시해 준다. 더욱이, 성경은 하나님의 주도권과 행위들을 끊임없이 상기시켜 준다. 그리고 우리는 그에 화답하여 하나님 앞에서 더 발전될 수 있다. 우리는 "선포" 중에 그 메시지를 현대 세계에 끊임없이 재진술하도록 부르심을 받았다.

마찬가지로, 하나님의 말씀은 거룩한 공동체를 유지해 준다. 그것은 교회를 자기 백성 중에 끊임없이 활동하시는 하나님께 속한 영구적인 기적으로 보게 해주는 것이다.

6장 영성과 성경 읽기

주

1 Robert K. Logan, *The Alphabet Effect; The Impact of the Phonetic Alphabet on Western Civilization* (New York: William Morrow, 1986), p, 81.

2 James M. Houston, *I Believe in the Creator* (London: Hodder & Stoughton, 1978)

3 Lewis Mumford, *Technics and Human Development* (New York: Harcourt Brace Jovanovich, 1974), p. 96.

4 Albert Camus, *The Rebel* (New York: Alfred A. Knopf, 1967), pp, 283-84.

5 Philip Rhinelander, *Is Man Incomprehensible to Man?* (San Francisco: Freeman, 1974), p.35.

6 David Tracy, *The Anagogical Imagination: Christian Theology and the Culture of Pluralism* (New York: Crossroad, 1981), pp. 1-28.

7 Helen Gardner, *The Business of Criticism* (London: Oxford University Press, 1959), pp. 3-24.

8 Anthony Thieslton, *The Two Horizons* (Grand Rapids, Mich.: Eerdmans, 1980), pp. 15-16.

9 Terence Hawker, *Structuralism and Semiotics* (London: Methuen, 1977), pp. 156-160.

10 Richard Palmer, "Postmodern Hermeneutics and the Act of Reading," *Notre Dame English Journal* 15, no. 3(1983): 55.84.

11 Paul Ricouer, *Hermieneutics and the Human Sciences: Essays on Language, Action and Interpretation*, ed. and trans. John B. Thompson (London: Cambridge University Press, 1981), p. 164.

12 Palmer, "Postmodern Hermeneutics," pp.62-69.

13 A. J. Festugiere, *Antioche paienne et Christienne* (Paris: E. de Boceard, 1959), pp. 211-225

14 Henri-Irenee Marrou, *A History of Education in the Ancient World* (New York: Sheed and Ward, 1956), pp. 96-101, 217-226.

15 Peter R. L. Brown, "The Rise and Function of the Holy Man," in *Society and the Holy in late Antiquity* (Berkeley: University of California Press, 1982), pp.103-225.

16 Werner Jaeger, *Early Christianity and Greek Paideia* (Cambridge, Mass.: Harvard 52. University Press, 1993), p. 92.

17 Brown, "Rise and Function," p. 15에 인용.

18 Robin Lane Fox, Pagans and Christians (London: Penguin, 1980), p. 304.

19 Benedicta Ward, "Spiritual Direction in the Desert Fathers," *The Way* 24 (1984): 64¬65.

20 Douglas Burton-Christie, *The Word in the Desert* (New York: Oxford University Press, 1993), p. 118에 인용.

21 앞의 책, p. 127.

22 앞의 책, p. 261-291,

23 Origen. trans. *Rowan Greer* (New York: Paulist, 1979), p. 32.

24 Philip Rousseau, *Ascetics, Authority and the Church* (London: Oxford University Press, 1978), p. 70.

25 Jean Leclerq, "Ways of Prayer and Contemplation," in *Christian Spirituality* I, ed. Bernard McGinn and John Meyendorff (New York: Crossroad, 1985), pp. 415-426.

26 *The Ladder of Monks: A Letter on the Contemplative Life and Twelve Meditations*, trans. Edmund Colledge (Kalamazoo, Mich.: Cistercian Publications, 1981), pp. 68-69.

27 앞의 책, p. 84.

28 Monica Sandor, "Lectio Divina and the Monastic Spirituality of Reading," *American Benedictine Review* 40, no. 1 (1989): 83-114, p. 100에 인용

29 앞의 책, p. 107.

30 앞의 책, p. 110.

31 David Lyle Jeffrey, "John Wyclif and the Hermeneutics of Reader Response," *Interpretation* 39 (1985): 272-287, p. 278에서 인용.

32 James Samuel Preus, *From Shadow to Promise* (Cambridge, Mass.: Harvard University Press, 1965), pp. 67-71.

33 Klaus Bockmuehl, "The Hermeneutics of Luther," unpublished lecture notes. p. 20.

34 앞의 책, p. 20.

35 앞의 책.

36 앞의 책, p. 21,

37 Philip Jacob Spener, *Pia Desideria*, trans. Theodore G. Trappert (Philadelphia: Fortress, 1964), p. 87.

38 앞의 책, pp. 89-90.

39 August Hermann Francke, *A Guide to the Reading and Study of the Holy Scriptures* (London: D. Jaques, 1813).

40 청교도의 성경 사용에 대해서는 다음을 보라. John R. Knott, *The Sword and the Spirit: Puritan Responses to the Bible* (Chicago: University of Chicago Press, 1980).

41 Richard Baxter, "The Christian Directory," in *The Practical Works*, ed. William Orme, (London: JUMCN Duncan, 1883), 4:265.

42 앞의 책.

43 Karl Barth, *Church Dogmatics*, ed. Geoffrey Bromiley and Thomas Torrance (Edinburgh: T & T Clark, 1958), 4:564.

44 Benjamin Jowett, "On the Interpretation of Scripture," in *Essays and Reviews* (London: Longman, Green and Roberts, 1860, p. 378.

45 앞의 책, p. 384.

46 Peter Stuhlmacher, "Adolph Schlatter's Interpretation of Scripture, "*New Testament Studies* 24 (1900): 433-46, pp. 434, 444에 인용.

47 Gerhard Maier, "Concrete Alternatives to the Historical Critical Method," *Evangelical Review of Theology* 6, no. 1 (1882): 23-36.

48 David Steinmetz, "The Superiority of Pre-critical Exegesis," *Theology Today* 37 (1980): pp. 27-38, p. 38에 인용.

49 Bruce K. Waltke, "The Hermeneutics of the Schoolmen Reconsidered," unpublished manuscript.

50 Ronald R. Ray, "Jacques Ellul's Innocent Notes on Hermeneutics," *Interpretation* 33, no. 3 (1979): 268-269.

51 Klaus Bockmuehl, *Listening to the God Who Speaks* (Colorado Springs, Colo.: Helmers and Howard, 1990).

52 Dietrich Bonhoeffer, *Meditating on the Word*, trans. David McI. Gracie (Cambridge, Mass.: Cowley, 1986), p. 30.

53 Gordon D. Fee and Douglas Stuart, *How to Read the Bible for All Its Worth* (Grand Rapids, Mich.: Zondervan, 1982), p. 43.

54 시편 119:1-21에 대한 본회퍼의 묵상에 대해서는, Bonhoeffer, *Meditating*, pp. 103-145을 보라.

55 C. S. Lewis, *A Mind Awake: An Anthology*, ed. Clyde Kilby (London: Geoffrey Bles, 1968), p. 67.

56 Mortimer J. Adler, *How to Read a Book* (New York: Simon & Schuster, 1956), p. 235.

57 Charles Simeon, *Evangelical Preaching*, Classics of Faith and Devotion (Portland, Ore.: Multnomah Press, 1985), p. xxxvi.

58 Erich Auerbach, *Mimesis: The Representation of Reality in Western Literature* (Princeton, N.J.: Princeton University Press, 1968), pp. 16-17.

59 Jacques Ellul, *The Ethics of Freedom*, trans. Geoffrey Bromiley (Grand Rapids, Mich.: Eerdmans, 1976), p. 166.

60 Hans Urs von Balthasar, *On Prayer*, trans. A. V. Littledale (London: S.P.C.K., 1973), pp. 18-19.

61 같은 책, pp. 23-26.

62 성경 읽기에 관한 현대의 명쾌하고 실제적인 지침에 대해서는 다음 책을 보라. George Martin, *Reading Scripture as the Word of God*, (Ann Arbor, Mich.: Servant, 1982).

역자 후기

리젠트 칼리지는 나에게 고향 같은 곳이다. 신학을 마치고 안수를 받은 후, 오랜 유학 준비 끝에 도착한 곳이 리젠트 칼리지였다. 본서가 책으로 출간되고 기고자들이 왕성하게 학교에서 교수 활동을 하던 시기가 내가 한창 학업에 열중하던 시기와 맞물려 있어서 책을 번역하는 동안 오래된 추억들이 새삼 떠올랐다. 해서 그분들을 소개하는 것으로 역자 후기를 대신한다.

지금은 고인이 된 유진 피터슨은 특별히 소개할 필요가 없을 정도로 이제는 국내에 너무나 잘 알려진 분이다. 내가 학교에서 수학할 당시에는 국내에 아직 본격적으로 소개되지 않은 분이었는데, 지금은 그의 진가를 한국 교회 독자들이 알아보고 있어 얼마나 기쁜지 모른다. 아쉽게도 본서에서의 그의 역할이 크지는 않지만, 성경을 어떻게 읽어야 하는지에 관한 그의 관심은 다른 기고자들의 글을 통해 이 책에 잘 담겨 있다.

고든 피 역시 신약성경 분야에 관한 묵직한 책들을 통해 국내에 잘 알려져 있다. 오순절 교회를 배경으로 성장한 이유에서였는지 누구보다 열정적으로 강의하시던 모습이 가장 먼저 떠오른다. 바울 서신과 바울의 성령론을 집중적으로 연구한 그는 이 주제에 관한 묵직한 대작을 내놓았다. 본서에 실린 글에도 이 주제에 관한 열정과 헌신, 전문성이 잘 드러나 있다.

엘머 딕과는 아쉽게도 개인적 친분을 쌓을 기회가 없었다. 그는 정경 비평을 전공한 성서학자로 정경 비평 또는 정경적 해석학은 구약성경의 본문이나 책이 기독교 정경의 일부로 포함된 최종 형태에서 고대 이스라엘의 신앙 공동체에게 어떤 기능을 수행했는가를 살피고 오늘의 신앙 공동체에 주는 신학적 의미를 연구하는 학문이다. 그는 신구약 전체를 하나님의 계시로 믿는 복음주의자들에게 성경의 지평을 넓혀주고 깊이 있게 해주는 소중한 신학자다.

우리 시대 마지막 청교도라 불렸던 제임스 패커는 『하나님을 아는 지식』의 저자로 우리에게 너무나 잘 알려진 분이다. 신학을 공부하고 이해하는 만큼 성경 읽기도 깊어지고 풍성해짐을 강조한 이번 글은 바른 신학은 바른 신앙을 낳는다는 그의 평생의 신념이 잘 드러난다. 큰 키에 약간 구부정한 자세로 언제나 미소를 지으시던 모습과 조금은 썰렁한 영국식 유머를 던지던 모습이 생각난다. 옥스퍼드 대학교 종신 교수직을 마다하고 평신도의 신학과 영성 형성을 구비시키기 위해 세워진 리젠트 칼리지에서 신학과 성경 읽기의 가교를 놓는 일에 평생을 바치셨다.

크레이그 게이는 저명한 사회학자 피터 버거 밑에서 사회학을 전공한 학자다. 리젠트에서 처음 만났을 당시 매우 젊은 나이였는데 여러 면에서 성숙하고 훌륭한 인격을 소유한 분이었다. 그가 리더로 있던 소모임에 속해서 함께 교제하던 기억이 생생하다. 부유한 가정 출신으로 무보수로 리젠트 칼리지에서 사역하신 것은 당시 학내 모두가 아는 비밀이었다. 여전히 현역으로 활동하고 있다고 들었는데 언젠가 다시 뵐 날이 있지 않을까 싶다.

로렌스 윌킨슨에게 직접 강의를 들을 기회는 없었지만, 턱수염을 길게 기르고 철학자답게 늘 심각한 모습으로 학교 안을 거닐던 모습이 생각난다. 학기마다 벤쿠버 주위의 자연을 탐구하는 과정을 개설할 정도로 자연에 관심을 가졌고, 복음주의 안에 생태 신학에 대한 관심을 일으킨 선구적 인물이었다.

마지막으로 제임스 휴스턴은 내게 스승일 뿐 아니라 영적 멘토, 아버지 같은 분이다. 본문에 기고하신 글을 모범으로 삼아 보여준 분이다. 그의 성경적이고 신학적으로 깊이 있는 영성 지도와 멘토링을 통해 복음주의 많은 학자와 목회자, 평신도가 변화를 받았다. 2년 가까이 일주일에 한 번씩 그에게서 영성 지도를 받은 것은 나의 영성 형성에 있어서 너무나 소중한 축복이었다. "아내의 얼굴이 자신의 이력서"라는 말씀이 아직도 기억에 남는데, 100세 가까운 나이에도 본서의 글처럼 모범적 삶을 살고 계시는 모습에 한없이 부끄러워진다.

본서의 기고자들은 자신이 쓴 내용대로 살고 연구하고 가르쳤던 이들이다. "내가 그리스도를 본받는 자 된 것 같이 너희는 나를 본받는 자 되라"는 바울의 말을 그대로 살아낸 이들이다. 이 말은 본서에 소개된 참된 성경 읽기를 실천한 사람만이 할 수 있다는 생각이 든다. 나를 포함해 이 책을 읽는 모든 그리스도인이 성경을 읽고 공부하는 과정에서 이 고백을 할 수 있기를 바란다. 성경 읽기는 성육신하신 말씀, 예수 그리스도를 인격적으로 만나고 그분처럼 되는 것이다. 성경 기자들을 감동하셔서 우리에게 성경을 주시고 지금도 성경을 읽을 때마다 도우시는 성령의 은혜가 독자와 함께 하시기를 기도한다.

신학자들과 성경 읽기

초판 1쇄 인쇄 2022년 06월 15일
초판 1쇄 발행 2022년 06월 22일

엮은이 엘머 딕
옮긴이 김진우
펴낸이 김태희
펴낸곳 터치북스
출판등록 2017년 8월 21일(제 2020-000174호)

주소 경기도 고양시 덕양구 통일로 800, 2층(관산동)
전화 031-963-5664 팩스 031-962-5664
이메일 1262531@hanmail.net

ISBN 979-11-85098-45-6